中国经济和谐发展论丛

中国中部地区资源、环境与经济协调发展：理论与政策

杨艳琳　占明珍　许淑嫦　等著

本书为"中国中部地区资源、环境与经济协调发展研究"（编号：06JJD790023）的研究成果，同时是武汉大学国家"985工程""'两型'社会建设"创新研究平台之子项目"两型生产"和"两型企业"研究、国家社会科学基金重大招标项目"中国工业化的资源环境人口制约与新型工业化道路研究"（编号：09&ZD025）之子项目"中国工业化的人口约束及其克服途径"、教育部普通高校人文社会科学重点研究基地重大招标项目"中国人口增长与经济可持续发展问题研究"（编号：14JJD790042）的研究成果。本书还是"现代服务业发展与湖南新型城镇化2011协同创新中心"系列学术丛书之一。

科 学 出 版 社
北　京

内 容 简 介

本书是国内第一部深入系统研究中国中部地区资源、环境与经济协调发展问题的学术著作。本书从协调发展的内容、特征与研究价值出发，主要运用发展经济学的理论和分析方法研究中国中部地区资源、环境与经济协调发展的理论与实践问题。本书从协调发展的角度来认识中国中部地区资源、环境与经济协调发展的规律，提出协调发展的政策主张，以期促进中国中部地区资源、环境与经济协调发展。本书为有关发展经济学等理论研究提供了新的研究内容，在对中国中部地区资源、环境与经济协调发展的理论探讨之中提出一些有见解的学术观点。这些研究成果为促进发展经济学等理论研究和政策优化特别是为中国未来促进中部地区资源、环境与经济协调发展提供理论指导，对于实现中国中部地区经济发展战略目标具有重要的现实意义。

本书可供关注中国中部地区资源、环境与经济协调发展问题的高校师生、科研院所研究人员、有关政府部门管理人员阅读参考。

图书在版编目（CIP）数据

中国中部地区资源、环境与经济协调发展：理论与政策 / 杨艳琳等著.
—北京：科学出版社，2016

（中国经济和谐发展论丛）

ISBN 978-7-03-047767-5

I. ①中… II. ①杨… III. ①区域经济-资源经济-协调发展-研究-中国②区域经济-环境经济-协调发展-研究-中国 IV. ①F127

中国版本图书馆 CIP 数据核字（2016）第 053085 号

责任编辑：徐 倩 / 责任校对：胡小洁
责任印制：徐晓晨 / 封面设计：无极书装

科 学 出 版 社 出版
北京东黄城根北街 16 号
邮政编码：100717
http://www.sciencep.com

北京京华虎彩印刷有限公司 印刷
科学出版社发行 各地新华书店经销
*
2016 年 3 月第 一 版 开本：720×1000 1/16
2016 年 3 月第一次印刷 印张：12 3/4
字数：237 000
定价：76.00 元

（如有印装质量问题，我社负责调换）

中国经济和谐发展论丛编委会

主编：刘传江　　杨艳琳　　刘洪辞

编委：（按姓氏笔画排序）

叶　林　　成德宁　　刘传江　刘洪辞　杨　玲

杨　冕　　杨艳琳　　余　江　姚博明　董延芳

总　序

　　改革开放以来，中国经济经历了长达 35 年的高增长，取得了举世瞩目的成绩，无论是经济增长速度、经济总规模，还是人均 GDP、人均可支配收入、居民生活水平和生活质量，都有较大甚至多倍的增长或者提高。这得益于经济体制改革所形成的"改革红利"，得益于由改革开放所引致的"制度红利""人口红利""资源红利""贸易红利"。这些"红利"均来源于经济增长。但是，粗放型增长给中国经济埋下了大量隐患，随着中国经济的进一步增长，经济增长的可持续性在逐步下降，不仅技术性增长下降，而且制度性增长也出现下降，这使经济增长的"红利"也随之下降，部分领域出现增长的"副利"或者"负利"。

　　工业化、市场化、城镇化、信息化、国际化的快速发展，使中国传统的经济增长方式难以为继，经济增长过程中的不和谐问题日益突出甚至日趋严重。这迫切需要中国采取新的经济发展方式，走新型工业化道路、新型城镇化道路，建设全面小康社会、和谐社会。早在 1995 年 9 月，中共十四届五中全会上明确提出了未来 15 年中国改革与发展的奋斗目标是实现具有全局意义的"两个根本性转变"：一是经济体制从传统的计划经济体制向社会主义市场经济体制转变；二是经济增长方式从粗放型向集约型转变。所谓经济增长方式转变，按照官方文件的解释就是指生产要素的分配、投入、组合以及使用方式的改变，一般是指由外延型、数量型、粗放型增长方式向内涵型、质量型、集约型增长方式转变。2007 年 11 月，中共十七大报告将"实现经济增长方式转变"的提法改为"加快经济发展方式转变"，并明确提出加快经济发展方式"三个转变"的主要内容：在需求结构上，促进经济增长由主要依靠投资、出口拉动向依靠消费、投资、出口协调拉动转变；在产业结构上，促进经济增长由主要依靠第二产业带动向依靠第一、第二、第三产业协同带动转变；在要素投入上，促进经济增长由主要依靠增加物质资源消耗向主要依靠科技进步、劳动者素质提高、管理创新转变。由此可见，经济发展方式转变，不仅包含经济增长方式的转变，即从主要依靠增加资源投入和消耗来实现经济增长的粗放型增长方式，转变为主要依靠提高资源利用效率来实现经济增长的集约型增长方式，而且包括结构、质量、效益等方面的转变。官方提法由转变经济增长方式到转变经济发展方式，反映了中国执政党和政府对经济发展规律认识的深化。

　　不过，上述认知依然"只是在同一窗口换一角度看风景，视野必然受到窗口位置及大小的限制"。换言之，基于工业文明的经济发展方式转变不可能从根本上和深层次解决经济发展的资源、环境代价和可持续发展问题。2010 年是 1995 年提出 15 年实现"两个根本性转变"的"收官之年"，但中国经济发展的"高能耗、高污染、高排放"特征并未发生革命性的转变。原因固然很多，仅从认知和政策层面看，中共十七大报告提出了建设生态文明的新理念，但"发展视角"没有同步从工业文明的"老窗口"转换到生态文明的"新窗口"，即没有明确主张实现从工业文明发展范式到生态文明发展范式的转型。而实践也已证明，工业文明框架下的经济发展方式转变，并不能使中国"高能耗、高污染、高排放"的经济发展模式实现革命性的转变并实现和谐发展的愿景。只有实现从工业文明发展范式到生态文明发展范式的转型，才能从根本上和深层次解决经济发展的资源、环境代价问题。选择适合国情的低碳经济发展道路是基于生态文明发展方式范式的要求，也是建设资源节约型、环境友好型、低碳导向型的可持续发展的和谐社会的正确选择。

　　"范式"（paradigm）这一概念最早是由美国科学家托马斯·库恩（Thomas Kuhn）于 1962 年在其出版的经典著作《科学革命的结构》中提出并作出系统阐述的，最初是指一种观念、理论和规律，通常是某一科学集团对某一学科所具有的共同信念和遵从的行为模式，它规定了人们共同的基本理论、基本观点和基本方法。近年来，一些国内学者将"理论范式"延伸，用于刻画基于某种理念和规律并具有某些特征的经济发展实践，提出了经济发展的"实践范式"及其相关的系列概念，如环保与经济发展的双赢范式、经济现代化范式、经济与社会发展范式、经济发展新范式、区域经济发展范式、循环经济范式、技术经济范式、产业范式、农业发展范式、消费范式等。国外也是如此，早在 1982 年，G. 多西将这个概念引入技术创新研究中，提出了技术范式的概念。佩雷兹（C. Perez）在 1983 年发表于《未来》的论文《社会经济系统中的结构变迁与新技术吸收》中又提出了技术经济范式这一概念，从而将技术范式与经济增长直接联系了起来。1988 年，著名技术创新经济学家弗里曼与佩雷兹又在合作发表的《结构调整危机：经济周期与投资行为》一文中进一步丰富和发展了技术经济范式这一概念。2010 年，日本京都大学著名经济学家植田和弘（Kazuhiro Ueta）在西北大学举行的第二届中日经济·环境论坛演讲中也明确提出了发展范式（development paradigm）转换的概念。不仅如此，学术界还探讨了经济发展范式这一概念的具体内容，乔臣认为经济发展范式至少包括以下四个方面的内容：①经济发展范式的研究视角（perspective）或出发点（springboard），包括经济发展进程中研发人员的研究对象以及理论基础；②经济发展范式研究的参照系（reference）或基准点（benchmark），包括对经济发展理论以及经济发展范式的各种范例分析和系统表述；③经济发展范式的分析工具（analytical tools）或研

究方法（analyti- calmeans）；④经济发展研究人员所持有的共同的理论信念
（theoretical faith）。当经济发展实践大大突破了已有理论框架和理论模型时，就
需要对以往经济发展的诸多范例进行理论分析和探讨，从中提取经济发展中的
一般规律性内涵和实质并加以吸收和应用，结合实践要求提出新的经济发展范
式。经济发展范式转换和选择不仅是经济现代化发展的客观要求，同时也是助
推经济现代化进程的必要保障。

　　根据中国现代化研究中心何传启研究员的两次现代化理论或文明发展理论，
第一次现代化的目标是实现工业现代化，其发展范式即为工业文明发展范式，在
该范式下经济发展的主要变化是从农业社会走向工业社会、从农业经济走向工业
经济，主要特点是实现工业化、城市化、民主化、福利化、流动化、专业化，其
产业特征是工业比重不断提升、产业结构高度化，制造产业发达，经济发展的核
心指标是 GNP 和人均 GDP，该发展范式的最大副效应是经济发展的同时，付出
了资源大量消耗、环境破坏和生态退化的代价。第二次现代化的目标是实现生态
现代化（ecological modernization），其匹配的发展范式是生态文明发展范式，在
该范式下经济发展的主要变化是从工业社会走向信息社会、从物质经济走向生态
经济，主要特点是实现知识化、信息化、绿色化、生态化、全球化、多样化，其
产业特征是产业生态化、物质减量化、能源去碳化、经济服务化，还原产业发
达，经济发展的核心指标是生态效率（EEI=GDP/EFP）和绿色 GDP。

　　现代文明与和谐发展目标不再是工业现代化，而是德国社会学家约瑟夫·胡
伯（Joseph Huber）在 20 世纪 80 年代提出的能够实现经济发展和环境保护双赢的
生态现代化。因此，传统经济的现代化进程仅仅实现工业文明"窗口"中的经济
发展方式转变是不够的，还需要从工业文明"窗口"走向生态文明"窗口"，实现
工业文明经济发展范式向生态文明经济发展范式的转型。中国近 20 年及未来经济
发展转型的过程可以概括为以下三个阶段：①工业文明"窗口"中的早期转变阶
段，即从外延型、数量型、粗放型增长方式向内涵型、质量型、集约型增长方式
转变；②工业文明"窗口"中的后期转变阶段，即从注重生产要素的分配、投
入、组合以及使用方式向经济要素配置组合和结构优化并重的经济发展方式转变；
③从工业文明"窗口"走向生态文明"窗口"的转变阶段，即从工业文明经济发
展范式向生态文明经济发展范式转型。这三个阶段的变化可以从以下六个维度及
其过程来描述：①经济体制：计划经济→传统市场经济→现代市场经济；②发
展导向：追求产值→追求利润→追求可持续发展；③文明类型：农业文明→工业
文明→生态文明；④支柱产业：黄色产业→黑色产业→绿色产业；⑤发展特征：
粗放型经济→集约型经济→低碳型经济；⑥测度模型：O（output）模型经济→
IO（input-output）模型经济→IOOE（input-occupation-output-emis- sion）模型
经济。

我们认为，传统计划经济体制下的粗放型经济因其只计产出不计投入肯定是不可持续发展的经济增长方式，传统市场经济体制下的集约型经济只关心企业利润而不考虑企业生产活动产生的负外部效应，因而其也是不可持续发展的经济增长方式，只有同时考虑经济效益、社会效益和生态效益的低碳经济才是支撑现代市场经济发展的可持续型经济。那么，为何以"3R"和非线性生产为特征的循环经济不是生态文明发展范式下的基本经济形态呢？应当说，以"减量化（reduce）、再利用（reuse）、再循环（recycle）"为特征的循环经济，相对于"资源—产品—污染排放"为特征的单向线性经济是更接近于产业生态化要求的产业形态和发展方向，是新型工业化和"资源节约型、环境友好型"两型社会建设的突破口和手段之一，但它支撑不起一个国家或地球整个面上的生态化产业体系和生态文明。其主要原因在于：①循环经济包括"点"（企业）、"线"（产业）、"面"（园区）三个层次，层次越高，经济效益和生态效益越好，但循环难度也越大。②循环经济要同时满足技术可行性、经济合理性、政策合法性三个条件，而在绝大多数地区特别是在社会经济和科技发展不够发达的地区通常不能够同时满足经济学意义上发展循环经济的上述三个条件，或者说循环经济不是一个普适性的经济概念。③循环经济的"3R"原则相对于低碳经济的"三低一高"（低能耗、低排放、低污染、高效率）特征，前者只是表征经济的形式和手段而不必然具有资源节约和环境友好的结果，事实上，循环经济发展中通常面临规模不经济、循环不经济、循环不环保、循环不节约"四大问题"的阻碍；后者则是源头控制、过程控制、目标控制相结合的经济发展范式，这种"立体式"的技术经济范式体系是对循环经济的改进、深化和创新。发展低碳经济是基于人类社会对农业文明、工业文明时期经济发展模式的反思和创新，它是追求以低能耗、低排放、低污染为基础的提高能源利用效率、创建清洁能源结构的一种创新性和高层次的经济发展模式。发展低碳经济不仅是为了应对气候变化，也是经济发展范式的创新，是世界经济发展低碳化趋势的客观要求和世界新一轮经济增长的核心驱动力。低碳经济包括低碳生产、低碳流通、低碳消费三个方面，它是比绿色经济、循环经济要求更高的生态化经济发展方式，是解决经济发展与能源危机之间矛盾，平衡能源、经济社会发展和生态环境之间关系的根本途径。换言之，低碳经济是支撑和实现生态文明的经济形态，是中国"两型社会"的核心追求及和谐发展的具体表达。

经济和谐不仅包括国内外经济和谐、国内各个区域经济和谐、不同产业和谐、不同企业和谐，而且还包括资源（能源）环境与经济和谐、不同利益群体关系和谐等。在市场经济条件下，完全竞争下的市场均衡并不等同于经济和谐，而垄断竞争和寡头竞争更不能促进甚至损害经济和谐。因此，经济和谐既是市场和谐，也是技术和谐，更是制度和谐，是同时协调市场、技术、制度的综合和谐；

它不仅要求生产关系与生产力和谐，更要求上层建筑与经济基础和谐；其不仅是在某一时点所实现的静态和谐，更是在变化过程中能趋于实现的动态和谐。可以说，经济和谐是政治和谐、社会和谐、生态和谐的基础。

我们认为，促进经济协调发展、科学发展、和谐发展是确保中国经济能够维持、延伸甚至扩大"改革红利"的现实选择。如果说在过去的改革开放中应遵循"发展是硬道理"，那么在现在和未来的深化改革开放中则应遵循"协调发展、科学发展、和谐发展是最硬道理"。不断促进和逐步实现中国经济和谐发展，需要深入研究和有效解决制约经济和谐、社会和谐、生态环境和谐发展的一系列重大问题，特别是其中的"短板问题""瓶颈问题"。只有基于生态文明的理念和发展范式不断深化改革和扩大开放，实现"协调式"和"包容式"的和谐发展，才能维持和延伸甚至扩大"改革红利"，改善全民的"帕雷托效应"，增加全民的福利，才能让全民进一步分享"改革红利"。只有促进与实现经济和谐发展，才能将"改革红利"转变为持久的"和谐红利"，让全民充分分享"和谐红利"。

武汉大学经济研究所拥有人口、资源与环境经济学以及产业经济学和劳动经济学三个博士学位授权专业，人才培养和学术研究的聚焦点是：主要以 20 世纪80 年代以来中国的经济改革和经济发展转型为背景，综合运用现代经济学的研究方法和手段，从以下三个方面来系统研究当代中国经济的和谐发展：①人口、资源与环境的协调发展问题；②城乡结构转型过程中的和谐发展问题；③产业结构升级过程中的和谐发展问题。进入 21 世纪以来，武汉大学经济研究所研究人员围绕上述三大研究领域先后申请获批立项国家社会科学基金项目、国家自然科学基金项目和教育部人文社会科学基金项目（含重大项目、重点项目、一般项目和青年项目）30 余项，同时还承担了其他部省级项目、国家合作项目、地方政府及企业委托和招标项目 60 项。列入中国经济和谐发展论丛的各部著作，都是武汉大学经济研究所学术团队在长期研究基础上形成的，它们是各自课题组在国家社会科学基金项目、国家自然科学基金项目、教育部人文社会科学重点基地重大项目、教育部人文社会科学基金项目、江苏天联集团重大科研课题等资助下，经过数年系统、深入地研究上述重大问题及其解决途径和战略对策的成果。例如，刘传江、董延芳的著作《农民工的代际分化、行为选择与市民化》是作者所做的武汉大学经济发展研究中心、武汉大学经济研究所课题组主持承担国家自然科学基金和国家社会科学基金资助项目的最终成果，刘洪辞的著作《蚁族群体住房供给模式研究》是江苏天联集团重大科研课题资助研究"蚁族"群体的第一部学术专著，余江的著作《对外贸易与中国能源消耗研究》是国家社会科学基金资助项目的最终成果，杨艳琳等的著作《中国中部地区资源、环境与经济协调发展：理论与政策》是教育部人文社会科学重点基地武汉大学经济发展研究中心承担的重大项目的研究成果，杨冕的著作《节能减排长效机制研究——基于要素替代视角》和杨玲等的著作《中国政府卫生支出健康绩效实证研究》也是各自承担的教育部人文社会科学基金规划项目的研究成果。受时间和水平的限制，中国经济和谐发展论丛还存在诸多不足和需要进一步探讨的问题，我们衷心希望这套丛书的出版能够对 21 世纪新阶段中国经济的和谐发展在理论和实践参考层面有所裨益，同时也希望引发学术界对上述问题展开更多、更深入的研究。

刘传江　杨艳琳　刘洪辞

2013 年初夏于武昌珞珈山

目　　录

第1章 资源、环境与经济协调发展的基本理论

1.1 资源开发利用与经济协调发展的关系

1.1.1 资源开发利用的内涵

资源是指在一定技术条件下，能为人类利用的一切物质、能量和信息，包括自然资源、经济资源和社会资源三种。其中，自然资源是那些自然形成的没有人类劳动参与的可供人类利用的资源，包括矿产资源、土地资源、水资源、生物资源、森林资源、海洋资源等。经济资源是指以自然资源为对象在人类劳动的参与下提供给人类的各种产品，按其用途可分为生活资源和生产资源两大类，它们都是能够以货币形式予以度量的物质形态；社会资源即以非物质形式作用于人类生产活动过程的资源，包括知识、文化、技术、信息、组织形态、管理手段、劳动力、人才、法律、政策、社会网络关系、道德等，它们是人类生产生活中的社会条件和社会环境的重要构成部分。

在所有资源中，自然资源是最基本、最重要的物质资源。自然资源一经物化就变成经济资源。同时，自然资源也是最有限、最脆弱、最容易被人类不当使用的资源。人类的经济活动主要是生产和消费自然资源的过程，对于一国和地区来说，自然资源是有限的，因此，在经济发展过程中，就不可避免地产生自然资源与经济发展之间的矛盾冲突。解决这一矛盾需要处理好自然资源开发利用与经济发展的关系。

自然资源是社会生产的重要组成部分，是人类赖以生存的物质条件，是社会财富的源泉。最有效地开发利用和配置资源是人类追求的目标和基本前提。资源开发是指根据利用规划，运用一定的技术，对地下矿物、土地、水、光热、动植物、旅游等资源通过物化劳动以达到利用或提高其利用价值和实现新的利用。对资源实现新的利用也称资源再开发或二次开发。

可以看出，资源的开发利用应体现资源利用的目的性、开发利用手段的科学性以及开发利用的可持续性。资源的开发利用是为人类提供新的物质财富，且避

免因未被利用而造成的浪费；同时，资源开发利用是有规划的开发利用，而不是盲目地开发利用；资源开发利用是科学合理地开发，是运用技术以最小成本最大限度地开发资源的效用；资源开发利用是可持续开发，在开发的过程中应遵循自然规律，应将已利用的资源废弃物作为资源进行再开发和再利用，以便为后代多保留生活资料。

1.1.2 资源开发利用与经济协调发展的关系

从自然演化和人类产生发展的历史来看，资源与环境作为相互依存具有紧密联系的整体，早在人类出现以前就客观存在了。由于人类的存在和需要给予了资源与环境特定的含义。经济活动则是人类产生后，人类社会发展到具有劳动剩余物后才逐渐出现的。自然资源为人类存在以及经济活动提供了物质基础和前提。一方面，人类需要对自然资源进行开发利用，为人类生存获取必要的物质能量；另一方面，自然环境为人类提供了活动的场所。由此可见，资源与环境可以通过提供开发利用的对象和经济生产活动场所来对人类的社会和经济活动产生强烈的根本性影响。而历史和现实都表明，人类的经济和社会行为对资源和环境也具有一定程度的反作用，并因此对资源和环境的演变施加影响。

经济发展的内涵就是以科学合理的生产过程将最小的投入把人们认识到有用的物质转换成有价值的形式，并以最大的产出满足人类需要，它不仅包括产出规模的最大化，而且包括产出结构的合理化和最优化，还包括产出质量的高效化、生态化、绿色化和低碳化，以及产出成果分享的社会化和福利化。如果人类的经济行为合理科学，则有利于各种资源之间相互促进和良性发展；反之则会产生一系列不良的连锁反应。资源开发利用与经济协调发展和科学发展之间存在着相辅相成的紧密关系。

首先，自然资源的永续利用是经济可持续发展的物质基础和基本条件。可持续发展的本质是人类社会自身的永续生存和发展，因此，资源开发利用不能只顾及当代人的利益，还必须关注后代人发展的物质需要。但是，可持续发展不能通过市场机制自发调节而需要宏观调控才能得到实现[①]，这要求在经济发展过程中不能无限制地自由开发利用资源，不能搞短期行为，"有水快流"式的开发利用资源将会加剧自然资源的耗竭，使未来的经济发展因资源耗竭而变成"无米之炊"，因此必须对资源的开发利用进行代际分配，实现"代内公平"与"代际公平"的统一。

其次，经济协调发展是资源开发利用以及保护的前提。经济协调发展既保证了人类生存条件和生活质量的改善，同时通过不断积累资金和技术实力，提高了

---

① 陈银娥，杨艳琳. 可持续发展需要宏观调控. 华中师范大学学报（人文社会科学版），1998，（4）.

人类保护和利用自然资源的能力与效率。如果不发展经济就不能消除贫困和落后，就会因缺乏必要的物质基础、资金财力和技术条件而无法更好地开发利用和保护资源。

最后，科学发展是贯穿在资源开发利用和经济协调发展过程中的基本原则。在资源开发利用过程中，实现资源的持续利用是经济可持续发展和协调发展的关键，而资源的可持续利用则要求运用科学的手段与方式，合理有效地综合开发资源。为此，在经济发展过程中，就要协调各方面的利益关系，改变粗放式的生产方式和消费方式，高效利用资源；资源的开发利用不能超过生态供给的阈值和资源承载能力。由于生态供给的阈值可以通过技术进步和投资增加而扩大，因此，应加大科学技术进步的投资，而该项投资需要通过自然资源的使用收入来补偿，由此会涉及多方面的利益关系。资源开发利用还应保证下一代人利用和享用自然资源的经济水平不会下降；如果一种资源在减少，就必须对其进行经济补偿，这就需要科学地开发利用资源，以最小成本取得最大的效用。

1.1.3　资源开发利用与经济协调发展的矛盾及其解决的途径

由于对自然资源的片面认识以及生产方式的限制，人类为了自己的生存与发展而在开发利用资源的过程中对赖以生存的自然资源造成了极大的破坏，从而引发了一系列资源、环境问题。这些问题主要包括：不可再生能源、资源日益枯竭，而新的可替代资源还没有达到经济性开发利用的水平，引起世界范围内对不可再生资源短缺的恐慌；可再生资源的破坏日益严重，可再生能力不断下降，对经济社会可持续发展造成严重威胁；自然环境的污染程度加剧；生态环境的破坏；水土流失严重，加剧了荒漠化、沙漠化；高碳排放形成的"温室效应"加剧了全球气候变化，"暖化"趋势增强。这些问题引起社会各界的关注，开始反思传统工业化道路和经济发展方式。经济学家积极地从理论上探讨有效解决资源、环境与人类经济发展之间冲突的方法与途径。

英国古典经济学家早就开始对资源经济进行研究。威廉·配第的"劳动是财富之父，土地是财富之母"就强调了自然资源是人类积累财富的基础；亚当·斯密在其所提出的经济增长模式中认为自然资源对经济发展来说是必不可少的条件。马尔萨斯在其"人口法则"中提出由于收益递减的存在而导致生活资料对人口和经济增长的制约问题。大卫·李嘉图肯定了"土地报酬递减规律"和农业劳动生产率下降的趋势，他把经济增长归结为自然资源的约束，但是，他没有把耕地的存量作为经济增长的绝对数量界限，而认为存在着从"好土地"到"差土地"的"耕作顺序"；他引入了谷物贸易和技术进步因素，从而否定经济增长绝对界限的存在，认为由于不断耕种肥沃程度更低的土地而形成的谷价上涨、工资上涨、利润下降，最后出现经济增长的"静止状态"，这只是经济增长不断逼近的趋势，并不是经济增长肯定出现的最终结果。古典经济学家对自然资源短缺的问题有了初步的认识，涉及自然资源对经济增长的约束问题，尤其强调土地资源对经济增长的重要性。当然，他们的这种认识只是注意到自然资源对经济增长的影响由从不存在障碍上升到存在稀缺，但是，由于那个时期自然资源比较丰富而对资源认识存在时代局限性，因此古典经济学家并没有提出明确的解决资源短缺与经济发展之间矛盾的途径。

从经济理论的角度来看，资源的属性与运用方式存在较大的差异，解决资源利用与经济可持续发展之间的冲突，需要解决两个问题，一是外部性问题，二是资源最优利用问题。

1. 解决资源外部性问题的方法是明晰资源产权

自然资源存在两种不同的属性，一种是专用自然资源，如土地资源、石油、天然气等矿产资源以及森林资源。这类资源可以被标价和分配，通常由私人拥有或使用，其主要的成本和利润被纳入市场。另一种是公共自然资源，这类资源是对个人免费而具有社会成本的资源，如河流湖泊海洋等水资源、大气资源。这类资源最容易引起经济问题，因为其具有外部性。对于资源开发利用过程中的外部性问题及解决办法，可以用新制度经济学的产权理论来解释。当资源不可分配给私人专用时，该资源就具有外部性，此时，市场不能提供正确的信号。一般来说，对于外部不经济的产品，市场会生产过度；而对于外部经济的产品，市场又会生产不足。对于公共自然资源来说，私人的利己行为和短期利益，有可能导致资源的浪费、破坏以及加速耗竭，全球的生态灾难，以至于削弱经济社会可持续发展的能力。

根据新制度经济学理论，解决资源外部性问题的方法是明晰产权。科斯等从外部性问题探讨产权的起源。科斯强调外部性问题的相互性质，认为产权明晰能够避免较严重的负外部性。在他看来，产权形成史实质上是一个外在性内在化的过程。新产权的形成是相互作用的人们对新的收益——成本的可能预期进行调整的回应，产权形成的内在机制在于：当内化的所得在于内在化的成本时，产权的形成是为了使外部性内在化。诺思从经济发展史的角度探讨了产权的形式与发展，并解释了人口与资源基数之间的关系如何导致排他性产权的形成。他认为，在人类发展的最初，人类赖以生产的自然资源供给是无限的，当自然资源相对于人类人口的需求还比较富裕时，人类就没有动机去承担因建立对自然资源的产权所产生的费用。只有在资源稀缺性增加时，才会主动承担建立和行使产权所必需的费用。当人口压力持续增加和为了占有共有财产资源而展开竞争的时候，自然资源就会日渐稀缺，并使获得资源所需要的劳动时间延长。解决人口增长和资源枯竭进而对公有资源争夺的办法就是建立排他性的共有产权。排他性公有产权的建立使得各个社会群体努力提高资源基数生产率。排他性产权能够限制开发资源的速度。按照诺思的说法，排他性公有产权的建立首先是不准外来者享有资源，然后是制定规则限制内部人员开发资源的程度①。排他性公有产权的建立是人类经济发展史上的第一次伟大革命。人类社会发展过程中产权及制度的演变经历的另外两个阶段分别是：建立可转让性的产权制度，产权的交易、转让与社会分工、市场经济制度的发展联系在一起；与各种组织形式创新联系在一起的产权制度，如股份公司制度的建立使产权的分割、转让、交易等更加容易，从而使产权制度效率不断提高。

明晰产权与控制资源自由使用是密切联系的，从某种意义上说，产权的形成就是为了避免资源的过度自由使用。思拉恩·埃格特森认为："如果不存在对于人力资本、非人力资本和自然资源的自由使用进行约束的制度，那么没有一个社会是能够生存的。自由使用减少了一个社会的财富，在一个资源稀缺的世界上，对于生存是有害的。"②明晰产权还意味着对产权的保护制度。如果人们利用一种资源的权利得不到保护或不能延续，那么，他将改变甚至放弃对该资源的使用方式，进而转向使用那些需要较少预先投入的资源。对于产权的保护机制，埃格特森认为应该建立四个相互联系的社会机制：一是用武力或武力威胁建立排他性；二是通过形成价值体系和意识形态，用以影响私人的动机而降低排他性的成本；三是形成习俗和习惯法以及其他一些行为规则；四是形成由国家或其他代理机构强制实施的规则，包括宪法、成文法、普通法和行政法规。可见，产权的保护机制需要国家和政府的参与，国家或政府对产权的保护能有效增进资源利用的秩序。但是，政府的保护性职能也是有局限性的。由于政府的管制存在着一定的交易成本，因此，对政府的每一项管制措施，都必须根据其可能给整个制度系统带来的成本和收益来加以评估，权衡与长期社会成本相对应的长期社会效益。

2. 资源的最优利用方式

从资源的运用方式来看，资源的利用方式取决于资源本身属于可再生资源还是不可再生资源。不可再生资源是指那些供给量基本固定，不可能在短期内经济地再生产出足够的以满足需求的资源，如矿产资源、化石燃料。可再生资源，如太阳能、耕地、河水、森林、鱼类等的效用能够有规律地进行补充，只要管理得当，它们就能产生无穷无尽的效用。高效率地运用这两种资源的原则表现为两种不同的方式。高效运用不可再生资源，其着眼点在于数量有限的资源的使用时间，即是应该现在就使用低成本的不可再生资源，还是保存起来以后再用呢？相反，对于可再生资源来说，明智的做法是保证能够不断地获得资源的效用。例如，防

---

① 诺思. 经济史中的结构与变迁. 上海：上海三联书店，1991：80-89.
② 埃格特森. 新制度经济学. 北京：商务印书馆，1996：254，255.

治水土流失对耕地的破坏，适当管理森林，保护河流湖泊免受污染，保护草原不退化。对于资源的最优利用问题源于福利经济学的效率配置论。美国数理经济学家霍特林于 1931 年发表"可耗竭资源经济学"一文，开始对不可再生资源的经济理论分析[①]。20 世纪 70 年代以后，资源经济学得到迅速发展，主要探讨人类经济活动与自然资源的相互作用及其影响、自然资源价格理论及应用等问题。

可再生资源与不可再生资源的最优利用存在两种不同的理论模型。不可再生资源的开发利用理论模型，通常是设想一个给定的初始量，只能流出而不能流进的"水池"，然后研究怎样放水才能使总的利润最大化[②]。由于资源的总量固定，当前的开采量要影响未来的可能的开采量，资源的开采成本不仅取决于当前的开采所使用的要素投入量（劳动、能源等）及其价格，还取决于过去开采所使用的要素投入量、当前开采对未来资源开采收益的影响等因素。如果把资源的市场价格与开采成本之差额称为租，那么资源的占有者——地主的目标就是给定时间偏好和对矿藏的需求函数，使各时期的租的总和最大。其约束条件是：资源存量随开采过程而减少；资源初始存量给定；开采成本随着资源存量的减少而上升；资源价格不能超过由替代品价格决定的一个价格上限。其最直接的结果表明，利率在资源使用量上有决定作用，其消耗的最优路线要遵循以下定律：开采资源的价格的增长率等于贴现率。当存在替代性资源时，还需要考察两种以上互相替代的消耗过程。其中一个著名的结果是所谓"优先开采成本较低资源"准则。

可再生资源的开发则可以设想为"水池"不仅有流出而且还有流进。但是，由于可再生资源的产权往往是社会占有，许多国家的政府都直接干预可再生资源的使用与开发，因此，模型的优化目标一般是社会利益的最大化，时间偏好或贴现率需变为社会贴现率。同时，可再生资源的开采通常假定无终止时间的限制，由社会效用函数导出社会需求曲线，用社会需求曲线和供给曲线围成的面积（消费者剩余和生产者剩余）表示社会利益；而且，可再生资源有一个由自然生成条件决定的自然增长率。这表明最优开采量和总存量应停留在一个由自然增长率决定的固定水平上。

许多经济学家认为，不可再生资源与可再生资源的理论没有实质的差别，可再生资源也是可能耗尽的，如果一种资源的最优消耗使得该资源的市场价格在达到稳态时仍然小于替代品的价格 $\overline{P}$，则该资源在其最优开采计划及由市场结构决定的定价机制之下是"可再生资源"。这里，资源的可再生性不仅依赖于资源的技术特性，还取决于产权制度及其定价机制等因素。如果在达到稳态之前，资源价格已上升到替代品的价格，该资源在开采计划中则是"可替代资源"。可替代资源

---

① Hotelling R. The economics of exhaustible resources. Journal of Political Economy，1931，（39）：137-175.

② 汪丁丁. 资源经济学若干前沿课题//载汤敏，茅于轼. 现代经济学前沿专题（第二集）. 北京：商务印书馆，1996：66.

的一个特例为可耗竭资源，达到稳定时的资源开采量为 0[①]。

1.2　环境保护与经济协调发展的关系

1.2.1　环境的内涵与环境问题

环境是以人类为中心的周围一切存在物，环境包括两个方面的内涵：自然环境，即在不受人类活动影响下形成的自然条件；受人类活动影响的、经过人类改变的环境条件。自然环境的重要性体现在：一是为人类生存提供必要的水、空气、光热等物质；二是为人类提供社会生产活动所必需的自然资源和空间；三是为人类提供舒适的环境和赏心悦目的自然风景。

环境是人类生存和发展的物质基础和空间条件，承受着人类活动产生的废弃物质和各种作用的结果。在工业革命以前，人类用手工劳动进行生产，人口和社会生产力都处于一种非常缓慢的增长状态，经济和社会的发展对环境的需求和作用相对狭小，因此，环境与发展基本是和谐的。随着工业化进程的加快，特别是第二次世界大战以后，现代生产力的巨大发展使经济活动的需求以及对环境作用的程度和强度日益扩大。人们在处理发展与自然、环境的关系时，又往往片面强调发展而忽视生态环境问题，使发展与环境的互馈关系趋于恶化，环境问题成为威胁人类经济社会发展的严重问题，如水资源枯竭、土地沙漠化、大气臭氧层破坏、全球变暖和生物多样性消失等。直到 20 世纪六七十年代，随着环境"公害"的显现和加剧以及能源危机的冲击，几乎在全球范围内开始关于"增长的极限"的讨论。1972 年联合国的"人类环境会议"标志着人类环境意识的觉醒，并开始探索一种建立在环境和自然资源可承受基础上的长期发展模式。人们开始逐渐认识到不能把经济社会发展与资源、环境割裂开来，只顾自身的、局部的、暂时的经济利益，带来的只能是他人的、全局的、后代的不经济甚至灾难。随着人们对公平（代内公平和代际公平）作为社会发展目标的认识的加深，以及范围更广的、影响更深的、更难解决的一些全球性环境问题开始被重视，在 20 世纪 80 年代形成了可持续发展思想及理论。可持续发展思想与理论表明，环境问题与经济社会的发展息息相关，人类要实现可持续发展就必须保护和改善环境。

1.2.2　资源与环境的关系

资源与环境是两个不可分割的概念，或者说两者是同一事物的两个方面，是一个相互依存具有紧密联系的整体。在现代生产技术条件下，资源与环境的界限越来越模糊。原来认为属于环境的那部分物质，随着生产技术的进步也被确认为

---

① 谭崇台. 发展经济学. 太原：山西出版社，2001：558-560.

可以产生经济福利的资源；对资源的开发利用直接关系到人类自身的生存与发展环境。关于资源与环境的关系，理论界主要有三种观点：第一种观点认为，环境只是一种资源，因此，对环境的经济研究可以归于资源经济学研究范畴；第二种观点认为，资源只是一种环境，自然资源是环境中对人类有经济价值的那一部分，因此，资源经济学可以归于环境经济学研究；第三种观点认为，环境和资源两者应该分开讨论，资源经济学侧重于人类具有使用价值又可以产生直接经济效益的那一部分自然物质的研究，而环境经济学则偏重于对具有明显公共物品特性并常产生外部不经济问题的那一部分自然物的研究。从经济协调发展观来看，资源与环境问题之间既有联系，又有区别，两者不能截然分开。

经济的内涵就是以科学合理的生产用最小的投入把人们认识到有用的资源转换成有价值的物品，并以最大的产出满足人类的需要。在各种资源中，自然资源是人类社会和经济发展最基本的资源，如果人类的经济行为合理科学，则有利于各种资源之间相互促进和良性发展；反之则会产生一系列不良的连锁反应。资源是经济发展的基本要素，而人类的社会生产活动又是与自然环境紧密联系在一起的，一方面从自然环境中获取维持自身生存和发展需要的资源要素，另一方面不断向自然环境排放自身活动的废弃物，形成人与自然之间的物质交换。但是，由于认识的局限和人类对短期利益的无限度追求，导致人类赖以生存的资源退化以及人与自然环境之间的物质交换趋于恶化。如何合理调节人与环境之间的物质交换，使社会经济活动符合自然生态平衡和物质循环规律，从而实现人类长期可持续发展，则是协调环境与经济发展之间关系的重要内容。

1.2.3　环境保护的经济分析

经济发展所带来的环境恶化问题是由某些经济的、管理的、社会的原因造成的。经济发展过程中的决策机制不健全以及各种社会和政治力量的不合理运作使得环境和自然资源不能得到有效配置与保护。有效配置资源的两大手段是政府和市场。按照新制度经济学的观点，资源的产权需要政府制定各种适当的制度予以保护或激励才能得到更有效的使用，资源的价格需要市场机制来决定。但是，市场和政府都有失灵的时候，正是市场失灵和政府失灵构成了导致环境退化和资源耗竭的主要原因。

1. 市场失灵对资源、环境的影响

吉里斯、波金斯等认为，在一个国家中，正确运行（有效率）的市场是促进资源有效利用、减少环境退化和刺激可持续发展最有效的机制[①]。但是，市场价

---

① 吉里斯，波金斯，罗默等. 发展经济学. 北京：中国人民大学出版社，1998：149.

格机制不是万能的，它不可能调节社会经济生活的所有领域。市场价格机制在某些领域不起作用或不能有效作用的情况下，市场就不能保证资源得到有效配置，不能提供符合社会效率条件的商品和服务，这时市场就会出现失灵现象。市场机制发挥正常作用的基本条件是资源、产品和服务的产权明晰，而且产权是安全的。而环境资源产权往往不安全、不存在或不确定，从而导致市场机制在环境资源配置上失灵。这表现在：

第一，市场失灵会导致资源利用的短期行为，进而导致环境破坏。如果产权不明晰，所有权不确定或不安全，就会打击人们对资源投资、环境保护和管理的积极性，还会促使人们在资源环境利用过程中存在短期行为，过度使用资源，从而影响环境。

第二，市场失灵意味着无市场或市场竞争不足，这会导致环境保护动力不足。在经济落后的国家或地区，无市场或市场竞争不足表现较为明显，尤其在环境资源方面，很多环境资源市场还没有发展起来或根本不存在，这些资源的价格为零，因而可能被过度使用而趋于日益稀缺。即使存在市场，市场失灵还可以表现为市场竞争不足，市场上存在垄断、各种进入障碍，市场规模狭小等问题，这会导致市场上竞争者太少，从而导致环境保护动力不足。

第三，资源环境的开发利用具有很强的外部性，从而导致市场失灵，影响资源的有效配置。环境污染具有很强的负外部效应，使得完全自由竞争厂商按利润最大化原则确定的产量与按社会福利最大化原则确定的产量严重偏离，造成资源的过度利用与污染物的过度排放。环境保护则有正的外部效应，容易产生"搭便车"问题，使环境保护这种公共产品的生产严重不足。消除外部效应的影响需要采取不同的战略或手段，以使外部成本内部化。

第四，资源环境市场失灵还在于人们对环境信息缺乏认识和了解。虽然人类已逐步认识到环境对人类生存与发展的重要性，但是人们对生态系统本身缺乏深入了解，在开发利用资源过程中只顾局部而不顾全局、只顾当期而不顾长远，从而导致对环境的破坏。同时，资源环境市场上关于环境的信息稀缺，信息的公共性和人的机会主义行为又容易导致信息的不对称，使市场机制既不能有效保护环境也难以实现资源的有效配置，不能有效地激励人们使用科学手段开发利用资源和保护环境，从而导致资源配置和环境保护很难达到帕雷托最优状态。

2. 政府失灵及其对环境问题的影响

当市场机制不能有效配置资源时，需要政府进行干预。但由于存在信息不足与扭曲、政策实施的时滞、公共决策的局限性以及寻租活动等原因，政府干预往往也不能解决市场失灵问题，反而会进一步使市场扭曲，最终造成实际价格偏离社会最优价格，这时就会发生政府失灵。政府失灵有四种类型：一是使市场机制不能正常运行；二是在特定目标上政府干预是成功的，但是对其他目标则产生外部效应；三是政府干预的结果比市场失灵的结果更坏；四是政府干预不及时。在环境问题上，政府干预的方式包括制定相关政策和进行具体的管理。因此，政府对环境问题的干预失灵表现在两个方面：

第一，环境政策失灵。环境政策失灵是指那些扭曲了环境资源使用或配置的私人成本，使得这些成本对个人而言是合理的，但对社会而言却是不合理的，甚至会损害社会财产的规章制度、财政、汇率、金融、价格、收入和其他政策等。它集中表现为现行部门政策和宏观经济政策在制定过程中，由于没有给予生态和环境足够的重视而导致的价格扭曲。

第二，环境管理失灵。环境管理失灵是指在各级政府组织中存在着一系列管理问题，这些问题的存在导致有关环境政策无法有效实施。环境管理失灵主要表现在两个方面：其一，各种政策在部门之间的协调不足，缺乏足够强的手段和强制措施以达到政策目标，缺乏确保在经济运作过程中实施有关政策的手段或力量等。其二，环境管理中的寻租行为。环境问题加剧，政府就会加强环境管理，政府的介入会导致环境污染者、受污染者和环境保护当局之间的博弈。污染者为了维护其既得利益，会进行寻租行为，从而导致环境管理的失灵。政府干预失灵会导致环境得不到有效保护，反过来会导致环境进一步恶化。

1.2.4　环境保护对策的理论分析

解决环境问题的主要任务是控制外部性。自然资源环境按照属性分为专有的或可分割的资源环境和公共的或不可分割的资源环境。不可分割的资源环境具有很强的外部性。生产和消费过程中当有人被强加了非自愿的成本或利润时，外部性就会产生。或者说，外部性是一个经济机构对他人福利施加的一种未在市场交易中反映出来的影响。外部性分为负的外部性（外部不经济）和正的外部性（外部经济）。经济活动的外部性可能是有意识的，也可能是无意识的，但是负的外部性是有害的经济行为。

环境污染这样的外部不经济会导致经济的非效率。假如某化工企业，其排放的污染物为含二氧化硫的有毒烟雾，这些污染物不仅给周围地区的植被、菜农的蔬菜、居民呼吸的空气带来灾难性的影响，对于企业本身也产生了影响，职工的医疗费用增加，设备需要经常刷漆以防止腐蚀。企业排放污染物的外部不经济需要社会和企业自身承担。如果让企业自己来控制污染，那么企业决策者会在一个平衡水平上减少污染，在该水平上，企业从额外的净化或污染减少（私人边际收益）中所获得的效益，正好等于减少污染的额外成本（净化的边际成本）。但是，在缺乏管制的情况下，企业会采用使净化污染的私人边际收益等于净化的私人边际成本的方法来决定利润最大化条件下的污染水平。当污染外溢出去的影响很严重时，私人均衡水平将缺乏效率地导致很高程度的污染和很少的净化行为。

针对日益严重的环境问题和资源环境市场失灵与政府干预失灵等问题，经济学家从不同角度寻找解决外部性问题的方法。在有外部性情况下，私人成本与社会成本之间存在着差异，这些差异造成的无效率可以通过消除这些差异来消除，如使最初行为主体的社会成本或社会收益内部化。解决环境外部性问题的方法，主要包括以下几种。

1. 对产生外部不经济的活动征税，对产生外部经济的活动进行补贴

庇古在《福利经济学》中提出的政策措施，又称为"庇古税"。根据庇古的思想，如果生产行为导致环境污染等外部不经济，那么通过引入正的税收可以消除边际私人成本与净化的边际成本之间的差异；对于外部经济活动则引入负的税收（或补贴）可以消除私人收益与边际社会收益之间的差异。因此，当存在外部不经济时，如果在最初的边际成本上加上一笔等于外部性价值的税收，那么企业承担的将是新的、更高的边际私人成本，它等于边际社会成本，从而企业会根据后者来进行生产决策。同样地，对产生正外部性的行为应进行补贴。该项措施可以刺激那些有利于环境的生产和消费方式，为政府创造一个保护环境和资源的资金来源渠道，较多地消除了外部效应的影响，刺激所有的企业减少污染以降低由于征税带来的成本。但是，征税手段存在较高的政府管理成本、不能完全使外部成本内在化等缺点。

2. 发放可转让的污染排放许可证

它是 20 世纪 80 年代出现的专门针对治理环境污染问题的措施。其作用过程如下：首先确定在给定的环境中不同行业产生外部不经济的"最适"水平，也就是明确排污许可额度。一个国家或地区一定的自然环境可以有一定的污染物稀释净化能力，污染物对人们身体健康的影响及对自然生态系统的破坏，一般都有一定的阈值。根据自然净化能力和阈值，环境保护当局可以计算出该国或该地区可能允许的污染物排放总量，从而确定污染物排放量的许可份额；然后根据这一设定的水平对"污染权"进行分配（如通过拍卖）。所有企业以及环保者都可以参与这种拍卖。它们可以自己使用这些权利，或者可以在停止污染后把它们的污染许可证卖给其他人。企业支付的最高价格将等于这一权利的价值，因此，企业的边际成本会上升。污染权体系像税收一样，其作用可能是导致对降低污染技术的投资，因为在这一体系下，污染是十分昂贵的。与补贴相比，可转让权利和税收的优点是它们可以增加政府的收入。从对污染水平的作用力度来看，可转让权利比税收更容易预测，因为实行前者，污染水平是事先确定的，而不是像税收那样是估计出来的。排污权许可交易的优点有以下几个方面：其一，成本较低。厂商在进行排污许可市场交易时，其最优策略是使污染控制的边际成本与单位排污许可额的市场价格相等。此时，全社会的污染控制总成本最低。其二，政府可以根据污染的状况通过发放或购买排污权来控制污染权价格，以反映政府对资源环境的开发利用与环境保护的意愿。其三，节约管理成本。其四，避免了过多的政府干预且简单易行。尽管排污权许可交易有较多优点，但它同时具有不利之处：由于排污许可总量的确定不是基于污染的边际收益或边际损失，因此排污许可总量很可能不是最优污染排放量。政府或环境保护当局在受到环境压力集团或其他利益团体的压力时，决策中所确定的排污许可总量可能既不能反映环境质量保障，又背离优化排放水平。可交易的污染权可能只适用于预防污染物，而不适用所有对环境有关的污染物。此外，许可额的市场交易存在交易成本问题。这一体系的实际应用，还存在一些操作性问题。

3. 规范经济主体行为

规范经济主体的行为主要是进行管制。一些经济学家认为采取政府管制是解决环境问题的最有效的手段。管制是一种直接的控制措施，一般是对经济主体进行某些约束或限制。例如，要求企业使用减少污染的设备或使用某些生产技术。管制的目标在于消除外部不经济或产生外部经济。政府采取环境管制手段可以迅速地控制污染，按照政府环境管制标准，企业必须改变生产技术，调整生产投入组合或直接投资于污染控制。这样，环境管制可能会影响企业的生产率，但从社会角度来看，企业依从政府管制，可以减少生产的负的环境外部效应，从而提高总体社会福利。雷彼托、罗什曼等就环境管制对生产率的影响所进行的研究认为，环境污染将会强行增加实际经济成本，环境管制实际上能提高生产率[1]。排污标准是目前世界上使用最广泛的污染管制方法，它是由管制部门制定并依法强制实施的某一污染源特定污染物排放的最高限度，如化工厂每日污水排放量。排污标准通常根据一定的健康指标设定，超过了标准者将受到惩罚。

管制手段存在一定的局限性。首先，通过排污标准来控制环境污染时，需要满足三个条件：一是排污标准为最优排污量；二是超过标准的罚款等于最优排污量对应的罚款；三是罚款的实施是完全确定的。只有满足这三个条件，排污标准才能达到最优水平。否则，管制会造成企业和社会的效率损失。其次，对于不同的污染者的污染控制成本，管制采取统一的标准，导致污染控制得不到最优分配。再次，在现实中，信息总是不完全的，有时甚至是扭曲的，这样会导致数据不准确或计算有误，由此制定的管制措施将是无效的。最后，现实中还存在寻租活动，不可避免地会造成管理失灵的情况，从而影响环境问题的解决。

---

① 雷彼托，罗什曼，等. 环境保护真的会抑制生产率的增长吗？经济译文，1997，（4）.

4. 通过产权途径解决环境外部性问题

该项措施的主要特点是将产权与外部性联系起来，强调市场机制的作用，认为可能在不需要政府干预的情况下，通过明晰产权和协调各方面的利益或讨价还价过程而使外部成本内部化。通过产权途径来解决环境污染问题，称为"科斯手段"，来源于科斯的产权理论。科斯的研究表明，有关当事人相互协商和谈判，在某些场合也能导致有效率的结果。而导致有效率的结果的前提是产权划分清晰并且谈判成本（交易成本）较低或为零。当存在外部性时，只要交易成本很低或为零，而且产权是明确的，那么不管谁拥有产权，通过市场都可以使资源得到同样有效的配置。假定污染者都有权排污，那么他就会加大排污量，使受害者的经济损失越来越严重，这样，受害者为了减少损失就会与污染者谈判，要求污染者减少排污量并愿意补偿因排污量减少而遭受的损失。补偿金的数额至少相当于污染者因减少排污量而减少的边际纯收益，否则污染者将因得不偿失而拒绝减少排放，补偿金额至少相当于受害者因忍受相应的排污量而支付的边际损失，否则受害者也将因得不偿失而愿意忍受排污带来的损失，这样就达到一个均衡点，即污染给受害者造成的边际损失等于污染者的边际收益。反之，假定污染者能否排污决定于受害者，那么通过谈判，仍会达到一个均衡点。这样外部成本就通过产权协商而内部化了，双方都达到了帕雷托最优。

通过产权途径来解决环境问题存在许多局限。首先，一些共有产权无法做到产权明确。所谓共有产权是指将权利分配给共同体的所有成员，即共同体的每一个成员都有权分享同样的权利，但排除了共同体外的其他人员对共同体内的任何成员行使这些权利的干扰。共有产权的特点是：个人对一种资源行使某项权利时，并不排斥他人对该资源行使同样的权利，与私有产权相比，共有产权在个人之间是完全不可分的，即完全重合的。由于共有产权在共同体内部不具有排他性，因此，这种产权常常给资源利用带来外部效应。许多环境资源具有共有产权特征，如河流、清洁空气、海洋等，这些环境资源的产权无法界定产权，也无法做到产权明晰。还有一些属于人类共有的环境与生态资源，如臭氧层、公海等，根本不可能做到明确产权，即使明确了产权，实际上仍无法消除外部效应。其次，谈判成本实际上会很高以至于污染者与受害者根本无法进行谈判。如果受害者数以千计且受害程度不一，或者造成污染的外部性牵涉大量的企业，即使明确产权关系，也可能使污染者与受害者之间的交易成本很高，以至于对全社会福利没有好处而无法实施产权的优化管理。例如，海洋石油开采过程中的石油泄漏（溢油）事故导致的受害者较多且受害程度差异较大。最后，环境信息的不对称和讨价还价过程中的非合作博弈，也可能导致产权途径达不到帕雷托最优。

1.3　资源开发利用、环境保护与经济协调发展的关系

资源、环境与经济的协调发展对一国或地区经济社会可持续发展和科学发展具有重要的意义。资源、环境和经济发展的协调性问题是科学发展的核心问题。实现区域资源合理利用，生态环境质量水平的维持和提高及其与区域经济、社会的协调发展是实现科学发展的基础。

1.3.1　经济协调发展与科学发展的内涵及其相互关系

协调发展就是要统筹城乡发展、统筹区域发展、统筹经济社会发展、统筹人与自然和谐发展、统筹国内发展和对外开放，推进生产力和生产关系、经济基础和上层建筑相协调，推进经济、政治、文化、社会建设的各个环节、各个方面相协调。

科学发展的第一要义是发展。促进发展，始终是中国政府执政兴国的第一要务，是解决中国一切发展中的重大问题的关键，对于全面建设小康社会、加快推进社会主义现代化具有决定性作用。科学发展观要求的发展，是好中求快、又好又快的发展，是速度与效益、规模与结构、数量与质量相统一的发展，是长期、稳定、可持续的全面发展；科学发展观在产业发展、经济发展中的具体体现就是科学的产业发展观、科学的经济发展观[①]。"发展"是过程、核心、内容、目的，"科学"是途径、原则、状态、方式，科学发展体现了过程与途径、核心与原则、内容与状态、目的与方式、长期与短期、静态与动态、个体与整体、局部与全局的有效结合和有机统一。

尽管不可能存在绝对的协调发展和科学发展，但是协调发展和科学发展都是经济发展追求的两种理想状态，它们在发展的层次、质量、水平上有一定的差异。如果说利润最大化是企业追求的最佳境界，帕雷托最优是经济增长追求的最佳境界，那么协调发展和科学发展则分别是经济发展追求的过程境界和最终境界。协调发展不一定是科学发展，因为要协调发展中的各种矛盾和利益关系而有可能甚至有必要牺牲一定的、一部分的、暂时的利益，其中包括为了获得一定的经济发展速度和一定的 GDP 规模而付出较大的资源和环境的代价。

因此，科学发展和协调发展的关系表现为，科学发展首先要协调发展，协调发展是科学发展的基础和前提条件，仅有协调发展还难以实现科学发展；科学发展是协调发展的升华，是最高层次的发展。由"发展是硬道理"到"协调发展是

① 杨艳琳. 以科学的产业发展观促进湖北产业又好又快发展. 理论月刊, 2008,（3）；杨艳琳. 以科学的经济发展观促进湖北经济又好又快发展. 湖北社会科学, 2008,（5）.

硬道理"是发展观的第一次重大升华与飞跃，由"协调发展是硬道理"到"科学发展是硬道理"则是发展观的第二次重大升华与飞跃。如果说改革开放之初"发展是硬道理"（实际上为"增长"而不是"发展"，出现了"有增长而无发展""增长性贫困"），那么 21 世纪应该为"科学发展是真正的硬道理"。

1.3.2　资源开发利用、环境保护的内在逻辑

资源开发利用、环境保护与经济发展是相互依存和制约、相辅相成、互为因果、既矛盾又统一的关系。

1. 自然资源、生态环境是经济持续发展的基础和条件

经济的持续发展离不开良好的自然资源和生态环境，自然资源和生态环境就是经济持续发展的生产力，良好的生态环境和可永续利用的资源是经济可持续发展的根本保证。实施经济可持续发展战略是资源得以高效发挥作用和生态环境得以优化的前提。在环境可承载的限度下，科学合理地运用自然资源、发展经济，可以积累资金，促进环境保护，实现可持续发展；保护资源环境能够保障和促进经济的发展，保护资源环境就是保护生产力。反之，盲目开发资源、破坏环境就会制约经济发展；在恶劣的生态环境下，不但经济难以发展，即使发展了也难以持续，破坏资源环境就是破坏生产力。

2. 资源环境是与整个社会经济系统密切相关的开放系统

从系统的角度看，资源环境作为国民经济发展的物质基础，并不是一个孤立的系统，而是与整个社会经济系统密切相关的开放系统。从长远的观点来看，国民经济的增长趋势，直接依赖于资源开发利用优劣和环境保护决策的科学与否。协调发展是国民经济持续、快速、健康发展的要求，国民经济的持续、快速发展，迫切需要从决策制度上保证科学开发利用资源和保护环境，通过科学的开发利用资源，提供与经济发展相适应的良好物质条件。

3. 资源的开发利用和环境保护又取决于经济发展的状况

经济发展为资源的开发利用和环境保护带来物质手段，包括科技进步带来的高效技术手段，也包括经济社会发展所孕育出的市场制度创新，其中市场制度创新将为环境保护提供更为持久的保障。如果经济得不到发展，自然环境的恶化状况就会因缺乏治理手段而得不到有效改善，最终也会制约经济的进一步发展。

1.3.3　资源开发利用、环境保护与经济发展之间的协调

根据资源开发利用、环境保护与经济发展之间的内在逻辑关系，三者需要实

现协调发展才能促进彼此良性发展，才能真正落实科学发展观。

1. 资源开发利用、环境保护与经济发展不协调的原因

当前资源开发利用、环境保护与经济发展仍存在着较大的矛盾，并以环境污染或制约经济发展的形式出现，其根源在于背离了它们之间相协调发展的内在逻辑，破坏了经济发展的市场价值均衡和环境的生态平衡，主要原因包括以下几个方面。

第一，在思想观念上将资源、环境与经济发展的关系对立起来。传统的观点认为经济发展必然要导致污染，经济发展与环境保护是相克的、矛盾的，环境污染与生态恶化是人类发展经济的必然结果，要发展经济就必须承受环境污染的代价，否则经济就失去了发展空间。在经济增长成为各国重要宏观经济目标的条件下，这种观点一度成为破坏环境的正当理由，几乎都采取"先发展经济、后治理污染"的发展方式。其结果必然是，中国现在已经不是"先污染、后治理"的问题，而是"已严重污染，急需治理"的问题。

第二，片面强调经济发展，忽视对经济主体责任感的培养。长期以来，一些地方政府的发展取向偏重于生产总值、财政收入的增长，对环境保护、生态建设重视不够，没有把速度、质量、效益和人口、资源、环境有机结合起来，客观上纵容了企业先建后批、边建边批甚至不批也建等违法违规行为。这种发展思路、政绩观念导致对资源开发利用、环境保护的监管弱化，资源环境在经济发展过程中遭到严重破坏。

第三，资源环境治理制度缺失或者不科学。在如何协调资源开发利用、环境保护与经济发展之间的关系上，人们往往强调技术手段，而忽视制度设计和制度创新。多年的环境保护实践证明制度是更为重要的因素，好的制度才会催生出好的技术，如果制度设计不合理就会抑制高效率的环保技术的产生。目前中国治理污染的政策和制度比较单一，以收取排污费为主要形式。但是由于收费制度本身存在着弊端，企业治理污染缺乏激励及监管不力，所以这一制度在执行过程中出现了低效率。其结果就是技术型资源浪费、制度型资源破坏、技术型环境污染、管理型环境污染问题比较普遍地存在。

实现资源开发利用、环境保护与经济发展之间的协调，主要是要处理好三者之间的关系。

2. 资源开发利用、环境保护与经济发展相协调的途径

第一，以科学发展理念为指导，在资源开发中落实环境保护，在环境保护中促进经济发展。一方面，资源开发利用要贯彻除害与兴利相结合的方针，实行多目标综合开发，巩固与发展、治理与管理并重，深化改革，转换资源利用机制，提高资源开发的综合经济效益。资源开发利用要为国民经济和社会发展提供全面服务，为社会提供更好的物质基础和生态环境，使资源环境与国民经济发展达到长期的供需均衡。另一方面要坚持把环境承载能力作为确定发展速度、规划布局项目的首要前提。必须着眼于绿色发展、低碳发展、可持续发展，坚持环境保护与经济发展综合决策，努力从源头防治污染和生态破坏；着眼于实现增产减排、节能增效目标，坚持将环境容量作为开发和发展的大前提，把环境准入作为调节经济的硬手段，把环境管理作为推动经济发展方式转变的有力措施。

第二，实施经济发展与资源开发和环境保护相协调的产业发展战略。其一，要有效扩大产业发展的规模。这有助于提高资源开发利用和环境保护投入的使用效率，以此获得资源开发利用和环境保护的规模收益。其二，把资源开发利用与环境保护纳入到整个产业链内部，通过产业链条消化上下游企业带来的资源环境问题。这需要不断拉长产业链，就是立足资源优势，把资源开发利用与环境保护作为产业链延伸的重要内容，提升整个产业链的资源开发与环境保护优势，以此赢得两者相协调发展的产业竞争优势。其三，应积极推进产业技术创新以促进资源开发。借助产业技术创新、引进产业新技术，促进资源开发利用，推动有比较优势和发展潜力的产业实现链条式、循环式发展，引导和支持各类新技术流向新兴产业、生态产业、低碳产业，以新技术的产业化推动产业结构的多元化、高效化、生态化和低碳化，以产业高级化来推动粗放型经济增长方式向集约型经济增长方式转变，从而逐步摆脱资源消耗大、能耗高、污染重的产业结构的羁绊。

第三，增强经济主体节约资源和保护环境的责任，完善资源环境治理制度，严格落实资源环境法律法规和政策，健全政府部门协同机制。其一，增强经济主体节约资源和保护环境的责任。应该重点明确地方政府和主要管理者是节约资源和保护环境的第一责任人、直接责任人、最终责任人，使地方政府行为和主要管理者行为趋于理性和合理，改变地方政府和主要管理者在错误发展思路、政绩观念指导下出现的管理行为顾此（经济）失彼（资源、环境）、厚此薄彼的失衡问题，使其有关资源环境与经济发展的宏观决策行为和管理行为趋于协调和科学，以大幅度减少管理型资源浪费、管理型环境污染。其二，加快完善资源环境治理制度，严格落实资源环境法律法规和政策，以有效减少制度型资源浪费、制度型环境污染。其三，健全政府部门协同机制。部门利益差异和冲突是资源浪费和环境污染的重要原因，行为目标的不同直接制约政府部门之间的协同与合作，不利于提高解决资源环境问题的效率。与其他领域不同的是，在资源节约和环境保护方面，更需要按照公共利益和社会目标要求来建立和健全政府部门协同机制，改变部门条块分割、各自为政、相互牵制的弊病，要形成真正的齐抓共管环境的合力。

1.4　资源开发利用制度、环境保护制度
与经济协调发展的关系

1.4.1　资源开发利用与环境保护制度设计依据

1. 制度的内涵

制度作为规范主体行为、促进和保障人类社会正常交往的规则体系，无论从其内容还是形式上，都受到主体制度意识与制度观念的影响。社会制度是人类理性构建的结果，制度的产生与演进有其观念的前提和基础；而且在制度的形成、发展与演变的过程中，人们的观念和认识起着十分重要的作用。从制度操作与执行层面来看，制度通常是用来决定谁有资格在某个领域制定决策，应该允许和限制何种行动，应该使用何种综合规则，遵循何种程序，必须提供或不提供何种信息，以及如何根据个人的行动给予回报。在这样的制度定义中，工作规则就是包括工作中所形成的惯例等工作方式，它需要强制实施并进行监督。

资源开发利用、环境保护与经济发展之间的协调关系，需要制度来保障。政府在资源开发利用与环境保护过程中应发挥作用的领域就是制定有效的制度，并确保制度得到执行。尽管资源开发利用与环境保护需要技术的支持，但技术层面的问题则是市场经济主体在既定的制度条件下自主选择的结果，无需政府的干预。政府在资源开发利用与环境保护方面最大的作用应该是设计合理的制度并根据情况的变化适时调整和优化制度。经济协调可持续发展以及科学发展观的贯彻落实，有赖于合理与完善的资源开发利用与环境保护制度安排。

2. 资源开发利用与环境保护制度设计的依据

关于制度的设计，其指导思想与观念起着重要的作用。有什么样的指导思想就会有什么样的制度。为了落实科学发展观和促进经济社会协调发展，资源开发利用与环境保护制度的设计要"以人为本"，要用科学发展观作为指导思想和依据。科学发展观的基本要求是全面协调可持续。贯彻落实科学发展观，必须坚持走生产发展、生活富裕、生态良好的文明发展道路，建设资源节约型、环境友好型社会，实现速度与结构、质量效益相统一，经济发展与人口资源环境相协调，使居民在良好生态环境中生产生活，实现经济社会永续发展。资源开发利用与环境保护制度要围绕科学发展观的要求进行设计。

1.4.2　资源开发利用制度

1. 制定资源开发利用制度的必要性

第一，从资源的作用来看，自然资源是人类赖以生存发展的基本条件。自然资源大多具有不可再生性，而资源开发使生态环境遭到破坏，其恢复难度就很大，有些甚至是不可逆的，并且恢复环境所付出代价将很高。中国人均资源相对紧缺，环境承载能力较弱。随着经济总量扩大和人口不断增加，能源、淡水、土地、矿产等战略性资源不足的矛盾越来越尖锐，特别是石油的对外依存度越来越高。长期形成的高投入、高消耗、高污染、低产出、低效益的状况仍未得到根本改变，由此带来的水质、大气、土壤等污染严重，化学需氧量、二氧化硫等主要污染物的排放量居世界前列。要有效解决这些问题，增强人类赖以生存发展的基本条件，需要制定合理的资源开发利用制度以加强资源节约和环境保护，建设资源节约型、环境友好型社会。

第二，从资源开发利用管理效率来看，合理的资源开发利用制度有助于改善资源开发利用管理。从已有的关于资源耗竭原因的研究成果来看，导致资源耗竭的根本原因就在于缺乏一种关于资源有效开发管理的制度安排，产权不明晰导致侵占资源、"搭便车"、"机会主义"和外部性等问题。从中国资源开发利用现状来看，尽管中国是自然资源大国，但自然资源开发管理制度安排存在许多缺陷，既使资源利用表现为低效和浪费，也使资源短缺约束和外部不经济增强，从而导致资源浪费，生态环境破坏日益严重。为了有效解决这些问题，提高资源开发利用管理效率，需要制定合理的资源开发利用制度。

第三，从经济发展的制约因素来看，自然资源开发利用方式和制度安排对资源节约型、环境友好型社会的建设尤为重要。资源节约型、环境友好型社会的建设需要诸多条件，其中，自然资源开发利用方式和制度安排对经济可持续发展的作用尤为重大。因为在一个自然资源稀缺的前提条件下，合理有效的自然资源开发利用制度是建设资源节约型、环境友好型社会和实现经济可持续发展的基础和制度保障，因此，只有不断地实现自然资源综合开发利用制度创新，才能建设资源节约型、环境友好型社会，才能促进经济可持续发展。

2. 资源开发利用制度的内容

资源开发利用涉及面比较广，现代国民经济体系的各个领域都在不同程度地利用资源、影响环境。如果制度设计仅仅在某一个或几个方面约束资源开发，那么它就难以从根本上缓解资源环境对经济发展的制约。这需要从更高的层面、更广阔的范围，全面系统地设计资源开发利用与管理制度。

资源开发管理制度作为一种制度形式，它需要提供一系列有关规则，包括正式制度、非正式制度和实施机制。资源开发管理制度安排的目标是实现资源开发利用与经济发展的协调，主要解决资源资产问题、资源产权问题、资源价值问题、资源核算问题和资源产业发展问题。传统的资源开发管理正式制度包括资源开发管理体制、资源开发管理政策、资源开发管理法规及资源开发管理的约束机制等。具体包括以下几个方面：资源产权制度、资源使用制度、资源核算制度、资源产业发展制度、资源选择的贸易战略。非正式的自然资源开发管理制度是在正式的自然资源开发管理制度的基础上形成的有关自然资源开发管理的价值观念、道德规范及意识形态等规则，它们影响着正式的制度安排及其实施。中国在非正式的自然资源开发管理制度方面还存在着诸多缺陷，主要表现为：其一，在意识形态上，人们的思维方式一直是把自然界视为征服的对象，由追求"天人合一"的协调转变到实现"人定胜天"的目的。其二，在价值观念上，人们对资源的认识表现在三个方面：强调资源的"自然"特征，认为自然资源不是商品，没有价值和市场价格，不是能够带来收益的资产；强调资源的丰富性，认为中国地大物博、物产丰富，资源取之不尽，用之不竭；强调存量资源的静态特征，不能从动态上认识资源的流量。人们关于自然资源的价值观念影响着对自然资源开发管理的行为方式。其三，在道德规范上，人们对资源的利用表现在三个方面：强调"有水快流"，用最大速度和规模开发利用自然资源，缺乏资源利用的"时间偏好"和"代际公平"概念；在国有资源开发利用过程中存在着"利益均沾"、"搭便车"观念和"机会主义"思想倾向；普遍存在有法不依、执法不严等现象，从而使地方政府和企业普遍存在重生产增长、轻环境保护，管理工作中重治理、轻预防等思想观念。中国非正式的资源开发管理制度的缺陷成为该制度变迁和创新或者重新安排的重要内容。

1.4.3　环境保护制度

1. 制定环境保护制度的必要性

第一，环境具有自身的特殊性。首先，从环境的价值来看，环境对生活于其中的人不仅具有当前的价值，而且具有长远的价值，既具有经济价值，又具有健康价值、审美价值。但是，正由于其价值的多样性，造成人们对它很难作出一致的评价。其次，环境与人类的经济利益有密切关系。人们的生产与生活离不开对环境和自然资源的开发利用，人类的发展与人类对自然资源的开发利用有很大的关联，但环境和资源的稀缺性往往又被人们忽略。最后，环境的产权很难得到界定。环境的供给者是自然，自然是没有维护自己产权的意识的，这造成了环境缺乏维护其权利的代言人，没有人会主动地从环境的角度去关心周围环境的保护或破坏的程度。当人们对环境的破坏超过环境的承受能力的时候，环境就会对人类进行报复，使人类认识到对环境不能够也不应该为所欲为。因此，环境保护需要人们从观念上认识到环境的特殊性，并作为主体参与环境保护制度的制定，通过一系列规则来保护环境。

第二，环境具有公共物品性质。经济学中的公共物品就是指一些具有非竞争性和排他性的物品，如公路、天气预报、路灯和国防等。环境保护在较大程度上是生产公共物品，如水污染的治理、大气质量的改善、土壤肥力的增加，以及森林、草地面积的扩大等环境保护措施的实施，它们的成本由有限的经济单位来承担，而这些措施所带来的正外部性却是所有这一环境中的人都可以无偿享用的。对于公共物品保护与分配，经济学理论认为需要设计相应的制度。环境保护制度就是体现公共物品属性的制度。

2. 环境保护制度的内容

为了保障环境保护制度的有效运行，环境保护制度应同时具备约束机制与激励机制。约束机制可确保制度的有效实施，而激励机制则有助于经济主体行为自觉地与制度取向相一致，降低制度实施的成本。

中国环境保护工作从 1972 年人类环境会议以来取得了长足的发展。从提出的"32 字方针"到确立环境保护基本国策，形成了"预防为主，谁污染、谁治理(付费)，强化环境监督管理"三大基本原则，建立了经济发展与环境保护的共生策略及环境影响评价制度、"三同时"制度、排污收费制度、环境保护目标责任制度、排放污染物许可制度、环境保护目标责任制度、城市综合整治定量考核制度、污染物集中控制制度和限期治理制度等。中国在环境保护实践的基础上形成了较为完善的环境保护政策体系和体制。在经济发展过程中，这些环境保护制度对治理环境污染、避免环境恶化起到了十分重要的作用。

1.4.4　经济协调发展对资源开发利用与环境保护制度的要求

落实科学发展观，促进经济协调发展需要解决资源浪费和环境污染的突出问题。从制度层面来看，传统的制度存在种种缺陷，需要进行制度创新。

1. 资源开发利用制度创新

中国过去自然资源开发管理制度存在的缺陷主要表现在自然资源的所有权、行政权和经营权三权混淆，国有自然资源使用权受到的约束较少等方面。这些缺陷造成自然资源利用中出现抢掠资源和掠夺性开采；消耗过度，浪费严重，回收率低；自然资源的权属纠纷增加；对自然资源、生态环境的破坏程度加剧，污染不断增加等问题。因此，自然资源开发利用制度创新主要从资源产权制度、资源使用制度、资源核算制度、资源产业发展制度、区域资源优化组合制度等方面着手①。

2. 环境保护制度创新

从制度设计主体来看，传统的观点认为环境保护只能够也只应该由政府来实施，在环境保护制度的设计与制度供给中，政府应该起主导性的作用，而公民只是被监督者，他们没有能力也没有积极性进行环境保护。但是公民参与环境保护制度的设计对于环境保护尤为重要。在传统观点中，公民就成为政府执行环境保护制度的被监督者，在制度中只属于被规范监督的对象，而丧失了制度建构主体的地位。普通的公民都是追求自己利益最大化的经济人，他们会在追求自己利益的过程中破坏环境而不会对环境保护投资。传统的以政府为主体的约束制度不能起到激励公众保护环境的作用，因此，需要建立公民参与的环境保护机制。

从环境保护制度的内容来看，环境保护制度分为管制约束制度与经济激励制度。目前，由于环境制度中政府行为贯穿于环境保护的各个领域与环节，微观经济主体则是环保制度的被动接受者和被监督者，公众参与环境保护的方式、渠道较少。因此，中国环境经济激励制度体系还不完善，政府行政干预和控制为主的管制制度占主要地位，而具有经济激励作用的环境制度则很有限，市场化程度较低，仅是法规制度和行政命令的补充。消费者和企业缺乏自觉遵守制度的激励，一旦制度出现了漏洞或监管不力，环境保护上的机会主义便会出现。理论与实践证明，管制约束制度向经济激励制度转化是实现环境保护目标的一个自然有效结果。在不同国家，环境制度具体实践历程有所不同；在中国，随着社会主义市场经济体系逐步完善、随着科学发展观的不断落实，未来环境保护制度变迁的趋向必然是激励型的制度安排逐步替代占主导地位的管制制度。

1.5　中国中部地区资源、环境与经济协调发展的衡量

1.5.1　科学协调发展指标体系构建的指导思想

中部地区在中国经济发展中处于重要的战略地位。为了促进中部地区经济发展，自 2004 年以来，中部地区崛起问题就受到政府的重视，2006 年正式实施中部地区崛起战略。自中部地区崛起战略实施以来，中部地区六省经济发展的步伐明显加快。然而，随着经济的快速发展和人口的迅速增长，作为国家重要的能源产出地区的中部地区，资源消耗和环境污染问题在全国来说显得更加突出。生态环境脆弱、环境污染、资源消耗高等问题成为制约中部地区六省崛起的瓶颈。在

---

① 杨艳琳. 我国自然资源开发利用制度创新. 华中师范大学学报（人文社会科学版）,2002,（1）.

这种情况下，国家对中部地区的改革，提出建设"两型"社会的目标。而要实现"两型"社会建设目标，必须改变单纯追求 GDP 增长，从资源高消耗和污染高排放为特征的不可持续发展模式转向追求经济增长与人口、资源、环境相协调的可持续发展模式，实现资源、环境与经济协调发展。这既是建设"两型"社会的需要，也是实践科学发展观的需要。

中部地区尽管是中国主要的能源产出地，自然资源比较丰富，但是中部地区经济发展受自然资源和环境承载容量的制约。要实现中部地区资源、环境与经济协调发展和可持续发展，必须在科学发展观的指导下，树立可持续发展的理念，构建区域可持续发展的评判标准。资源、环境与经济协调发展衡量指标体系的构建是实现区域经济可持续发展的关键性工作。因此，需要构建系统科学的指标来评价中部地区资源、环境与经济协调发展和科学发展的程度，指导中部地区经济社会的协调发展和科学发展。

资源、环境与经济、社会的发展之间是一个相互交织、紧密联系的整体。影响中部地区资源、环境与经济协调发展和科学发展的因素众多，包括经济结构、经济发展模式、生态环境、生产能力、人口因素、制度因素等，而且这些因素相互交织、相互影响。因此，在指标体系构建中应尽可能涵盖这些影响因素，以尽可能客观和全面地评价中部地区资源、环境与经济社会协调发展和科学发展的程度。

对于中部地区资源、环境与经济社会协调发展和科学发展衡量指标的构建，主要问题是如何根据中部地区资源环境与经济发展的状况来确定指标体系涵盖的内容、具体指标以及指标量化问题。

1.5.2　科学协调发展指标体系的构成内容

可持续发展是指"发展要具有可持续性，要不损害支持地球的生命系统：空气、水、土壤，不超出其源于环境的承载能力"[①]。这里的发展包括经济与社会的发展，而环境包括社会人文和自然环境。可持续发展的内涵是指要实现经济与社会的可持续发展，必须将发展限制于资源和环境的承载能力之内，这是保障发展可持续性的前提条件。中部地区要实现资源、环境与经济协调发展和可持续发展就必须处理好"资源、环境、经济、社会"四大因素的平衡问题。因此，在构建中部地区资源、环境与经济协调发展和科学发展的衡量指标体系时应包括资源、环境、经济、社会四个方面的指标。

---

① World Commission on Environment and Development. Our Common Future. Oxford and New York: Oxford University Press, 1987; Arrow K，et al. Economic growth，carrying capacity，and the environment. Ecological Applications, 1995, 6(1): 13-15.

1. 中部地区经济的可持续发展

中部地区协调发展指标体系首先应包括经济的可持续发展程度。根据可持续发展理论，区域经济的可持续发展是区域实现可持续发展的基础，是其他子系统可持续发展的物质保障。区域经济的可持续发展是一个系统的工程，它包括区域开发、生产力布局、经济结构优化、物资供需平衡等内容，内含着经济发展在总量、结构、质量等方面的协调发展。因此区域经济可持续发展程度体现了区域发展的协调程度。

2. 中部地区资源状况及其有效开发利用

资源是经济发展的物质基础，资源的丰裕度以及有效开发利用状况是影响经济发展的重要外部因素。中部地区六省地理分布广，是中国资源产出的重要地区。资源开发利用状况是影响中部地区协调发展的重要因素，因此应该成为衡量中部地区资源、环境与经济协调发展的指标体系的一个重要内容。

3. 中部地区环境的可持续发展

生态环境对经济发展的制约以及在经济发展过程中对生态环境的保护问题一直是经济与环境协调发展中的重要问题。在中部地区崛起的战略构想中，经济目标与环境目标应当是并重的。与东部地区相比，中部地区正经受着经济落后和环境恶化的双重压力，经济落后是导致环境恶化的根源，环境恶化又加剧了经济的落后，形成恶性循环。目前，环境问题成为制约中部地区发展的重要因素之一。在中部地区经济发展过程中，有两大因素直接涉及环境问题：一是制约工业发展的瓶颈尚未突破。产业结构畸轻畸重，超重型、原料型、耗能型、污染型、初级型是中部各省工业结构的主要特征；工业增长方式还比较粗放，工业增长主要依赖生产要素高投入和资源高消耗；一些资源的可持续利用能力不足；资源型城市经济转型迫在眉睫而且转型十分艰难。二是生态破坏和环境污染比较严重。水污染、土壤污染、重金属污染十分普遍；城市和矿区空气污染严重；水土流失和土壤破坏、森林破坏令人担忧。因此，中部地区环境的可持续发展是实现协调发展的重要内容。

4. 中部地区社会的可持续发展

在社会经济的协调发展中，最为复杂的是社会问题。社会问题涵盖的内容既多又复杂，主要包括人口增长与控制、消除贫困、社会发展、分配公正、利益均衡等问题。根据可持续发展理论，经济效率与社会公正合理的平衡是评判可持续发展的重要依据和基本手段，同时，这也是可持续发展所追求的社会目标和伦理规则。实现社会和谐和可持续发展既是中部地区经济社会协调发展的重要条件，也是重要目标。

1.5.3　中部地区资源、环境与经济协调发展的衡量指标

根据以上分析，资源、环境与经济协调发展和科学发展程度的衡量指标具有时间、空间、层次、数量等特点与功能，是一个很复杂的系统工程问题。目前相关的评价指标体系主要包括可持续发展指标体系、生态现代化指标体系两大体系。其中，关于可持续发展指标体系的构建研究较多，有涵盖可持续发展所涉及的经济、环境、制度和社会等四维问题的系统性指标体系，也有主要侧重于一个方面可持续发展评估的指标，如生态服务指标体系、财富评价指标体系、人文发展指标体系、可持续能力指标体系。可持续发展指标体系构建的主要目的是对全球或区域可持续发展水平进行定量测度，以正确引导人类实现由传统发展模式向可持续发展模式的转变。生态现代化指标体系主要用以评价现代化过程中资源消耗与环境污染问题，但是目前国内外有关建立生态现代化指标体系的研究尚处于起步阶段。近年来，随着对"两型"社会建设的理论研究的开展，国内学者也开始对"两型"社会建设指标体系的研究与探讨①。

中部地区资源、环境与经济协调发展和科学发展是一个复杂的系统工程，宜从系统协调的角度建立系统的评价指标体系。综合可持续发展的各项指标，并且根据常见的指标体系构建方法，中部地区资源、环境与经济协调发展的评价指标体系应该包括第一级目标层指标、第二级分类层指标、第三级指标层变量，三级指标共同形成一个框架体系。根据指标体系构成内容，一级指标主要包括资源协调发展指标、环境协调发展指标、经济协调发展指标和社会协调发展指标。

1. 资源协调发展指标

作为一级指标，资源协调发展指标主要用来反映中部地区经济社会发展过程中资源的基本禀赋及其利用程度。资源基本禀赋及其利用程度是经济社会协调发展的物质制约条件。资源协调发展指标的二级指标主要包括资源禀赋与资源利用程度两个指标。

资源禀赋的三级指标包括中部地区各种资源储存量（水资源及各种矿产资源）、国土面积、耕地面积、林业用地面积。

资源利用程度的三级指标包括能源消耗产品产值、投入生产加工的能源价值，资源利用程度可以用包含投入产品实体的能源价值除以投入生产加工的能源价值来表示。

---

① 简新华，叶林. 论中国的"两型社会"建设. 学术月刊，2009，（3）.

2. 环境协调发展指标

环境协调发展指标用来反映社会经济发展过程中环境的保护力度以及环境对社会经济发展的制约度。环境协调发展二级指标包括环境保护度指标、环境制约度指标。

环境保护度的三级指标包括环境污染治理投资、"三废"（废气、废水、固定废弃物）综合治理产品产值、环境治理投入产出比。其中环境治理投入产出比为环境保护收益除以环境保护投入，而环境保护收益包括对环境污染综合治理的直接经济效益现值与使环境改善的效益现值，环境保护投入主要包括保护和治理环境污染所花费的费用现值与带来的新污染损失的现值。

环境制约度的三级指标包括三废排放度（年废气排污量、年废水排污量、年固定废弃物排放量）、SO_2排放量、烟尘排放量、化学需氧量、环境污染程度。其中环境污染程度为污染面积除以总面积。

3. 经济协调发展指标

经济协调发展指标用来反映中部地区在经济发展方面的总量、结构和质量的现状。经济协调发展指标包含三个二级指标：经济总量指标、经济结构指标、经济质量指标。

经济总量的三级指标包括中部地区各省生产总值、人均生产总值、三次产业生产总值、社会商品零售总额、社会固定资产投资额、进出口贸易总额。

经济结构的三级指标包括三次产业比例、三次产业就业结构、城乡发展差异化程度。

经济质量的三级指标包括地区人均生产总值、地区经济增长率、三次产业产值增长率、人均收入水平。

4. 社会协调发展指标

社会协调发展指标用来反映中部地区社会发展与经济发展协调性程度。社会协调发展的二级指标包括人口状况指标、就业状况指标、收入分配状况指标、基础设施指标、科学技术水平状况指标。

人口状况的三级指标包括人口总数、人口增长率、人口分布状况、城乡人口比例。

就业状况的三级指标包括就业率、失业率。

收入分配状况的三级指标包括基尼系数、城乡收入差距。

基础设施的三级指标包括人均用电、用水量、人均邮电业务量、公路网密度、铁路网密度。

科学技术水平状况的三级指标包括教育投入经费、教育投入经费占 GDP 比例、科技人员数量、科技人员比例、研发投入占 GDP 比例。

1.5.4 科学协调发展指标的量化问题

中部地区资源、环境与经济协调发展和科学发展的衡量指标由各个层级的子系统指标构成。这些子系统相互之间存在密切的联系，它们之间可能是协调发展的，也可能存在冲突，因此，在衡量区域经济发展协调性时，不能单独考虑某一个子系统，而要考虑各子系统之间的协调性。可以用协调系数来反映各子系统之间的协调度。协调系数越大，说明区域资源环境与经济发展之间的协调程度越大；反之，则越小。

协调系数的测算则涉及对具体指标数据的量化处理问题，其中最重要的问题是指标数据的统一问题。根据上述指标体系的构建，衡量中部地区资源环境与经济协调发展和科学发展的指标层级以及数量比较多，指标值量化的最大问题是指标的一致性以及量化单位统一的问题。在上述三级评价指标体系中，有些指标具有正向意义，即指标数值越大，经济意义越好；有些指标具有逆向意义，即指标数值越小，经济意义越好；另外一些指标具有中性意义，即指标的取值既不是越大越好，也不是越小越好，而是越居中越好。为了在进行分析时数据具有一致性，需要对指标进行指标类型一致化处理。同时，指标之间由于各自单位、量级的不同而存在着不可公度性，对其进行综合评价时，为了尽可能地反映实际情况，必须排除由于各项指标的单位不同以及其数值量级间的悬殊差别所带来的影响，需要对评价指标作无量纲化处理，也称为指标数据的标准化、规范化。指标无量纲化的方法可以根据研究的需要采取不同的方法。例如，可以将原始数据按一定函数关系式归一到某一无量纲区间，或者通过指数化方法进行处理。

1.6 协调发展观的基本内容和主要政策意义

1.6.1 资源、环境与经济的协调发展观

资源、环境是人类生存与发展的物质基础。人类的一切经济活动要与资源和环境的承载能力相协调。一方面，经济发展要与资源合理开发和有效利用同步。由于对资源的认识以及受生产能力与方式的限制，经济发展导致对人类赖以生存的资源的极大破坏，对经济社会的可持续发展造成了严重的威胁。因此，需要从深化对资源的思想认识到改进生产方式以及完善制度等方面来保证经济发展对资源的合理开发和有效利用，以保护人类赖以生存的物质资源，促进经济社会的可

持续发展。另一方面，经济发展要与环境保护同步。自然环境也是人类生存与发展的重要物质基础，而且自然环境与资源关系密切。在经济发展过程中，自然环境是一个比较容易被忽略的因素。虽然人类在生产过程中认识到自然资源的重要性，但往往忽略对环境的保护；在利用自然资源的同时却对环境造成严重的破坏，从而造成各种自然灾害，威胁到人类的生产。因此，经济发展要与环境保护同时进行，不能走"先污染，后治理"的非理性道路。经济发展的同时必须保护环境，包括控制环境污染，改善环境质量，保护生命支持系统，保持地球生态的完整性，保证以持续的方式开发利用和使用资源，使经济发展同时保持在资源承载能力和环境承载能力之内。

经济发展为资源有效利用和环境保护提供了重要的物质手段。资源利用与环境保护取决于经济发展的状况，取决于生产技术手段以及经济发展所孕育的制度。如果经济发展水平低下，自然资源的开发利用就缺乏有效的技术手段，自然环境的恶化就得不到有效的治理，最终也会制约经济的进一步发展。

1.6.2　科学发展观是资源、环境与经济协调发展的指导思想

科学发展观是全面、协调、可持续的发展观。科学发展观的第一要义是发展，但是科学发展所要求的发展是好中求快、又好又快的发展，是速度与结构、质量、效益相统一的发展，是长期、稳定、可持续的发展。它在本质上是要求资源、环境与经济社会的协调发展。所谓协调发展，从区域角度来看，就是区域经济社会发展过程中的人口、资源、环境、经济和社会诸要素和谐、合理、总效益最佳的发展。

第一，协调发展就是要在自然资源和生态环境的承载能力之内经济获得最大限度的发展。发展经济是实现区域系统协调发展的最根本、最有效的手段。

第二，协调发展就是要在发展经济的同时将区域内人口规模及增长率维持在经济、资源和环境的承载能力之内，即人口的规模及增长率应与经济、资源、环境相适应。只有这样，才能实现区域社会的协调发展。

第三，协调发展就是要合理地开发利用自然资源，使不可再生资源的利用效益最大限度地提高，最大限度地发现和利用替代资源；对可再生资源的利用应以不破坏其再生能力为前提。只有这样，维持经济发展的自然资源基础才不会被削弱和破坏，经济才能继续发展。

第四，协调发展就是要保证一切生产活动对环境的负影响应在环境的承载能力之内，即对区域资源环境的开发和利用、对生产的发展、对废弃物的处理和再生利用等均应维持在环境的允许容量之内。只有这样，环境恶化和生态破坏的趋势才能得以控制，自然生态平衡和生物多样性才能得以维持。保护生态环境成为区域经济协调发展的重要内容。

1.6.3 资源、环境与经济协调发展的政策支撑

实现资源、环境与经济协调发展以及科学发展需要加强政府对资源环境保护的宏观调控。市场机制有利于增强经济的活力，优化资源配置，提高资源利用效率，但是，市场机制不能自动克服破坏和浪费资源、污染环境、破坏生态等行为，必须依靠政府施加外部约束予以纠正。政府通过制定切实可行的资源开发利用政策和环境保护政策，可以合理利用资源和有效保护环境，控制环境污染；通过建设资源节约型、环境友好型社会，可以实现速度和结构质量效益相统一、经济发展与人口资源环境相协调，实现经济社会可持续发展。政策的制定要以科学发展观为指导，以转变经济发展方式为关键点；通过政策实施，促进产业结构调整，优化工业布局，大力发展质量效益型、科技先导型、资源节约型的企业，合理利用自然生态系统的自净能力，实现资源的优化配置和有效利用，变分散治理污染为集中控制污染， 提高综合效益和废物无害化处理能力。

实现资源、环境与经济协调发展和科学发展需要政府的政策创新和制度创新。经济发展造成资源环境问题的根本原因是市场失灵与政策调节失误。单一的市场机制无法形成对经济主体的约束而可能造成资源的进一步浪费和环境的进一步恶化，而单一的政府调节又难以发挥经济主体保护资源、善待环境、促进经济协调发展的作用。因此，需要政府进行资源环境保护政策创新和制度创新，实现由政府推动型资源环境保护向社会自主型资源环境保护的转变。既要发挥政府在资源环境保护上的宏观调控作用，又要积极推动资源环境保护的市场化，还要在思想上提高人们对资源环境与经济协调发展的认识。

资源环境是经济发展的物质基础，而经济发展又为资源环境保护提供了必要的物质手段，资源环境与经济发展之间相互依存的密切关系决定了资源、环境与经济协调发展的必然性与科学性。只有实现资源、环境与经济的协调发展和科学发展，才能实现社会的可持续发展。

第 2 章　中部崛起的经济发展战略
　　　　与资源和环境条件

2.1　中部崛起的经济发展战略的资源优势、资源制约条件

2.1.1　中部崛起战略的提出

中国中部地区六省（包括山西、河南、湖北、湖南、江西、安徽）地处内陆腹地，面积 103 万平方千米，2008 年年末总人口 3.6 亿人。中部是东部发达地区与西部待开发地带的结合部，地理位置较为优越。中部崛起是继东部沿海开放、西部大开发和东北老工业基地振兴，而中部却日显"塌陷"①的背景下提出来的又一个区域发展战略。2004 年 12 月 5 日闭幕的中央经济工作会议首次提出"中部崛起"②。2006 年，"中部崛起"列入《国民经济和社会发展第十一个五年规划纲要》。2006 年 3 月 27 日，中央政治局会议部署中部崛起战略，标志着中部崛起战略进入实施阶段。2007 年，党的十七大报告进一步指出："大力促进中部地区崛起。"2007 年 12 月，国务院正式批准武汉城市圈和长（沙）株（洲）（湘）潭城市群为国家级"两型"社会建设综合改革试验区，这为中部地区协调中部崛起与"两型"社会建设的关系提供了历史机遇和现实条件。2009 年 9 月 23 日国务院讨论并原则通过《促进中部地区崛起规划》，使得国家支持中部崛起进入实质性操作阶段。《促进中部地区崛起规划》将中部地区定位为粮食生产基地、能源原材料基地、装备制造业基地和综合交通运输枢纽，国家将集中从政策、资源、资金等八个方面力促"中部崛起"发展战略向纵深推进，不断加大对中部地区的投入力度，中部地区六省迎来新一轮发展机遇，建设将进一步加快。国家还将支持中部地区城市群建设、老工业基地振兴和资源型城市转型、县域经济发展，以及革命老区、民族地区和贫困地区发展，中部地区成为国家战略层面鼓励和支持的重点发展区域。

---

① 董继斌. 论我国中部地区的"沉陷"与崛起. 经济问题，2005，（6）.
② 解维领. "中部崛起"的战略优势和战略选择. 理论建设，2007，（1）.

2.1.2　中部崛起过程中资源与经济发展的关系

中部崛起过程中资源与经济发展的关系建立在"资源节约型社会"的理论和现实要求的基础上。资源的使用存在两面性，一方面中部地区丰富的资源形成其优势的资源产业，推动着区域经济的快速发展；另一方面，在中部地区经济快速发展过程中，资源消耗型、资源依赖型的经济增长与资源供给的有限性、稀缺性、枯竭性形成矛盾，使得资源的供给成为中部经济崛起的约束条件。

丰富的自然资源、优势产业和区位条件成为中部经济崛起的先天资源优势。中部地区六省气候适宜、降水量比较丰沛、土地资源比较丰富，是粮食、棉花、油料、蔬菜、水果、水产、药材、肉禽等食品的主产区与调出区，战略意义重大；矿产资源储量大、品种多、可开采的条件好。中部各省矿种多的达 140 种，最少的也有 110 多种。其中，山西煤炭储量相当大，占全国的 1/3，煤种齐全、煤质好、煤层浅、可采层厚；湖南的有色金属储量大、品种多，有色冶金人才占全国的 1/3强；江西的铜矿储量占全国的 1/5；湖北的磷矿储量丰富。以此为依托，中部建有煤炭、有色金属、磷化矿三大基地。中部的重要或稀有矿产资源的丰度远优于东部，密度高于西部，资源配套性强，开发前景广阔。能源资源丰富，开发利用的条件好。长江、黄河两大河流中段流经的地区，三峡水电站、葛洲坝水电站、三峡水电站等构成中国的水电力中心；旅游资源类型多、等级高。在全国 751 家重点文物保护单位、84 处革命遗址及革命纪念建筑物、119 个重点风景名胜区、99 座历史文化名城中，中部分别拥有 187 家、22 处、27 个、20 座；还拥有黄山、庐山、张家界、武当山、恒山、嵩山、衡山、神农架、九华山、龙虎山、五台山等景观。随着居民收入的增加、消费水平的提高，旅游业将带动交通、文化、酒店、餐饮等相关行业发展，成为新的经济增长点[①]。此外，人才、科技、教育资源充足。中部各省会城市，如武汉、长沙、郑州、合肥、太原、南昌等集中了很多高校及科研院所，武汉大学、国防科技大学、中国科技大学、华中科技大学、中南大学等高校的高技术在全国处于领先水平。

以上所有这些先天和后天形成的资源优势推动着中部经济的崛起，但是由于中部地区正处于工业化中期阶段，伴随着工业化、城市化、市场化的快速推进，中部地区对资源的需求量大大增加，而资源却又相对有限，因此，资源型产业和资源型经济发展出现瓶颈。中共第十六届五中全会正式将建设资源节约型和环境友好型社会确定为国家"十一五"国民经济与社会发展规划的一项战略任务，并提出要发展循环经济，实现可持续发展。在这种背景下，中部实现崛起的过程中应处理好资源与经济发展的关系，发展循环经济和低碳经济，提高资源利用效率，

---

① 欧阳培. 中部崛起与发展循环经济. 华商，2007，(3).

以最少的资源消耗获得最大的经济效益、社会收益和生态效益，构建资源节约型社会，实现区域经济可持续发展。

2.1.3　中部崛起战略中的资源系统指标

自然资源与人类社会的关系非常密切。自然资源是社会物质财富的源泉，是社会再生产过程中不可或缺的物质要素，是人类赖以生存的自然基础。根据《中国 21 世纪议程》第 14 章设计的方案，资源系统应包括水、土地、森林、海洋、矿产、草地和能源 7 个方面。水资源指标又包括水资源总量、水资源使用量、人均水资源量、亿元 GDP 耗水量；土地资源指标包括土地面积、耕地面积、人均耕地面积；森林资源指标包括林地面积、林木蓄积量、人均林木蓄积量；矿产资源指标包括矿产资源总量、人均矿产资源总量、矿产资源开发程度；海洋资源指标包括海域面积、海洋滩涂面积、海洋自然保护区；草地资源指标包括草地面积、人均草地面积、草地利用率；能源指标包括单位产值能耗、能源消费总量（表 2-1）。鉴于资源考核的指标较为复杂，对于中部崛起过程中的资源优势问题，这里仅就几种常见的资源进行分析。

表 2-1　资源系统指标

总指标	分指标
水资源	水资源总量、水资源使用量、人均水资源量、亿元 GDP 耗水量
土地资源	土地面积、耕地面积、人均耕地面积
森林资源	林地面积、林木蓄积量、人均林木蓄积量
矿产资源	矿产资源总量、人均矿产资源总量、矿产资源开发程度
海洋资源	海域面积、海洋滩涂面积、海洋自然保护区
草地资源	草地面积、人均草地面积、草地利用率
能源资源	单位产值能耗、能源消费总量

资料来源：中国 21 世纪议程，第 14 章

2.1.4　中部崛起战略实施的资源优势

1. 中部地区的水资源比较丰富，水资源的利用效率在提高

中部地区水资源总量大，每年降水量也很大，人均水资源量充足，水资源非常丰富。2003～2010 年，中部地区水资源总量呈下降趋势，但是总量基数仍然较大，平均为 5360.6 亿立方米，主要构成为地表水和地下水，其中地表水所占比例平均为 95%；降水量平均为 11 430.05 亿立方米；人均水资源量平均为 1512.7 立方米。可见，中部地区水资源存量较大。

中部地区水资源耗费较东部和西部地区节约，保护力度在加强，水资源利用结构也发生了变化，农业、生态用水量在增加，工业和生活用水量相应在减少，

这说明中部地区对水资源的保护意识与措施在增强，水资源的利用效率在提高，水资源的保护情况正在不断改进。

2. 中部地区的土地资源存量较大，结构合理

中部地区的土地资源总量基本保持稳定，土地利用结构较为合理，农用地、耕地面积保持较大比例。2008 年中部地区土地调查面积为 10 270.1 万公顷，大于东部地区的 9334.5 万公顷，占到全国的 10.8%，其中，农用地面积为 8032.9 万公顷，占中部地区土地调查面积的 78.2%，主要构成为园地和草地，其中园地相对较大。建设用地 846.3 万公顷，占中部地区土地调查面积的 8.2%，主要构成为居民点及工矿用地、交通运输用地、水利设施用地，其中居民点及工矿用地较大。

3. 中部地区的矿产资源比较丰富

中部地区矿产资源基础储量较大，品种齐全。主要有煤炭、铁矿、锰矿、钒矿等 14 种矿产资源，其中煤炭、锰矿、铜矿、铝土矿、硫铁矿、磷矿基础储量占到全国 1/3 以上。2008 年煤炭达到 1293.83 亿吨，占到全国的 39.67%；铁矿为 24.99 亿吨，占到全国的 11.04%；锰矿为 7100.34 亿吨，占到全国的 30.29%；钒矿为 297.46 万吨，占到全国的 23.30%；铜矿为 1388.96 万吨，占到全国的 48.04%；铅矿为 183.89 万吨，占到全国的 13.53%；锌矿为 300.17 万吨，占到全国总量的 7.01%；铝土矿为 32 314.60 万吨，占到全国的 43.96%；菱镁矿为 2.12 万吨，占全国的 0.001%；硫铁矿为 64 980.95 万吨，占到全国的 36.67%；磷矿为 12.31 亿吨，占全国的 34.54%。

4. 中部地区的森林资源较丰富

中部地区森林资源储量较大，林业开发用地规模适度。2008 年中部地区的森林面积为 4093.87 万公顷，占到全国的 23.41%，是东部地区的 2.07 倍；森林覆盖率达到 39.86%，人工林面积为 1807.28 万公顷，活立木总蓄积量 156 079.21 万立方米，占全国的 11.46%，是东部的 1.86 倍；森林积蓄量为 134 983.56 万立方米，占到全国的 10.84%，是东部地区的 1.96 倍；人均林木积蓄量为 4.4 立方米，大于东部地区的 1.75 立方米[①]。

5. 中部地区的能源资源储量丰富

中部地区的煤炭和焦炭生产量在全国名列第一。1995～2007 年，尽管中部地区的原油、燃料油、汽油、天然气和发电量的绝对量较东部和西部地区低，但是

---

① 中华人民共和国国家统计局. 中国统计年鉴（2009）.

近年来增长较快，如汽油、天然气和发电量分别增长 28.4%、34.4%、222.5%，而原煤、焦炭生产量分别增长 71.3%、108.4%。因此，中部地区煤炭燃料能源在全国具有较大的比较优势。

2.1.5　中部崛起战略实施的资源制约条件

1. 中部地区的水资源量呈减少趋势，浪费现象严重

近年来，中部地区的水资源总量、降水量、人均水资源量呈减少趋势。但是，中部地区水资源耗费量呈增长态势，存在消费过度的情况。与 2003 年相比，2008 年中部地区用水总量增加 14.1%，高于东部地区（8.6%）和西部地区（11.1%）；人均用水量增加 13.1%，高于东部地区（–0.9%）和西部地区（10.5%）；每万元 GDP 用水量下降了 52.4%，但低于东部地区（–55.2%）。很明显，中部地区水资源耗费较大，利用效率较低。

2. 中部地区存在耕地被侵吞、土质恶化现象

中部地区耕地面积正在不断减少。中部地区农业用地开发强度大，特别是城镇化的快速推进，耕地被蚕食现象非常普遍，农用地后备补给资源量严重不足，实用耕地面积不断减少。中部地区耕地面积的增加量呈减少趋势，且主要是通过开发方式增加耕地面积，其次分别是整理、复垦、农业结构调整。耕地面积的减少量仍然高于耕地面积的增加量，减少的耕地面积仍然是主要被建筑用地所占用，其余的因素是农业结构调整、生态退耕、灾害损毁。另外，中部地区的土地沙化现象严重。中部地区六省都存在一定程度的土地沙化现象，其中山西和河南两省土地荒漠化和沙化现象最严重。

3. 中部地区的矿产资源量耗费过度，利用效率较低

中部地区大多数矿产资源较为丰富，然而随着经济的发展，工业化进程的加快，依靠资源投入的传统经济增长模式使得中部地区一些矿产资源耗费过大，浪费严重。中部地区有色金属资源储量和产能占全国的半壁江山，有色金属工业已经成为中部地区的支柱产业，但是由于地质勘探投入不够，一些矿种消耗量大于新探增加储量。江西除金矿外，多年来黑钨、铜、钽、稀土等 70 种矿产储量为净消耗。受利益的驱使，列入国家保护性开采的钨、锑、锡、稀土等矿种，被乱采滥挖，资源破坏严重，环境污染问题突出。2006 年山西省 GDP 总量 4752.54 亿元，占全国 GDP 的 2.26%，消耗全国 6.1% 的能源、11.7% 的煤炭、4.1% 的电力、12.4% 的焦炭、2.5% 的柴油。因此，中部地区矿产资源消耗量较大，存在明显的资源浪费现象。

4. 中部地区的森林资源保护不够，开发过度

中部地区森林资源开发力度较大。随着工业化、城市化进程的不断推进，中部地区对林业的开发利用力度不断加强，有些地区存在乱砍滥伐的现象。尽管中部地区各项指标均优于东部地区，但是远低于西部地区，2007 年中部地区的造林总面积仅为西部地区的 30%、全国的 17.9%；退耕还林的造林面积、林业投资完成额、天然林的木材产量、天然林的林业投资完成额、天然林的森林管护面积分别较西部地区低 55.8%、62.9%、90.4%、56.5%、17.7%。

5. 中部地区的能源资源利用效率有待改进

中部地区能耗量较大，能耗量处于较高水平，并且能源使用效率较低。重工业的发展惯性在中部地区还在一定程度上保持着，它导致中部地区在经济发展过程中耗费了大量的能源，且其能源消费结构仍然严重依赖化石能源，可再生能源开发力度不够，化石能源的利用效率较低。2008 年，中部地区每产出 1 万元地区生产总值的能耗为 8.32 吨标准煤，占全国单位地区生产总值能耗的 18.8%；耗费的电量是 7683.46 千瓦·时，占全国单位地区生产总值电耗的 17.1%；单位工业产出每增加 1 万元地区生产总值的能耗为 16.91 吨标准煤，占全国单位工业产出增加值能耗的 22.2%。尽管中部地区能耗基本上呈下降趋势，且在东中西部地区中每产出 1 万元地区生产总值的能耗和电耗为最小，但其单位工业增加值能耗却高于东部地区。

2.2　中部崛起的经济发展战略的环境优势、环境制约条件

2.2.1　中部崛起过程中环境与经济发展的关系

中部崛起过程中环境与经济发展的关系是建立在"环境友好型社会"的理论和现实要求的基础之上的。环境既可以推动经济发展，也可以阻碍经济发展。中部经济的快速发展，特别是工业化的推进，主要依赖于耗费大量的资源形成生产力，但是企业在生产过程中排放出大量的废物，严重地破坏了正常的生活环境和生态环境，降低了投资环境的吸引力；随着中部经济崛起，良好的生态环境将凝聚成巨大的经济集聚力，推动中部地区经济进一步发展。

1. 良好的生态环境将吸引大量的外来投资，促进中部地区经济发展

国家提出建设"两型社会"，经济发展对资源、环境的要求将越来越高，而资源、环境对经济发展的瓶颈制约也日益凸显。近年来，中部地区大力改进其生态

环境，加之其具有优越的自然资源和便利的地理位置，其外来投资因此而不断增加，经济发展速度加快。中部地区良好的生态环境将会吸引更多的外来资本，刺激投资增长，推动中部地区经济快速发展。

良好的生态环境有助于改善并优化产业结构和就业结构，促进中部地区经济快速发展。1995～2007年，中部地区的产业结构和就业结构偏差系数变化趋势为：第一产业为负值，其绝对值较大；第二、第三产业为正值，1995～2001年递增，2001年之后不断下降，2007年下降到1.01。从2007年三次产业的产业结构与就业结构偏差系数来看，第三产业偏差系数绝对值最小，并且在不断缩小，这说明第三产业吸收劳动力的速度越来越快于第二产业并呈现出持续的趋势，优化了产业结构和就业结构，促进中部地区经济快速发展[①]。

2. 不良的生态环境降低投资热情，阻碍中部崛起的经济进程

湖北省的矿山环境地质问题或地质灾害多达二十种，包括水资源枯竭、地表水倒灌、水质污染及井下透水、山体开裂、崩塌、滑坡、地面沉降、泥石流、岩溶塌陷、采空塌陷、侵占土地、耕地沙化、土壤污染、矿震以及大气污染、酸雨等。如2008年湖南低温冰冻雪灾、湘江流域的重金属污染等生态环境问题严重地影响到企业生产和居民生活，导致投资减少，阻碍当地经济发展。因此，不良的生态环境将使投资量降低，延缓产业结构和就业结构优化进程，进而阻碍中部地区经济发展。

2.2.2　中部崛起中的环境系统指标

根据《中国21世纪议程》，中部崛起中的环境系统指标，主要从生态状况、环境状况和环境治理保护三方面来考虑选择生态环境指标。生态指标包括森林覆盖率、水土流失面积、盐碱化面积、自然灾害成灾率；环境状况指标包括废水排放总量、废气排放总量、固体废弃物排放总量、三废综合利用产品产值、城市人均公共绿地面积；环境治理保护指标包括环保的总投资额、环保投资占GDP比例（表2-2）。

表2-2　环境系统指标

总指标	分指标
环境状况	废水排放总量、废气排放总量、固体废弃物排放总量、三废综合利用产品产值、城市人均公共绿地面积
环境治理保护	环保总投资、环保投资占GDP比例
生态状态	森林覆盖率、水土流失面积、盐碱化面积、自然灾害成灾率

资料来源：中国21世纪议程，第14章

---

① 刘向阳，刘耀彬. 中国中部地区产业结构与就业结构的实证分析. 科技广场，2007，（2）.

2.2.3　中部崛起战略实施的环境优势

1.　中部地区的水环境污染与治理情况发生好转

中部地区水污染问题经过治理之后得到缓解。2003 年和 2008 年，中部地区废水排放量分别占全国的 22.9% 和 21.6%；需氧量排放量分别占全国的 25.1% 和 25.4%；氨氮排放量分别占全国的 28.1% 和 27.9%；工业废水排放达标率分别为 86.3% 和 93.0%。这说明工业废水排放达标率在不断提高，工业废水污染状况正在得到改善，这是国家发展循环经济、生态经济、低碳经济，实施可持续发展战略所取得的初步成效。同时，中部地区的废水处理能力在不断提高。2003～2007 年，废水治理设施处理能力、当年运行费用呈增长趋势，2007 年较 2003 年、2006 年分别增加了 34.1%、106.1%；2008 年废水治理设施套数达到 14 769 套，较 2003 年增加了 10.6%。这说明中部地区废水治理投入以及处理能力日渐提升。

2.　中部地区的大气污染治理能力在不断提高

中部地区的大气污染较严重。2008 年中部地区的废气排放量各项指标均低于东部和西部地区，工业废气排放总量 87 456 亿标准立方米，远低于东部地区（165 703 亿标准立方米）和西部地区（96 537 亿标准立方米）；SO_2 排放量仅为 541 万吨，低于东部地区（730 万吨）和西部地区（848 万吨）；烟尘排放量 244.6 万吨，低于西部地区（283.7 万吨）。

但是中部地区的废气治理能力在不断提高。废气治理各项指标均在改进，与 2006 年相比，2008 年工业 SO_2 去除量、工业烟尘去除量、工业粉尘去除量、废气治理设施分别增加 53.9%、40.8%、15.1%、8.5%；2007 年工业 SO_2 排放达标率、工业粉尘排放达标率较 2006 年分别上升 4.8 个百分点、5.6 个百分点，当年运行费用增加 29.3%。

3.　中部地区的固体废弃物污染的治理情况在好转

中部地区的固体废弃物污染情况得到了缓解，治理状况在不断改进。尽管中部地区的工业固体废弃物产生量呈增加趋势，但其各年的绝对水平低于东部地区和西部地区；工业固体废弃物排放量在不断减少，2008 年较 2003 年减少了 61.9%，且其各年的绝对水平均低于西部地区；工业固体废弃物综合利用量、工业固体废弃物处置量 2008 年较 2003 年分别增加 123%、141%，工业固体废弃物综合利用率增加 14 个百分点，"三废"综合利用产品产值增加 191%，且其他三项指标（工业固体废弃物处置量除外）各年的相关数值均高于西部地区。

2.2.4　中部崛起战略实施的环境制约条件

1. 中部地区的水污染问题仍然较严重，治理水平有待提高

中部地区的水污染问题虽然得到了一定程度的治理，但是仍然不容乐观。就总量而言，废水排放总量呈增加趋势，2008 年较 2003 年增加了 17.2%。从中部地区的废水污染源头来看，主要来自生活废水的排放，2008 年生活废水排放总量占废水排放总量的 60%，而化学需氧量排放和氨氮排放也都主要来自生活方面，2008 年分别占 68%、71%。这说明生活废水污染问题仍然没有引起政府和居民的重视，政府应该投资建设居民废水处理设施，从源头上和末端彻底根治生活废水污染问题。2004 年湖北省 35 条主要河流监测表明，长江部分支流的水体已受到污染，汉江部分支流水质较差，城市内湖和河渠的水质污染严重，主要湖泊、水库的水质大部分已不能满足功能区划要求[①]。同时，尽管中部地区的废水治理投入有所加大，但是其治理水平仍然较低，技术和管理创新不足。废水治理设施总数呈缓慢增加态势，但是增幅较小，且中部地区的废水治理设施总数均低于东部地区和西部地区。因此可以看出，中部地区废水治理能力较弱，管理创新不足。

2. 中部地区废气污染问题仍然十分严重

中部地区大气污染严重，生态环境日益恶化。2003 年和 2008 年，工业废气排放总量呈增加趋势，2008 年较 2003 年增加 95.5%。SO_2 排放和烟尘排放主要来自工业方面，2008 年分别占 84.8%、80.7%。尽管二氧化硫、烟尘和工业粉尘排放量 2003 年到 2008 年有所下降，但是这几年中烟尘排放量均高于东部地区，而工业粉尘排放量均高于东部和西部地区相关各年。同时，中部地区废气治理和管理水平还较低。2007 年，工业 SO_2 排放达标率为 90.7%；工业粉尘排放达标率为 90.1%。2008 年工业 SO_2 去除量、工业烟尘去除量、工业粉尘去除量较东部地区分别低 20.9%、24.8%、28.3%。根据武汉市环境保护局公布的检测数据，2007 年 3 月，武汉市中心城区每平方千米降尘 227 吨，使得武汉市成了名副其实的"光灰的城市"，下雨就有"泥石流"、起风就有"沙尘暴"；随着武汉城市建设规模的快速扩大，"城市再造"过程中的"满城挖"造成的扬尘污染、工业废气、车辆尾气已成影响武汉市空气质量的主要因素。因此，中部地区废气污染仍然较严重，治理和管理水平有待提高。

---

① 刘云忠，张慧. 湖北在中部崛起战略支点构建中的资源环境政策问题. 中国地质大学学报（社会科学版），2008，（2）．

3. 中部地区的固体废弃物污染问题依然较严重，治理水平有待提高

中部地区的固体废弃物污染仍然比较严重。工业固体废弃物产生量呈增加趋势，2008 年较 2003 年增加了 74.3%。尽管 2003 年以来，中部地区的工业固体废弃物综合利用量、工业固体废弃物处置量、工业固体废弃物综合利用率、"三废"综合利用产品产值在增加，但是整体水平仍然不高。2008 年工业固体废弃物综合利用量较东部地区低 31.7%，工业固体废弃物处置量较西部地区低 14.2%，工业固体废弃物综合利用率仅为 65%，较东部地区低 17 个百分点，"三废"综合利用产品产值较东部地区低 62.2%。

2.3　中部区域内部资源交换、资源综合开发利用与循环经济发展

2.3.1　中部区域内部的资源交换

1. 中部区域内部的资源交换状况

中国中部区域内部的资源交换主要是指中国中部地区六省间的资源共享的情况，主要表现为中部地区六省间各种资源（主要指矿产、水电等工业资源）的交易与配置情况。这里主要分析中国中部地区六省份间的资源交换与共享情况。

2008 年，山西原煤、焦炭、镁、不锈钢产量位居全国第一位，煤炭产量 6.56 亿吨，煤炭出省 5.33 亿吨，煤炭出口 2068 万吨。2009 年国家确定的煤炭供需量为 8.46 亿吨，其中国家下达给山西省的合同量为 3.76 亿吨，分别是电煤 2.74 亿吨、化工化肥煤 1829 万吨、有色金属煤 3372 万吨、居民生活及出口煤 5080 万吨；全国煤炭产运需衔接合同汇总会后，部分电厂通过中介按山西省企业出厂价，又与山西重点煤炭企业签订电煤购销合同。2010 年山西煤炭可供资源量达到 6.7 亿吨。

安徽已发现 138 种矿种，探明储量的 83 种，煤、铁、铜、磷、明矾石、硫铁矿和水泥石灰岩等 38 种矿产居全国前 10 位。煤炭储量最为丰富，达 145.5 亿吨，占整个华东地区的一半，淮南、淮北煤矿是国家亿吨级煤炭生产基地。

江西省矿产种类较多，有色金属、稀有金属、稀土和贵金属矿产资源有明显优势。江西省探明资源储量的矿产有 102 种，为江西省建设和发展煤炭、黑色金属、有色金属、建材、化工、盐业等矿业体系奠定了资源基础。铜、钨、铋等有色金属，钽、铷、铯、铪等稀有金属，金、银贵金属，中重稀土等，以其资源储量多、潜在经济价值高、占全国的比例大等特点，为江西大力发展有色金属工业、新材料及稀土应用产业等奠定了坚实的物质基础。

湖南省矿产资源相对较丰富，已发现各类矿产 120 种（141 亚种），已有探明储量的矿产 83 种（101 亚种）。目前已开发利用矿产 88 种，矿山企业 6810 个，其中大型矿山企业 11 个、中型矿山企业 40 个。钨、锑、铋、独居石、萤石、重晶石、长石、铅、锌、钼、锡、铍、雄黄、铀、锰、锂、钽、硫铁、磷、砷、汞、高岭土、石墨矿、金刚石的储量在全国均占有重要地位；湖南锰业发达，其产品生产能力与生产设备以及产品质量在全国占有绝对优势。镉、铟等分散元素的产量占全国总产量的 40% 以上。重晶石、萤石、石墨、高岭土、石膏等非金属矿产原料的产量在全国占有重要地位。湖南省是中国南方产煤较多的省份，煤产量在南方省份位居前列。现已探明煤炭储量达 34 亿吨，其中保有储量 28.4 亿吨。煤炭主要分布于郴州、衡阳、娄底、邵阳、长沙、湘潭、株洲、怀化等市，占湖南保有总量的 95.4%。在全省水力蕴藏量中，可开发利用的为 1083.84 万千瓦，占全省水力蕴藏量的 70.7%。

河南省已发现矿产资源 157 种，探明储量的 81 种。在已探明储量的矿产资源中，居全国首位的有钼矿、蓝晶石、铸型用砂岩、天然碱、水泥配料用黏土、珍珠岩、蓝晶铸岩等 8 种，居前 5 位的有 26 种，居前 10 位的有 48 种。优势矿产可归纳为煤、石油、天然气"三大能源矿产"，钼、金、铝、银"四大金属矿产"，天然碱、盐、耐火黏土、蓝石棉、珍珠岩、水泥灰岩、石英砂岩等"七大非金属矿产"。依托丰富的资源，河南发展起了以轻纺、食品、冶金、建材、机械、电子、石油、化工为主体，门类齐全，具有一定规模的工业体系，全省有大中型工业企业 1200 多家。

湖北省已发现矿种 146 种，累计已查明资源储量的矿种 92 种，其中磷、铁资源比较丰富。湖北省发电用煤的 80% 靠外调，主要从山西、河南等地购入。湖北省水资源非常丰富，多年平均年水资源总量 1035.9 亿立方米。三峡水电站安装 32 台单机容量为 70 万千瓦的水电机组，成为全世界最大的水力发电站。三峡水电站是中国西电东送工程中线的巨型电源点，非常靠近华东、华南等电力负荷中心，所发的电力主要售予华中电网的湖北省、河南省、湖南省、江西省、重庆市，华东电网的上海市、江苏省、浙江省、安徽省，以及南方电网的广东省。三峡电站在汛期的调峰电能，按各地设计输电能力的比例安排，即广东 300 万千瓦、华东 720 万千瓦，其余均送往华中，分配比例为湖北 35%、河南 25%、湖南 22%、江西 18%，非汛期四省的电量分配比例为 42%、10%、30%、18%，2010 年机组全部投产，湖北省受电量达 131 亿千瓦·时，占总发电量的 16.4%。

2. 中部区域内部的资源交换存在的问题

中部地区应该加快区域一体化进程，鼓励有条件的地区联合推进跨省交通通道建设，支持地方在电力、煤炭、天然气、油品供应和运输，以及水资源利用等方面开展合作。然而，目前中部区域内各省份间的资源交换存在一些问题。

第一，特点类似、条件相近、困难雷同。中部地区资源禀赋、地理区位、经济发展水平差异不大，主要以矿产资源和水资源为多，这使中部区域内资源供给与资源需求存在一定差距。江西省尽管矿产资源较为丰富，但是大宗用量矿产资源仍不足或短缺，如石油、天然气、钾盐、铝等短缺，煤、富铁、锰、富磷等不足，在较长时期内还将主要依靠外购或进口解决；贫矿多，且部分矿产难选冶。

第二，产业结构重型化、同构化严重。由于资源条件和历史积累，中部地区产业结构一直以重工业为主，主要以采掘业和能源原材料等中间产品为主，资源类产业占相当比例，加工业存在低端化倾向。产业结构同构、重复建设现象非常突出。在 39 个产业中，有 14 个产业被各省列为支柱产业。烟草、石化、电力、食品、钢铁为五省共有，有色金属、煤炭采选、汽车为三省共有。

第三，有待构建合作联动的新机制。从目前的发展态势看，中部各省的竞争多于合作，在抢抓承接东部产业转移的机遇和引进外资、民营资本时，产业重构和过度竞争等一些问题还难以有效解决。因此，必须加强中部各省的沟通与协调，联合起来共同发挥优势、回避劣势，错位发展，将恶性竞争转变成良性合作，实现中部的共同崛起。

2.3.2　中部区域内部的资源综合开发利用

开展资源综合利用是实施资源节约战略，促进资源永续利用，实现经济社会与生态环境协调发展的有效手段。资源综合利用企业（项目）是指在矿产资源开采中对共生、伴生矿综合开发与合理利用和以生产过程中产生的废渣、废水、废液、废气、余热、余压等或再生资源为主要原料，进行回收和利用，符合资源综合利用目录规定的独立核算企业（项目）。中部地区六省的资源开发与综合利用的绩效有了明显的提高或者改善，但是中国中部区域内部的资源综合开发利用存在问题。

1. 资源综合利用效率低

以资源大省山西省为例，山西资源综合利用率比全国平均水平低 10 个百分点，比发达国家低 20～30 个百分点，在全国排名靠后。山西每采 1 吨煤约损耗与煤炭资源共生、伴生的铝矾土、硫铁矿、高岭土、耐火黏土等矿产资源达 8 吨。低品种能源消费构成独特，2007 年省内低品位煤炭燃料消费达 94.7%，比全国平均水平高 26 个百分点。"三废"回收处理水平低，大量煤矸石、焦化副产品等"二次资源"得不到合理利用。再生资源的开发利用尚未得到足够重视。土地利用效率差，建设用地容积率低。落后的资源利用方式，导致各类资源浪费现象严重，资源约束和资源枯竭特征显著。

2. 环境污染和生态破坏仍然严重

资源的粗放、低效利用对生态环境产生了恶劣影响。例如，山西省大气、水体、固体废弃物等环境污染逐年加重，水土流失、煤矿区土地与生态破坏、土地盐渍化、荒漠化呈进一步扩大趋势。山西省采煤对水资源的破坏面积已达 20 352 平方千米，占山西省国土面积的 13%。矿井水和洗煤污水排放加速了水资源浪费和水环境污染。矿区土地塌陷严重。山西省采空区面积达 5000 平方千米，引起和潜在严重地质灾害的区域约 2940 平方千米。生态系统退化、逆向演进现象日益加剧，生态环境整体十分脆弱。

3. 制度保障体系亟待加强

从宏观政策层面来看，缺乏有效促进资源综合利用的管理体制、制度保障体系和市场激励机制，与其发展相配套的产业结构、社会消费结构和社会服务体系、指标核算评价体系尚未完全形成，影响了资源综合利用的有效推进。从企业角度看，有关资源综合利用的建章立制的基础工作薄弱，许多企业有关资源综合利用统计指标体系、核算体系和激励机制不健全。在技术领域，资源综合利用技术的研发投入不足，创新能力不强，具有重大带动作用的共性和关键技术开发不够，可再生利用的废物得不到应有的开发利用，先进适用的矿产开采技术、环保产品技术和资源综合利用技术的推广仍需进一步拓展。

4. 资源补偿机制有待完善

中部是中国重要的能源原材料生产基地，但长期以来由于资源价格偏低，资源产业效益低下、过度开采、污染严重，严重影响了中部地区的经济发展后劲、居民生活水平的提高和资源的可持续利用。为保障资源有序开发，要进一步完善资源开发利用补偿机制和生态环境恢复补偿机制，加快建立国家对资源枯竭型城市的援助机制、衰退产业的退出机制和接续替代产业的培育机制。需要积极探索将基地建设与发展当地经济、保护生态环境相结合，支持资源型地区发展深加工、延长产业链，推动产业结构升级，增强经济发展后劲的有效途径。

2.3.3　中部区域内部循环经济的发展

1. 中部区域内部循环经济发展的现状

循环经济发展模式要求按照自然生态系统的循环原理，将经济活动有机地组成一个"资源利用—绿色工业—资源再生"的封闭型物质和能量循环利用的反馈式流程，实现经济运行的"低消耗、高利用、低废弃"，最大限度地利用进入系统的物质和能量，提高资源利用率；最大限度地减少污染物的排放，提升经济运行的质量和效益，将经济活动对自然环境的破坏降到最低，从而达到"人类向自然的索取必须和人类对自然的回馈的平衡"。循环经济要求经济过程的减量化、再利用、再循环，即形成"资源—产品—再生资源"的反馈式流程，使产品从开发到产业的延伸构成一个循环链，并按照自然规律和经济规律，利用科技手段构建新的生态经济体系，实现经济、生态、社会三种效益的统一[①]。

湖北省将节能降耗减排作为发展循环经济的主要内容。2008 年单位生产总值能耗超额完成国家下达的减耗目标，化学需氧量和二氧化硫排放量分别下降 2.5%和 3.0%，均完成了国家下达的减排目标。长江干流水质总体较好，15 个监测断面的水质Ⅰ～Ⅲ类的占 100%。与上年相比，长江水质总体无明显变化。2007 年武汉城市圈被国家批准为全国资源节约型和环境友好型社会建设综合配套改革试验区，着力发展循环经济，构建"两型"社会。武汉市青山区正在加快建设成为国家级循环经济试验区。

安徽省大力发展循环经济。以农业资源的循环利用为例，肥东丰宝种养殖有限责任公司是集食用菌种植、畜牧养殖、水产养殖于一体的发展农业循环经济的企业，在食用菌产业做大做强后，较好地解决了随之而来的下脚料（菌渣）的处理问题，使食用菌生产走上生态高效经济循环发展道路，形成了食用菌—营养食品—大众健康的产品产业链和农作物秸秆—菌渣饲料—饲养业—有机肥料的生态循环链，实现变害为利、变废为宝，节本增益，促进了农作物秸秆栽培食用菌产业良性循环和健康持续的发展，既利用了食用菌产业的下脚料，又实现了资源再生，对推进产业健康发展具有重大意义。皖北地区以饲养牛羊为主，主要是采取青贮、氨化、微贮、揉搓丝化等处理方式，把秸秆转化为优质饲料，秸秆饲用率达 35%以上。安徽省秸秆青贮、氨化总量占秸秆总量的 35%左右。秸秆发电，已投产的有阜阳、宿州、蒙城、安庆、舒城、蚌埠、南陵等秸秆发电厂。秸秆沼气（生物气化）处于中试阶段。秸秆气化已示范运行，具备扩大示范应用的条件，安徽省现有 10 处秸秆气化集中供气站在运行，以秸秆为主料制气，通过管道集中向农户供应炊事燃料。利用秸秆为原料，生产木塑型材、人造板、轻型墙体材料和板材、活性炭、秸秆造纸。

河南省积极发展循环经济。以工业生产中的矿产资源的循环利用为例进行分析。中国铝业河南分公司是一个耗费大量的铝土矿石、水、电、煤等资源和能源以及排放大量的烟尘和废水、废气的大企业，在循环经济的引导下，通过对碱性外排废水进行絮凝沉降，去除悬浮物后作为氧化铝生产补水和锅炉除尘用水，通过将 6 个循环水泵房处理后的中水再引入生产流程，使所有可循环利用的生产用

---

① 朱冬元，邹伟进. 论中部崛起与循环经济. 中国地质大学学报（社会科学版），2006，（2）.

水均得到有效回收利用。对氧化铝生产——循环水系统进行技术改造，实施清污分流，经过循环技术改造之后，水的重复率和余热循环利用率分别达到86%、75%，工业废水处理率、排放达标率均达100%。河南省焦作市已逐步形成了在行业与行业之间、产品与产品之间的"煤—电—建材""煤—电—热—氧化铝""煤—电—铝—铝加工""三毛杨—浆—纸—各种纸制品—废纸回收利用"等循环经济产业链条，正在逐步摆脱传统工业经济的"高投入、高消耗、高排放"生产模式。"煤—电—建材"，以煤炭企业（焦煤）依托煤炭洗选，生产优质无烟煤；利用洗选过程中产生的洗矸、煤泥等低热值燃料，以及煤矿的矿井水资源，进行综合利用发电；利用洗煤以及采煤过程中产生的煤矸石、综合利用电厂产生的粉煤灰，生产水泥、新型墙体材料等建材。"煤—电—热—氧化铝"，以中铝中州分公司为依托，与焦煤集团合作赵固煤矿，生产煤炭直供中州分公司；煤炭作为原料供热电联产机组，由此热电机组产生的热、电直供氧化铝生产。"煤—电—铝—铝加工"，以焦作万方为依托，以煤炭为原料供发电机组；发电机组为电解铝提供能源；电解铝产生的铝用于铝合金、铝板带及铝轮毂等加工。"三毛杨—浆—纸—各种纸制品—废纸回收利用"，以瑞丰纸业有限公司为依托，大力发展"三毛杨"林纸基地，以杨木为原材料制浆，纸浆造纸，同时发展中高档信息用纸、办公用纸、轻定量涂布纸和低定量高强度包装纸板、中高档生活用纸等产品，通过末端的废纸回收利用形成较为完善的循环链条。制浆剩余的"次小薪材"还可用于板材生产。河南省荥阳市初步形成了煤（煤矸石）—粉煤灰（电）—建材辅料；煤—电—铝锭—铝制品；垃圾—电（热）—油脂、建材等六大产业循环链为主导的循环经济框架。

山西省主要围绕煤炭资源的综合开发利用发展循环经济。鼓励煤炭企业和电力企业合作，推进煤电一体化建设进程；鼓励煤炭企业和化工企业合作，发展煤制化肥、煤制油品、煤制天然气、煤制甲醇及深加工等以煤为基础的产业，加大煤矸石和矿井水的综合利用，实现矿区清洁发展，重点培育煤机制造及与煤炭相关的产业发展。根据国家对晋北、晋中、晋东三大煤炭基地的总体规划，山西省将建设煤—电—路—港—航为一体的晋北动力煤基地，煤—焦—电—化为一体的晋中炼焦煤基地和煤—电—气—化为一体的晋东无烟工业煤基地。

湖南省发展循环经济，主要建设循环经济示范点和发展环保产业，将株洲冶炼厂和智成化工厂以及汨罗再生资源工业园确立为湖南省建设循环经济示范点。株洲冶炼厂完成了铅烟气、锌烟气治理工程，回收二氧化硫生产硫酸；启动了"工业废水零排放工程"，通过项目的实施，实现工业废水100%的回用；制订了5年内分4步走实现循环经济技术改造的方案。智成化工有限公司通过技术改造完成了一氧化碳、氢气、二氧化硫、甲醇和尿素等多种物质的回收，创造可观经济效益；还制订了未来3~5年投资总额过3亿元的技术改造方案，通过5大类21个项目的技术改造，实现烟气二氧化硫、纯碱工艺尾气、甲酸钠联产氢气等回收利用。汨罗市在传统的废旧物资回收基础上发展再生资源产业，利用在全国的 1590 个收购网点，回收各种废旧物资加工，其中每年收购的 6 万吨铜材，相当于 23 家 1000 吨矿山的大型铜矿的生产能力，等于少耗用 810 万吨铜矿尾矿和 600 亿立方米废气的产生。2007 年长株潭城市群成为全国资源节约型和环境友好型社会建设综合配套改革试验区，探索有助于循环经济发展的新型工业化道路。湖南省将环保产业作为综合利用资源和发展循环经济的重要途径，促进了综合利用资源，并具备了一定的规模和实力，环保技术与产品开发的力度不断加大，在燃煤电厂脱硫、重金属废水处理、城市生活污水和垃圾处理等领域的技术、装备水平已跻身国内先进水平，印染、电镀、线路板、造纸等行业废水治理形成了完善的技术和装备体系。

江西省注重发展循环经济，促进工业资源和农业资源的综合利用。2005 年江西万元生产总值能耗降至 1.06 吨标煤，比全国低 13.1%；推广散装水泥 928 万吨，共节约包装袋 1.8 亿只；利用固体废弃物生产新型墙体材料 58.7 亿块标砖，相当于节约土地 9690 亩[①]；回收生产性废旧金属 186 万吨，回收并拆解报废汽车 1.5 万余辆。江西省 93 家开发区 70%以上用地属于荒山、荒坡、荒滩和丘陵，依托园区集中办工业比过去采取分散建厂的方式节省土地近 6 万亩。通过规划引导、政策扶持，一批工业园区在产业集聚的基础上建立了比较完整的工业生态系统。有色金属矿产资源的综合利用始终走在全国前列，江铜集团自主研发的"特大型低品位斑岩铜矿床采选综合技术"使原来无法利用的 1.5 亿吨废矿石得到有效利用，相当于新增 20%的铜矿资源。江西农民创造"猪-沼-果"（"山顶育林、山腰种果、山下养猪、水面养鱼、沼气煮饭、沼液施肥"）的农村发展循环经济的新模式，有效控制了农业面源污染，实现了资源反馈式循环利用，这一新模式被农业部确定为"南方生态模式"向全国推广。

2. 中部区域内部循环经济发展存在的问题

第一，中部区域内部的资源型产业亟待通过循环经济途径进行转型升级。中部地区的资源型产业发展速度较快、规模较大，但是发展质量不高，亟待通过循环经济途径进行转型升级。作为煤炭资源大省山西省的煤炭产业发展特征表现为：一是煤炭产业集中度低，年产 30 万吨及以下小煤矿占矿井总数的 80%以上，矿井平均单井规模仅 36 万吨；二是煤炭产业技术水平低，实现综合机械化采煤的仅有 320 座煤矿，占煤矿总数的 12.8%，42%的煤炭产能仍采用落后的炮采方式；三是煤炭行业劳动生产率低。与国内先进水平差距较大，综合竞争力不强，煤矿

---

① 1 亩约为 666.67 平方米。

安全生产形势严峻，资源环境破坏严重，矿城、矿业、矿山、矿工等四矿问题突出；煤炭生产转型发展步伐慢，产业结构初级化、单一化严重，矿工收入水平低，煤炭的加工转化和相关产业特别是煤化工、煤机制造、工业区煤炭物流等产业的发展与煤炭大省地位极不相符。

第二，中部区域内部的循环经济发展尚处于试点阶段。尽管中部各省都在加快推进循环经济发展，但是其发展水平仍然较低，尚处于试点阶段。中部区域各省应加快发展循环经济，从企业到产业、再到整个社会，都需要遵循循环经济的原理，将循环生产与循环消费结合起来，提高循环经济发展水平，促进资源的综合开发利用。

第三，中部地区政府有关循环经济的管理体制、机制有待创新。目前，中部地区内部循环经济的发展，缺乏有关的发展规划的指导、缺乏相应的管理体制的约束和统一的信息平台与管理机制调节。这使中部地区内部循环经济的发展缺乏联动性，表现为各地各自为政、各行其是，因此，推动中部地区内部间的循环经济发展必须进行制度创新。

第3章 中部经济崛起的产业与资源环境协调发展

3.1 中部地区自然资源开发利用与产业布局

产业及其布局是诸多因素的产物，其中最基本的因素是自然条件、自然资源禀赋等自然因素。一般情况下，自然资源丰富的国家或地区其产业布局或多或少地具有资源开发型的特征，自然条件和资源禀赋一般是人力因素难以改变的，同时资源禀赋又是一国或地区经济的发展基础，因而对一国或地区的产业形成、分布和经济的发展具有重要的影响。对中部地区而言，产业布局情况的确如此。在中部地区的经济发展历程上，自然资源及其开发利用起过关键的作用，直至今日，中部地区仍在主要依靠这些自然资源发展其经济。

3.1.1 中部地区的产业总量

中部地区拥有丰富的农业、矿产和其他自然资源，这些资源对中部地区的产业布局形成起着决定性作用。中部地区六省是农业大省，农业在地区生产总值中所占的比例很大。

从进入 21 世纪开始，中部地区的工业 GDP 总量呈现大规模增长。中部地区六省 GDP 总和在全国的比例一直都维持在 20%左右，1991 年六省在全国的比例大于 20%，但是之后则低于 20%，这段时期由于中央政府对东部和西部的政策倾斜，中部地区处于被忽视地位。直到 2005 年，中部地区六省在全国的比例才又大于 20%，2008 年为 21.05%、2009 年为 20.91%。

3.1.2 中部地区的产业结构

1. 产业结构演变

中部地区正处于工业化中期，第一产业占地区生产总值的比例一直呈下降趋势，1978 年其比例为 39.2%，1995 年为 28.31%，2000 年降为 21.25%，2005 年为 16.61%，2009 年再降为 13.87%；第二产业的比例呈现上升趋势，从 1990 年的

37.08%上升到 2000 年的 40.42%、2005 年的 46.77%，2009 年为 50.44%；第三产业的比例由 1978 年的 18.39%上升到 2003 年的 39.49%，但是从 2006 年起，该比例一直徘徊在 35%左右，2009 年为 35.7%。

与全国三次产业比例的平均水平相比，中部地区第一产业的比例比较高，这与中部地区的地理和农业生产条件相符，除了山西省外，其他五省的第一产业比例均在 14%以上。中部地区第二产业的比例比全国平均水平高，其中河南、山西两省的比例最大，而湖北、湖南两省的比例最低。中部地区第三产业发展滞后，其比例比全国平均水平少 7 个百分点左右，尤其是河南省的第三产业比例未达 30%。

2. 就业结构演变

中国是农业大国，在农业占重要地位的中部地区，其就业人口也大多集中于以农业为主的第一产业，然而随着产业经济的发展，就业人口也从农业转移到工业和服务业。1978 年中部地区第一产业的就业人口比例高达 77.98%，之后该指标一直下降，2000 年为 56.34%，2005 年为 49.41%，2008 年降为 44.93%。服务业是吸收就业人口的主要部门，其吸收的人口比例比工业部门要大，1978 年第二产业的就业人口比例为 12.76%，而第三产业为 9.26%，2005 年这两个指标分别为 22.54%和 28.04%，2008 年分别为 25.00%和 29.98%。

与全国平均水平相比较，中部地区的就业结构呈现第一产业和第三产业较高而第二产业比例较低的现象。湖北省的第一产业就业人口比例低于全国平均水平，为 35.36%；而湖南和河南两省最高，分别为 49.59%和 48.79%。虽然第二产业比例高于全国平均水平，但是其就业人口比例却是比较低，除了江西外，其他五省的就业比例均低于全国平均水平，河南和山西仅为 26.08%和 26.36%。

3. 结构偏离度

结构偏离度是一种用于考察各个产业的劳动力就业结构与其产值结构之间是否对称的经济指标，用各产业产值在国内生产总值中所占的比例与该产业就业量在总就业中所占的比例之间的比值与 1 的差表示。一般而言，当结构偏离度越接近零时，该产业结构与就业结构也就越合理；当大于零时，该产业应该吸纳更多的劳动力以使产业的发展与其吸纳的劳动力能力保持一致；当小于零时，意味着该产业已经存在大量的隐性失业，解决的方法是促使劳动力从该产业转移到其他产业部门。总而言之，结构偏离度能简单明了地看清一个地区或国家的产业结构是否协调、是否需要改进。

通过计算中部地区和全国的结构偏离度，第一产业存在着大量的隐性失业，而第二产业和第三产业则应该吸纳更多的劳动力。中部地区第一产业的区位熵比全国平均水平更接近 0，意味着相对于全国的总体状况而言，中部地区第一产业的产业结构和就业结构更为合理，但是其绝对值呈现加大趋势，表明第一产业的就业人口转移的速度有些慢。第二产业的区位熵数值比较大，高于全国平均水平，表明能吸收更多的劳动力。第三产业的区位熵的变化比较大，在 2006 年之前其数值大于全国平均水平，而 2006 年后则低于全国平均水平，表明 2006 年之后第三产业吸纳的就业人数比较多，但是由于第三产业发展滞后，显现出产业发展与吸纳劳动力能力相一致的情况。要加快劳动力从第一产业向第二产业和第三产业的转移，除了进入第二产业外，还要大力发展第三产业，使第三产业能吸纳更多的劳动力。

3.2　中部地区资源产业发展

3.2.1　资源与经济增长

关于自然资源对地区或国家经济增长利大于弊还是弊大于利的争论一直没有停止过。乐观的学者认为，自然资源较为丰裕能给经济增长带来有利影响。首先，自然资源是经济增长的物质前提和保证。这在很多国家的发展经验中可以体现出来，如工业初期的美国大量开采矿产资源和澳大利亚拥有丰富的矿产资源。其次，自然资源直接影响一个国家或一个地区的产业结构。对于一个地区产业布局的形成，自然资源成为至关重要的因素。再次，自然资源是否丰裕直接影响一国或一地区的社会劳动生产率。刘易斯指出，在其他条件相同的情况下，自然资源丰富的国家拥有比自然资源贫瘠国家更高的社会劳动生产率，进而创造更多的财富、促进本国经济朝更有利的方向发展。事实上，一些资源丰裕的国家经济发展状况的确比自然资源贫瘠国家要好，甚至有些国家，如澳大利亚因为拥有丰富的自然资源而发展得相当富裕。最后，资源深加工技术的发展让一国或一地区摆脱对自然资源的原有依赖，这也支持着自然资源的开采利用有利于技术进步的观点，拥有丰裕自然资源的国家或地区更有条件在原有技术上改进其技术水平，进而推动本国或地区朝着更能长远发展的方向前进。

但是有一些学者认为，自然资源丰富的国家，其经济发展往往会陷入"资源诅咒"的怪圈中。这主要是从 20 世纪 70 年代以来以资源导向型为主的经济增长模式失败的教训中得到的结论。首先是"荷兰病"的出现，即能源资源产品大量出口促使本国货币升值，而导致本国其他非能源产业如农业和制造业等的产品竞争力下降，从而使国家贸易条件恶化。需要政府提供资金补贴和政策保护来维持其他产业的存续和发展，而出口下降和贸易保护又间接制约经济的可持续发展。由于初级能源产品价格波动大，易受国际环境和国内政策的影响，而投资者对资源型产业的投资往往只注重眼前利益，价格高则加大投资，相反价格低就撤回投资，如此更加不利于资源型产业的持续稳定发展。同时，一国如果没有稳定的政治局势、合理的制度安排和健全的法律法规，其资源收入往往会呈现不合理分配，甚至被一些利益集团所垄断，这些利益集团为维护既得利益，会通过行政和商业贿赂来确保其对资源的占有，如此一来国家财富难以集聚，且社会不公平程度加深，进而危害经济的长期发展。事实上，大多数自然资源丰裕的国家会有意或无意地忽视公共支出，尤其是教育支出，而将大部分资金投入短期收益明显的生产型部门，私人投资被挤出，国民素质也得不到提高，从而拖慢了经济增长的步伐。非洲一些石油资源丰富的国家如乍得等，就是这种情况的典型代表。有研究表明，在中国的一些省份，"资源诅咒"现象确实存在[①]。

自然资源在一个国家或地区不同的经济发展阶段的作用是不同的。根据比较优势理论，一个国家或地区总会根据自己的自然资源条件和劳动力条件选择并发展适合的产业；而主导产业选择理论要求一国或地区选择若干产业部门以指导和推动整个产业结构演进和经济发展。资源丰富的国家或地区在其经济发展的最初阶段必然会选择资源型产业及其相关产业来发展。在短期，资源较为充裕，高资源依赖型产业有助于当地经济的发展，其伴随的负面影响并不明显。然而，随着经济的发展和资源的消耗，资源、人口和经济之间的矛盾便逐渐暴露出来了，对自然资源的过度消耗会降低经济增长的持续发展能力。同时，资源的低利用率会造成巨大的环境污染，资源以废物形式进入生态系统，破坏生态系统的稳定性、降低生态环境承载力，不仅造成大量的资源浪费，而且国家或地区为治理污染需要付出大量的资金和人力，甚至有可能"得"（GDP、税收）不偿"失"（资源浪费、环境破坏、治理污染的支出）。

如前所述，中部地区六省资源禀赋对地区生产总值增长不存在绝对的促进作用，可以说中部地区的经济发展已经进入到这样的一个时期，即中部地区已不能仅依靠当地自然资源的优越来实现经济的高速发展。从整体来看，中部地区的工业增加值占地区生产总值的很大比例，工业在地区经济中起着相当大的作用，但是这并不意味着中部地区工业化进程很快、工业化水平有明显提高，因为该地区的工业生产总值更多的是依赖高耗能高污染产业的粗放发展来实现的[②]。实际上矿产资源储量的丰富使得中部地区的相关资源型产业得到了充分发展，但是也加剧了这些资源的消耗与枯竭，不仅严重影响着这些资源型产业的可持续发展，而且在较大范围内形成日益严重的资源约束和生态环境污染。

---

① 徐康宁，王剑. 自然资源丰裕程度与经济发展水平关系的研究. 经济研究，2006，（1）.
② 杨艳琳，许淑嫦. 中国中部地区资源环境约束与产业转型研究. 学习与探索，2010，（2）.

3.2.2 中部地区及各省耗能度不同的工业发展状况

虽然中国经济发展成效显著，但是资源和环境对经济发展的约束或限制却越来越大。传统工业行业分类标准较为单一，不能很好地将资源和环境对工业行业的要求表示出来，如轻重工业分类法、生产要素密集型产业分类法、按工业区位分布分类法等都忽视了工业行业对资源和环境的影响，弱化了工业行业对自然资源的消耗和对自然环境的破坏程度。这不利于分析整个国民经济对资源和环境的压力，进而会对经济的整体规划造成误解和扭曲。所以，按对资源依赖程度和对环境的破坏程度来区别工业行业，进而选择有利于资源和环境的产业发展规划则是进一步促进产业科学发展的现实要求。

1. 根据资源消耗度的工业行业分类

Tobey（1990）研究了确定污染密集型产品的方法，即用消除污染的成本占全部总成本的比例来定义污染密集型工业，将美国直接或者间接用于消除污染的成本占总成本中的 1.8%或者更多的产品认定为污染密集型产品。根据这个方法，可以将污染密集型产品所处的产业定义为污染密集型产业，它们是金属采矿业、初级有色金属、纸浆及造纸业、初级钢铁制造业、化学工业等。根据孙根年等（2008）的研究，可根据行业部门的能源消耗和水资源消耗情况将所有的工业行业分为低耗能产业、中耗能产业和高耗能产业，其中行业耗能量和耗水量的标准，见表 3-1。

表 3-1 不同类型产业耗能量和耗水量的标准

产业类型	万元产值能耗/千克标准煤		万元产值水耗/米^3	
	区间	均值	区间	均值
低耗能产业	76.6～655.6	358.3	5.7～33.1	14.1
中耗能产业	891.0～1724.0	1150.7	—	—
高耗能产业	1409.7～9499.2	2814.6	27.5～1169.2	226.6

资料来源：陈素景，孙根年，张旭. 基于资源-环境双调控的我国工业产业分类研究. 软科学，2008，（3）：1-4

根据工业在能源消耗和水资源消耗的情况，可将中国 40 余种工业行业分为三种不同的产业类型：高耗能产业、中耗能产业和低耗能产业，见表 3-2。

表 3-2 按资源依赖程度区分工业行业类别

产业类型	产业名称	万元产值能源 /（万吨标准煤/万元）	万元产值水耗 /（米^3/万元）
高耗能产业	煤炭开采和洗选业	2.35	69.25
	非金属矿采选业	4.75	246.79
	其他采矿业	8.84	117.89

产业类型	产业名称	万元产值能源 /（万吨标准煤/万元）	万元产值水耗 /（米³/万元）
高耗能产业	木材加工及竹藤业	1.73	36.19
	造纸及纸制品业	1.41	330.07
	化学原料及制品制造业	2.41	421.19
	塑料制品业	2.31	17.05
	非金属矿物制品业	4.53	76.71
	黑色金属冶炼及压延业	2.65	316.39
	有色金属冶炼及压延业	1.75	110.35
	工艺品及其他制造业	4.62	15.21
	电力热力的生产供应业	2.95	2870.47
	燃气的生产和供应业	5.55	456.97
	水的生产和供应业	7.64	1169.20
	其他行业	9.50	240.31
中耗能产业	石油天然气开采业	1.11	54.30
	黑色金属矿采选业	1.72	244.32
	有色金属矿采选业	0.97	177.22
	纺织业	1.04	66.57
	纺织服装鞋帽制品业	1.13	27.30
	印刷及记录媒介复制	1.08	24.82
	文教体育用品制造业	1.19	19.29
	石油加工及核燃料工业	1.25	166.41
	化学纤维制造业	0.89	363.93
	橡胶制品业	1.08	52.28
低耗能产业	农副食品加工业	0.57	73.58
	食品制造业	0.66	69.62
	饮料制造业	0.52	81.46
	烟草制造业	0.10	7.08
	皮革毛羽制品业	0.34	27.48
	家具制造业	0.49	116.04
	医药制造业	0.50	111.18
	金属制品业	0.29	5.73
	通用设备制造业	0.56	27.55
	专用设备制造业	0.56	33.12
	交通运输设备制造业	0.23	12.34
	电气机械及器材制造业	0.45	7.62
	通信及电子设备制造业	0.28	15.30
	仪器仪表及办公用品业	0.08	15.32
	废弃材料回收加工业	0.52	8.02

对高、中、低能耗产业的分类主要依据这些产业的万元产值能耗，万元产值水耗仅作参考。例如，黑色金属矿采选业、有色金属矿采选业、石油加工及核燃

料工业、化学纤维制造业的万元产值水耗都属于较高水平，但由于它们的万元产值能耗都在 1 万吨标准煤/万元左右，所以属于中耗能产业；而家具制造业和医药制造业的万元产值能耗低于或等于 0.5 万吨标准煤/万元，所以将其归入低耗能产业中。这与中国水价格远低于能源的实情有很大的关系。

2. 中部地区及各省耗能不同的产业的总体发展状况

根据孙根年（2008）的研究，并选取中部地区六省均有的 24 个工业行业，再将其划分为高耗能高污染产业和低耗能低污染产业两个种类（这里将高耗能高污染行业和中耗能中污染行业合在一起，以区分低耗能低污染行业）。其中属于高耗能高污染的产业有：煤炭开采和洗选业、造纸及纸制品业、化学原料及化学制品制造业、非金属矿物制品业、黑色金属冶炼及压延加工业、有色金属冶炼及压延加工业、电力热力生产和供应业、黑色金属矿采选业、有色金属矿采选业、石油加工及炼焦加工业、化学纤维制造业和纺织业。属于低耗能低污染的产业有：农副食品加工业、食品制造业、饮料制造业、烟草制造业、医药制造业、金属制品业、通用设备制造业、专用设备制造业、交通运输设备制造业、电气机械及器材制造业、通信设备计算机及其他电子设备制造业、仪器仪表及文化办公机械制造业。

表 3-3　中部地区六省两类工业行业增加值比例（%）

地区/产业		年份								
		1999	2000	2001	2002	2003	2004	2005	2006	2007
湖北	高耗能	10.34	10.26	9.26	9.61	10.76	15.92	14.7	14.46	15.02
	低耗能	11.24	10.59	11.03	11.26	11.89	14.42	13.44	14.49	16.96
湖南	高耗能	6.72	7.15	7.42	7.74	9.5	11.05	13.2	14.37	16.05
	低耗能	6.07	6.03	8.25	7.12	8.24	8.66	9.90	10.93	12.17
安徽	高耗能	8.65	8.40	8.69	9.34	11.04	13.08	14.34	15.54	17.03
	低耗能	6.66	6.61	7.00	8.15	9.17	9.68	10.83	12.50	14.65
河南	高耗能	11.95	10.77	12.28	12.49	15.58	15.97	18.32	20.42	29.55
	低耗能	6.90	7.70	7.18	7.42	8.04	7.85	9.87	11.60	14.16
山西	高耗能	22.77	22.28	21.11	26.06	31.83	40.03	37.69	40.28	43.6
	低耗能	4.17	3.99	3.98	4.41	4.60	4.84	4.07	4.41	5.11
江西	高耗能	6.22	6.74	7.23	7.59	8.43	10.01	12.38	16.14	19.28
	低耗能	5.21	5.47	5.61	5.98	6.00	6.20	7.11	8.64	10.44
中部	高耗能	10.40	10.17	10.40	11.18	13.58	16.30	17.74	19.34	23.24
	低耗能	7.22	7.31	7.76	7.88	8.49	9.09	9.69	11.01	12.98

资料来源：根据《中国工业经济统计年鉴》（2001～2008 年）和中部地区六省 2008 年的统计年鉴的有关资料计算所得。其比例是根据各类产业增加值占各省地区生产总值的份额计算所得

通过中部地区及各省近十年的产业发展轨迹（表 3-3），可以看出随着工业化进程的加快，这些工业行业的比例在各个省的地区生产总值的比例都在不断加大。

在整体上看，1999～2007年，中部地区六省高能耗产业所占的比例一直高于低能耗产业所占的比例，而且高耗能产业的发展比低耗能产业要快得多，1999年高耗能产业的比例是10.4%、低耗能产业的比例是7.22%，而到了2007年两者分别是23.24%和12.98%；其中高耗能产业的年平均增长率为10.88%，而低耗能产业年平均增长率为7.73%（表3-4）。由此可以说，中部地区六省更多的是依靠自然资源特别是能源的消耗来发展当地经济的。

表3-4　中部地区及各省两类产业的年平均增长率

地区	产业	年平均增长率/%
湖北	高耗能产业	5.97
	低耗能产业	5.67
湖南	高耗能产业	11.69
	低耗能产业	9.92
安徽	高耗能产业	9.04
	低耗能产业	10.52
河南	高耗能产业	13.00
	低耗能产业	9.94
山西	高耗能产业	9.15
	低耗能产业	3.01
江西	高耗能产业	15.49
	低耗能产业	9.36
中部	高耗能产业	10.88
	低耗能产业	7.73

资料来源：根据《中国工业经济统计年鉴》（2001～2008年）和中部地区六省2008年的统计年鉴的有关资料计算。表中年平均增长率是每年增长率总和的平均值，年增长率=（该年增加值比例−上年增加值比例）÷上年增加值比例

1999年，湖南、安徽、江西三省的两类工业行业比例一直处于较低的状态，远低于湖北、河南和山西，但是经过近几年的发展，这三省的工业行业都得到较大的发展，在地区生产总值中的比例上升得比较快；湖南、安徽和江西这三省两类工业行业的年平均增长率都较高，其中湖南高耗能产业（11.69%）增长快于低耗能产业（9.92%），相反安徽和江西两省的低耗能产业发展好于高耗能产业，安徽的低耗能产业年平均增长率为10.52%，而江西为9.36%。相对而言，湖北的工业发展具有较为良好的基础，1999年这两类工业增加值已占地区生产总值的10%以上，而且处于不断上升的阶段中；不仅如此，湖北的高耗能产业和低耗能产业发展较为均衡，年平均增长率分别为5.97%和5.67%。河南、山西两省随着工业化进程的加快，其高耗能产业的比例增长速度最快，河南高耗能产业的年平均增长率为13%，山西的为9.15%，2007年山西的高耗能产业比例高达43.6%，其低耗能产业年平均增长率（3.01%）是中部地区六省中最低的，甚至还不到中部平

均水平（7.73%）的一半。

各省的低耗能产业在近几年都呈现不同程度的增长，虽然有时会出现减少的现象，但总体趋势是各省的低耗能产业比例不断增加。其中，湖北的资源节约型产业发展状况要好于其他五省，虽然在 2005 年比例曾下降，但大体上呈现上升趋势，低耗能产业增加值约占湖北地区生产总值的 17%。湖南、安徽、河南和江西四省低耗能产业总体上发展都不如湖北，到 2007 年其增加值占到各省地区生产总值的 12.17%、14.65%、14.16% 和 10.44%；山西的低耗能产业的比例一直徘徊在 4%～5% 的低水平。

3. 中部地区及各省支柱产业的发展情况

产业贡献率可以综合地反映某产业在研究期间的比较优势、经济地位和贡献大小。从表 3-5 中可看出，除了湖北省外，中部地区其他五省高耗能产业对该地区及各自省份的经济贡献比低耗能产业要高得多。

表 3-5　中部地区不同类型产业的产业贡献率

地区	1999 年		2003 年		2007 年	
	高耗能行业	低耗能行业	高耗能行业	低耗能行业	高耗能行业	低耗能行业
湖北	0.4313	0.4971	0.4565	0.4865	0.4721	0.4851
湖南	0.6774	0.3454	0.6735	0.3584	0.6851	0.2935
河南	0.6925	0.2983	0.7431	0.2661	0.7858	0.2226
山西	1.5072	0.0692	1.7345	0.0494	1.6954	0.0331
江西	0.6430	0.3738	0.7699	0.3008	0.8731	0.1893
安徽	0.5749	0.3938	0.5364	0.4123	0.5204	0.4239
中部	0.6598	0.3377	0.7371	0.3011	0.7803	0.2497

资料来源：《中国工业经济统计年鉴》，产业贡献率 $G_i = Q_i \times F_i$，区位熵 $Q_i = (e_i/e_n)/(E_i/E_n)$，其中用行业总产值表示该地区所有产业的经济水平，$F_i$ 为 i 产业的产值百分比

山西省的高耗能行业对当地经济的贡献率一直处于较高水平，均在 1.5 以上；并且其低耗能行业的产业贡献率是整个地区中最低的，1999 年仅为 0.0692，不仅如此，低耗能行业的产业贡献率一直处于下降的趋势，到 2007 年仅为 0.0331。实际上，从总体来看，中部地区高耗能行业的产业贡献率一直呈上升的态势，而低耗能行业的产业贡献率却一直下降，这在湖北、河南、山西、江西四省中可以看出。安徽省发展趋势正好相反，1999 年高耗能行业和低耗能行业的产业贡献率分别为 0.5749 和 0.3938，而 2007 年分别为 0.5204 和 0.4239。湖南省有所波动，但自从 2003 年重工业化重新开始后，其高耗能行业也发展迅速。湖北省的高耗能行业和低耗能行业发展较为均衡，甚至低耗能行业对地区的产业贡献率高于高耗能行业。

中部地区高耗能行业对地区的支撑作用同样可以从地区的支柱产业中看出

（表 3-6）。支柱产业是在一定时期内构成一个国家或地区产业体系的主体，具有广阔的市场前景、技术密集度、产业关联度、发展规模大、经济效益好、对整个国民经济起支撑作用的产业。

表 3-6　中部地区六省支柱产业演变情况

省份	1999 年	2007 年
湖北	交通运输设备制造业（6.97%） 电力热力生产和供应业（4.84%） 纺织业（4.26%）	交通运输设备制造业（14.68%） 电力热力的生产和供应业（12%） 黑色金属冶炼及压延加工业（7.63%）
湖南	烟草制造业（8.67%） 电力热力生产和供应业（4.87%） 非金属矿物制品业（2.77%）	烟草制造业（8.88%） 有色金属冶炼及压延加工业（7.63%） 黑色金属冶炼及压延加工业（7.24%）
安徽	电力热力生产和供应业（5.67%） 电气机械及器材制造业（3.13%） 饮料制造业（2.85%）	黑色金属冶炼及压延加工业（9.25%） 电气机械及器材制造业（9.25%） 煤炭开采和洗选业（8.51%）
河南	电力热力的生产和供应业（6.84%） 非金属矿物制品业（5.05%） 煤炭开采和洗选业（4.21%）	电力热力的生产和供应业（13.8%） 非金属矿物制品业（8.64%） 煤炭开采和洗选业（8.64%）
山西	煤炭开采和洗选业（16.95%） 电力热力的生产和供应业（8.56%） 黑色金属冶炼及压延加工业（8.06%）	煤炭开采和洗选业（34.58%） 黑色金属冶炼及压延加工业（15.01%） 石油加工及炼焦业（10.23%）
江西	电力热力的生产和供应业（4.95%） 交通运输设备制造业（3.96%） 农副食品加工业（2.94%）	有色金属冶炼及压延加工业（12.9%） 电力热力的生产和供应业（6.13%） 黑色金属冶炼及压延加工业（5.26%）

注：括号内数字表示的是 1999 年或 2007 年该行业增加值占某一地区工业增加值的比例

资料来源：《中国工业经济统计年鉴》

1999 年中部地区六省的支柱产业在工业增加值中所占份额相对较小，到 2007 年各省的前三大产业所占份额就大得多。除了河南外，湖北、湖南、安徽、山西、江西这五省的支柱产业都有所变化，而且呈现一种趋势，即黑色金属冶炼及压延加工业、有色金属冶炼及压延加工业、煤炭开采和洗选业、石油加工及炼焦业等产业与资源密切相关而得到不同程度的发展，这与中国工业重工业化对资源的需求量大幅增加有着紧密的联系。2007 年，中部地区六省的支柱产业主要是以煤炭、电力为主的能源工业，以钢、铁、铅、铜等黑色与有色金属冶炼与压延为主的原材料工业等为主，而这些产业大多是高耗能产业。此外，中部地区六省在支柱产业选择上存在着严重的同构性、对相似产业重复建设和盲目投资，这使得六省之间的内部竞争加剧，同时更易受国家宏观政策和市场环境波动的影响。

对于低耗能产业的发展，安徽的饮料制造业、江西的农副食品加工业已经跌出该省的前三名之列；湖北的交通运输设备制造业、湖南的烟草制造业、安徽的电气机械及器材制造业都得到相应发展。但是总体而言，低耗能低污染产业在中部地区六省的规模还很小。

3.2.3　中部地区及各省资源产业发展状况

资源产业是通过政府和社会投入进行保护、恢复、再生、更新、增值和积累自然资源的生产和再生产活动的集合①。据此，这里的资源产业特指矿产资源产业，包括金属矿产资源业、非金属矿产资源业和能源资源业。具体的资源产业则包括：煤炭开采和洗选业、黑色金属矿采选业、有色金属矿采选业、石油加工及炼焦加工业、非金属矿物制品业、黑色金属冶炼及压延加工业、有色金属冶炼及压延加工业、电力热力的生产和供应业。这些资源产业活动在中部地区及各省的经济活动中起着基础性的作用。

1. 中部地区资源产业发展总况

高耗能产业在中部地区的发展快于低耗能产业的发展，而高耗能产业中发展最快的往往就是这些资源产业。

中部地区 8 个资源产业的全部从业人员年平均人数总和占全国这些产业就业人员的比例一直维持在 30% 左右，变化幅度不大。1999 年全国资源产业总就业人口有 1617.66 万人，中部地区资源产业的就业人口有 492.26 万人；2007 年全国资源产业总就业人口增加至 1814.65 万人，增幅为 12.18%，而中部地区增加至 536.23 万人，增幅为 8.78%。工业增加值反映着中部地区各个资源产业在当年的发展情况，而中部地区资源产业的工业增加值占全国的比例变化幅度很大，1999 年工业增加值总额为 1370.61 亿元，全国资源产业的工业增加值总额为 5986.96 亿元，约占 22.89%；2007 年工业增加值为 9962.27 亿元，全国的为 36 858.24 亿元，比例约为 25.62%。2004~2007 年中部地区资源产业工业总产值占全国的比例一直在上升，相应地中部地区对资源产业的城镇固定资产投资也在不断增加。2004 年中部地区资源产业的城镇投资有 2445.1607 亿元，占全国资源产业城镇投资总量的 24.71%；2007 年资源产业的城镇投资总额为 5143.9878 亿元，占全国的 27.41%，增幅为 10.94%。

中部地区 8 个资源产业的城镇投资比例及其演变趋势均有所不同。煤炭开采和洗选业的城镇投资比例是最高的，且处于上升状态中；2004 年中部地区煤炭开采与洗选业的城镇投资占全国该产业城镇投资总额的 39.6%；2007 年占全国的 45.01%。其次是有色金属冶炼及压延加工业，虽然该产业的城镇投资额占全国的比例从 2004 年起有所下降，但仍有 35% 以上的比例。2007 年中部地区有色金属矿采选业、非金属矿物制品业、黑色金属冶炼及压延加工业这三个产业的城镇投资额分别占全国相同产业的城镇投资总额的 33.8%、33.64% 和 29.41%。虽然中部

---

① 杨艳琳. 资源经济发展. 北京：科学出版社，2004：94.

地区电力热力生产和供应业的城镇投资额最大，但占全国该产业的城镇投资总额的比例却不是很大，2004 年为 19.83%，2007 年为 21.43%，增幅为 8.08%。与其他资源产业不同，黑色金属矿采选业和石油加工及炼焦加工业这两个产业的城镇投资比例较低且有逐年下降的趋势。2004 年中部地区黑色金属矿采选业城镇投资额占全国该产业城镇投资总额的 22.66%；2006 年占全国的 13.94%；2007 年升至 17.13%。石油加工及炼焦加工业 2004 年城镇投资额占全国该产业城镇投资总额的 29.11%；之后逐年下降，2007 年降为 13.44%。

总而言之，煤炭开采与洗选业、有色金属矿采选业、非金属矿物制品业、有色金属冶炼及压延加工业和电力热力的生产和供应业这几个资源产业在中部地区发展较为快速。

2. 中部各个省份资源产业发展总况

从产业区位熵的角度来分析中部各个省份资源产业发展状况。中部地区资源产业的区位熵为 1.296，表明该地区资源产业专业化程度较高，且向地区外输的资源产业产品也较多。其中煤炭开采与洗选业、有色金属矿采选业、非金属矿物制品业、有色金属冶炼及压延加工业和电力热力的生产和供应业的区位熵大于 1，黑色金属矿采选业、石油加工及炼焦加工业和黑色金属冶炼及压延加工业的区位熵低于 1。

中部各个省份资源产业的发展状况也不尽相同。湖北省资源产业的区位熵在中部地区六省中是最小的，仅黑色金属矿采选业和电力热力的生产和供应业的区位熵大于 1。资源产业的工业总产值和工业增加值在湖北省的份额都有很大的增长，但其资源产业的就业人口却下降了。

湖南省资源产业的区位熵同样小于 1，在 8 个资源产业中仅有色金属矿采选业和有色金属冶炼及压延加工业这两个产业的区位熵大于 1。但是黑色金属矿采选业、有色金属矿采选业和有色金属冶炼及压延加工业在 2004～2007 年的城镇投资比例分别增长 47.54%、226.44%和 94.97%，而有色金属冶炼及压延加工业的城镇投资比例却下降 46.22%。

安徽省 2007 年资源产业的区位熵为 0.9371，其中煤炭开采与洗选业、黑色金属矿采选业和有色金属冶炼及压延加工业这三个资源产业的区位熵大于 1。

江西省资源产业的区位熵为 1.0234。与湖北、湖南和安徽三省相比，江西资源产业的专业化程度较高，其中有色金属矿采选业和有色金属冶炼及压延加工业的区位熵均超过 2.5，有色金属冶炼及压延加工业专业化程度在中部地区是最高的。

河南省的五个资源产业的区位熵均大于 1，其中有色金属矿采选业、非金属矿物制品业、电力热力的生产和供应业的区位熵居中部地区之首，分别为 3.2745、2.224 和 1.9513。

山西省资源产业的区位熵是中部地区六省中最高的,其中煤炭开采和洗选业、黑色金属矿采选业、石油加工及炼焦加工业、黑色金属冶炼及压延加工业这四个产业的区位熵居中部地区之首。山西省将大部分的城镇投资投入资源产业,2005年资源产业的城镇投资份额达到 52.96%,2007 年降为 43.61%。

3.3　中部地区环境保护产业发展

3.3.1　环境与经济增长

一个国家或地区的经济增长与环境状况之间存在着相互影响的关系,即经济增长会影响环境,而环境受到损害后又反过来影响该国或地区的经济增长。有关"环境库茨涅兹曲线"的研究表明,各国经济发展与环境质量的相互关系呈现一定规律,环境质量与人均收入存在库茨涅兹倒 U 形曲线关系,即人均收入增加时,污染指数也随之增加;当人均收入继续增加到一定水平后,污染指数又随人均收入增加而下降。出现这一规律的原因是,经济发展尤其是依靠资源型产业实现的发展意味着要最大限度地使用一切可以开发利用的自然资源以满足不断增长的需求。自然资源的不断开发利用必然会给环境带来巨大的压力,自然资源的消耗强度越大,生态环境问题也就越严重。而工业社会的经济行为更多地注重短期效益,忽视长远利益,甚至为了眼前的短期利益而损害后代人的利益,这种短视行为直接给生态环境带来不可忽视的伤害,这从西方国家的工业化发展历程中就可以看出。不仅如此,一些发达国家或地区为了自身利益将污染严重的产业转移到欠发达国家或地区,这种损人利己的自私经济行为忽视欠发达地区的生态环境,给当地的环境带来极大的压力与损害。

改革开放以来,中国经济发展取得了巨大成就,但与此同时经济增长给环境带来的负面影响也越来越大。随着环境污染的加剧,中国已将环境保护和治理作为国家工作的重心之一。中国大多数省份正处于工业化初(中)期,这也意味着中国经济发展将给自然生态环境带来更大的影响。中部地区六省正在进行的工业化和城市化给地区自然环境带来了很大的影响,由于中部地区六省特有的工业结构,对环境带来的破坏也比其他地区大得多,环境污染和破坏事故时常发生,给当地带来了直接的经济损失,甚至引起地方纠纷和动乱。所以,中部地区为了自身经济的科学、协调、持续发展,必须处理好经济与环境的关系。

3.3.2　中部地区环境污染度不同的工业发展情况

1. 根据环境污染度的产业分类

相应于产业所消耗的能源和水资源,产业向环境排放二氧化硫(SO_2)和化学需氧量（COD），这里用万元产值 SO_2 排放量和万元产值 COD 排放量来衡量各个产业对自然环境的污染情况。同样根据孙根年等的研究，将产业分为低污染产业、中污染产业和高污染产业三类，具体标准如表 3-7 所示。

表 3-7　不同类型产业 SO_2 和 COD 排放量标准

产业类型	万元产值 SO_2 排放量/千克		万元产值 COD 排放量/千克	
	区间	均值	区间	均值
低污染产业	0.3～6.4	1.5	0.2～4.4	0.5
中污染产业	1.0～9.8	6.0	0.4～2.7	1.3
高污染产业	1.8～218.2	40.1	5.9～68.7	13.7

虽然有万元产值 SO_2 和 COD 排放量这两个标准，但是在国际上更多地采用 SO_2 排放量来测度经济增长对环境造成的损害，即环境污染的程度。以下有关产业分类，主要根据万元产值 SO_2 排放量来确定产业的环境污染度，万元产值 COD 排放量仅作为参考。

根据不同产业在污染物排放量的不同，可将中国 40 种产业分为高污染产业、中污染产业、低污染产业三大类，见表 3-8。

表 3-8　根据污染程度的产业分类

产业类型	产业名称	万元产值 SO_2 排放量/千克	万元产值 COD 排放量/千克
高污染产业	有色金属矿采选业	9.83	8.85
	非金属矿采选业	31.38	11.27
	其他采矿业	20.44	2.55
	木材加工及竹藤业	11.99	6.96
	造纸及纸制品业	18.57	68.74
	化学原料及制品制造业	12.53	6.11
	化学纤维制造业	7.65	6.92
	非金属矿物制品业	42.84	1.27
	黑色金属冶炼压延加工业	10.48	1.30
	有色金属冶炼压延加工业	17.17	0.83
	电力热力的生产供应业	218.22	2.47
	燃气的生产和供应业	16.60	8.35
	水的生产和供应业	5.81	26.19
	其他行业	28.51	27.05
中污染产业	煤炭开采洗选业	7.14	1.95
	黑色金属矿采选业	7.87	2.72
	农副食品加工业	4.35	18.88
	食品制造业	5.24	8.69
	饮料制造业	6.35	11.19
	纺织业	6.19	6.24
	纺织服装鞋帽制造业	3.17	4.41

产业类型	产业名称	万元产值 SO$_2$ 排放量/千克	万元产值 COD 排放量/千克
中污染产业	皮革毛皮羽毛及其制造业	2.34	8.27
	石油加工及核燃料工业	7.46	0.88
	医药制造业	2.87	5.93
	橡胶制品业	4.45	0.61
	塑料制品业	2.08	0.65
低污染产业	石油天然气开采业	0.95	0.49
	烟草制造业	0.56	0.21
	家具制造业	1.38	0.37
	印刷业和记录媒介的复制	0.96	1.90
	文教体育用品制造业	1.61	0.69
	金属制品业	0.33	0.26
	通用设备制造业	1.56	0.54
	专用设备制造业	1.48	0.63
	交通运输设备制造业	0.49	0.46
	电气机械及器材制造业	1.03	0.36
	通信及电子设备制造业	0.32	0.32
	仪器仪表及办公用品业	0.51	0.37
	工艺品及其他制造业	1.77	1.52
	废弃材料回收加工业	0.69	0.98

2. 中部地区及各省污染度不同的行业总体发展情况

高污染产业、中污染产业和低污染产业在中部地区呈现不同的发展趋势，即在 1999～2007 年这三类产业的行业总产值在地区工业总产值中所占的比例有所变化，但三类产业的工业增加值增长幅度也不相同。高污染行业起点高，其增长幅度在这三类产业中也是最大的，1999 年中部地区高污染产业行业总产值占地区工业总产值的 36.52%，2007 年达到 43.71%，总增长率为 19.67%，而年平均增长率为 2.38%。这可以从产业增加值的增长中看出来，高污染产业的产业增加值在地区工业增加值的比例一直是最大的，而且有逐年上升趋势，1999 年高污染行业的产业增加值比例为 20.03%，2007 年为 39.2%；1999～2007 年有色金属矿采选业行业增加值增长 69.17%，造纸及纸制品业增长194.88%，化学原料及化学制品制造业增长 79.03%，化学纤维制造业增长73.17%，非金属矿物制品业增长 153.37%，黑色金属冶炼及压延加工业增长2.07%，有色金属冶炼及压延加工业增长 8.16%，电力热力的生产和供应业增长 167.39%。可见，高污染行业在中部地区工业化过程中得到了长足的发展。具体如图 3-1 所示。

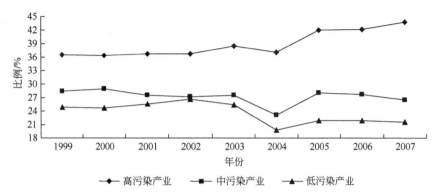

图 3-1　中部地区污染度不同的产业行业总产值比例演化趋势

注：比值为中部地区六省按污染度不同的产业类型的行业总产值总和在中部地区工业总产值总和中所占的比例

资料来源：《中国工业经济统计年鉴》（2001～2008 年）、《中国统计年鉴》（2000～2008 年）以及 2008 年各省的统计年鉴

　　中污染产业和低污染产业的行业总产值发展趋势相近。在 2003 年前维持在一个水平，2004 年有所下降，虽然下降幅度不同，但 2005 年又上升；之后中污染产业的行业总产值有小幅下降而低污染产业维持在一个大概的水平。这两类产业的行业增加值变化有很大的区别。具体如图 3-2 所示。

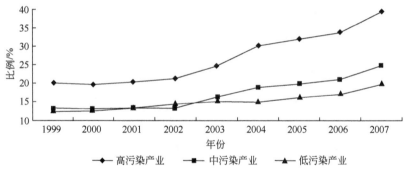

图 3-2　中部地区污染度不同的产业类型增加值增长趋势

注：比值为中部地区六省按污染度不同的产业类型的行业工业增加值总和在中部地区工业增加值总和中所占的比例

资料来源：《中国工业经济统计年鉴》（2001～2008 年）、《中国统计年鉴》（2000～2008 年）以及 2008 年各省的统计年鉴

　　中污染产业的行业总产值在地区工业总产值中的比例有所下降，除 2000 年、2003 年和 2005 年有所增长外，增幅分别为 1.61%、1.54% 和 21.74%，在其他年份其增幅为负值，其中 2004 年降幅最大，为 16.17%，总增长率为-6.7%，年均降幅为 0.39%。但是，中污染产业的行业增加值在地区工业增加值中的比例却呈上升趋势，1999 年中污染产业的行业增加值占地区工业增加值的比例为 13.15%，到 2007 年，中污染产业的行业增加值比例为 24.99%。中污染产业中煤炭开采和洗

选业、食品制造业、饮料制造业和纺织业行业增加值比例增长幅度大，分别为
173.35%、154.65%、280.22%和 319.96%，黑色金属矿采选业、农副食品加工业
和石油加工及核燃料工业增长较为缓慢，其增幅分别为 18.49%、61.9%和 18.98%，
医药制造业不仅没有实现增长，实际上其行业增加值比例还出现下降，降幅为
34.1%。

低污染行业在中部地区的发展一直是最为缓慢的。1999 年其行业总产值占中
部地区工业总产值的 24.93%，到 2007 年却仅为 21.57%，期间总降幅为 13.49%，
年平均增长率为 1.34%，其中 2004 年降幅最大，为 22.46%。低污染产业的行业
增加值在 1999 年占地区工业增加值的比例并不比中污染行业相差多少，其比值为
12.62%；2002 年前低污染产业的发展好于中污染产业，那时低污染产业的行业增
加值比例为 14.57%，高于中污染产业的比例（13.61%），但 2003 年后低污染产业
发展不如中污染产业迅速，到 2007 年低污染产业的行业增加值比例仅为 20.11%。
低污染产业中的各个行业增加值在地区工业增加值中的比例在 1999~2007 年都
有所提升，其中烟草制造业的行业增加值比例增长 71.85%、金属制品业增长
54.83%、通用设备制造业增长 65.84%、专业设备制造业增长 105.71%、交通运输
设备制造业增长 68.3%、电气机械及器材制造业增长 63.22%、通信及电子设备制
造业增长 83.17%、仪器仪表及办公用品业增长 64.2%。但总量上增长速率还是比
高污染产业和中污染产业小，所以低污染产业的行业总产值在地区工业总产值中
所占的比例不升反降。

然而各个省份高污染产业、中污染产业和低污染产业均呈不同的发展趋势。
除了山西外，中部其他五省的高污染产业都得到迅速发展。1999 年湖北的高污染
产业行业总产值在地区工业总产值中的比例比 2007 年增长 21.44%，湖南为
13.45%，河南为 17.31%，江西为 38.11%，而山西的高污染产业行业总产值比例
却下降，降幅为 4.89%。中污染产业的发展状况与高污染产业相反，除山西省高
达 23.76%的增长率外，中部其他五省的中污染产业 1999~2007 年其行业总产值
在地区工业总产值中的比例均下降，其中湖北的降幅为 18.85%、湖南为 1.74%、
河南为 5.53%，安徽为 30.17%、江西为 29.56%。至于低污染产业，增幅最大的
是安徽省，高达 23.08%；湖北省低污产业的行业总产值比例也有所增加，增幅
为 5.87%；但低污染产业行业总产值在湖南、河南、山西和江西四省的工业总产
值中的比例却大幅下降，降幅分别为 17.49%、19.45%、25.94%和 25.61%。可以
看出，高污染产业在六省得到了更快的发展，而中低污染产业的发展却受到抑
制（表 3-9）。

3. 中部地区及各省各工业具体发展情况

实际上，一个产业对地区的环境污染程度是高是低，往往与其耗能量有所联

表 3-9 中部地区及各省各工业总产值增长幅度（%）

产业类型/行业		湖北	湖南	河南	安徽	山西	江西	中部
高污染产业	发展总况	21.44	13.45	17.31	15.57	−4.87	38.11	19.67
	有色金属矿采选业	−33.33	43.80	26.83	1.50	−19.58	78.67	44.56
	造纸及纸制品业	−28.18	3.16	−5.33	−29.73	−83.14	−22.52	−13.15
	化学原料及制品制造业	1.40	−3.91	−22.48	−9.62	−37.50	−8.80	−15.32
	化学纤维制造业	−50.57	−63.06	−44.50	−53.40	−69.37	−28.90	−46.14
	非金属矿物制品业	−31.54	−29.37	−1.33	−17.42	−55.39	10.40	−12.92
	黑色金属冶炼压延加工业	28.63	47.91	80.87	53.501	33.93	33.00	−47.18
	有色金属冶炼压延加工业	107.21	59.94	101.17	94.03	−5.42	258.90	111.83
	电力热力的生产供应业	104.75	10.16	11.74	2.12	−11.98	−29.75	17.68
中污染产业	发展总况	−18.85	−1.74	−5.53	−30.17	23.76	−29.56	−6.70
	煤炭开采洗选业	−22.69	22.75	35.34	3.29	27.97	−27.14	46.13
	黑色金属矿采选业	82.44	93.64	239.23	33.45	244.24	2292.60	126.56
	农副食品加工业	−29.30	15.96	0.82	−20.25	−38.10	−51.82	−14.98
	食品制造业	1.53	113.01	−4.35	92.70	−13.91	38.61	20.94
	饮料制造业	−7.12	−29.98	−35.06	−66.13	−43.56	−46.60	−41.64
	纺织业	−38.29	−17.28	−37.56	−58.93	−84.74	−11.22	−44.15
	石油加工及核燃料工业	13.27	−33.64	−3.368	−26.59	91.72	−45.97	4.20
	医药制造业	−15.92	17.66	0.53	−26.47	−52.86	−13.17	−13.93
低污染产业	发展总况	5.87	−17.49	−19.45	23.08	−25.94	−25.61	−13.49
	烟草制造业	−28.99	−54.76	−58.21	−42.70	−58.61	−56.30	−51.41
	金属制品业	−37.44	24.95	−11.62	88.53	−81.86	99.11	−20.31
	通用设备制造业	53.47	28.01	3.70	14.18	−25.68	−33.25	10.31
	专用设备制造业	−54.24	107.47	−22.98	−32.05	29.35	−57.05	−10.61
	交通运输设备制造业	17.15	−24.86	8.46	63.67	−27.93	−46.99	−12.41
	电气机械及器材制造业	19.44	−12.25	−26.60	53.65	−66.71	55.74	6.54
	通信及电子设备制造业	44.91	−56.58	−65.99	−19.72	218.76	−6.34	−24.84
	仪器仪表及办公用品业	−9.99	−18.19	90.37	49.27	23.37	−34.05	7.96

注：各工业的总产值增长幅度=(2007 年该产业的行业总产值占地区工业总产值的比例−1999 年行业总产值占地区工业总产值的比例)÷1999 年行业总产值占地区工业总产值的比例

资料来源：《中国工业经济统计年鉴》（2001～2008 年）

系。高耗能产业对环境的影响往往比低耗能产业大，即高耗能产业污染度更高，低耗能产业污染度较低（表 3-10）。高耗能产业如有色金属矿采选业、化学纤维制造业、造纸及纸制品业、化学原料及制品制造业、非金属矿物制品业、黑色金属冶炼压延加工业、有色金属冶炼压延加工业、电力热力的生产供应业等具有很大的环境污染度；而煤炭开采洗选业、黑色金属矿采选业、纺织业、石油加工及核燃料工业等产业的环境污染程度同样较高。低耗能产业对环境的污染力度远低于高耗能产业，这可以从烟草制造业、金属制品业、通用设备制造业、专用设备制造业、交通运输设备制造业、电气机械及器材制造业、通信及电子设备制造业、仪器仪表及办公用品业等行业中看出；但是农副食品加工业、食品制造业、饮料制造业、医药制造业等低耗能产业对环境的影响和破坏却比其他低耗能产业要大一些。所以，当这些产业在中部地区发展时便会对当地的能源和环境带来不同程度的影响。

表 3-10　按能源消耗与环境污染度的产业分类

产业类型	高污染产业	中污染产业	低污染产业
高耗能产业	有色金属矿采选业、化学纤维制造业、造纸及纸制品业、化学原料及制品制造业、非金属矿物制品业、黑色金属冶炼压延加工业、有色金属冶炼压延加工业、电力热力的生产供应业	煤炭开采洗选业、黑色金属矿采选业、纺织业、石油加工及核燃料工业	
低耗能产业		农副食品加工业、食品制造业、饮料制造业、医药制造业	烟草制造业、金属制品业、通用设备制造业、专用设备制造业、交通运输设备制造业、电气机械及器材制造业、通信及电子设备制造业、仪器仪表及办公用品业

注：为区分低耗能产业，将中耗能产业与高耗能产业合并列入高耗能产业

如前分析，中部地区六省的支柱产业主要以高耗能产业为主，这也意味着当地的支柱产业同时具有较大的环境污染度。这同样可由各个产业对各个省份的产业贡献率看出（表 3-11）。

表 3-11　中部各省产业贡献率

省份	产业贡献率			
	产业	1999 年	2003 年	2007 年
湖北	交通运输设备制造业	0.340 97	0.403 21	0.447 60
	黑色金属冶炼及压延加工业	0.099 69	0.126 79	0.111 75
	化学原料及化学制品制造业	0.074 23	0.072 86	0.078 16
	纺织业	0.097 61	0.070 10	0.050 09
	农副食品加工业	0.100 06	0.054 05	0.056 03
	电力热力的生产和供应业	0.040 22	0.067 22	0.141 91
湖南	烟草制造业	0.452 96	0.309 18	0.190 32
	有色金属冶炼及压延加工业	0.165 48	0.156 86	0.234 59
	黑色金属冶炼及压延加工业	0.078 69	0.091 78	0.116 64
	非金属矿物制品业	0.113 87	0.080 48	0.069 07
	石油加工及核燃料加工业	0.151 51	0.106 22	0.056 36
	化学原料及化学制品制造业	0.094 30	0.105 97	0.089 17
河南	煤炭开采和洗选业	0.121 74	0.175 24	0.166 91
	农副食品加工业	0.126 92	0.189 11	0.144 52
	非金属矿物制品业	0.173 27	0.193 38	0.205 09
	电力热力的生产和供应业	0.173 22	0.190 36	0.182 04
	有色金属矿采选业	0.086 39	0.082 24	0.122 31
	有色金属冶炼及压延加工业	0.072 02	0.118 22	0.161 53

续表

省份	产业贡献率			
	产业	1999 年	2003 年	2007 年
安徽	煤炭开采和洗选业	0.141 56	0.146 55	0.113 07
	电气机械及器材制造业	0.086 70	0.122 03	0.190 98
	电力热力的生产和供应业	0.080 93	0.095 46	0.071 04
	有色金属冶炼及压延加工业	0.069 23	0.060 64	0.144 42
	交通运输设备制造业	0.048 87	0.149 40	0.125 20
	农副食品加工业	0.101 44	0.061 35	0.072 27
山西	煤炭开采和洗选业	2.787 02	2.912 24	3.416 49
	石油加工和核燃料加工业	0.118 81	0.302 71	0.368 85
	黑色金属冶炼及压延加工业	0.491 38	0.754 80	0.597 13
	有色金属冶炼及压延加工业	0.135 82	0.127 10	0.597 13
	电力热力的生产和供应业	0.210 93	0.153 96	0.137 55
江西	有色金属冶炼及压延加工业	0.135 63	0.335 75	0.968 18
	交通运输设备制造业	0.192 00	0.158 43	0.051 61
	电力热力的生产和供应业	0.183 17	0.145 12	0.076 09
	农副食品加工业	0.138 45	0.037 82	0.036 01
	石油加工和核燃料加工业	0.106 05	0.081 05	0.026 15
	黑色金属冶炼及压延加工业	0.083 20	0.208 84	0.099 71

注：表中有关产业贡献率的算法与表 3-10 相同

资料来源：《中国工业经济统计年鉴》（2001 年、2004 年和 2008 年）

表 3-11 中所列产业是各个省份 1999～2007 年对该省贡献率最大的几个产业。从中可以看出，绝大多数的产业都是高耗能产业，同时也是污染度较高的产业；这些产业同时也是当地长期发展的支柱产业。湖北的交通运输设备制造业、湖南的烟草制造业、安徽的电气机械及器材制造业是低耗能低污染产业；对六省贡献率较大的农副食品加工业污染度较低且是低耗能产业，这与中部地区丰富的农业资源有很大的关联。2007 年农副食品加工业在湖北、湖南、河南、安徽、山西和江西的产业贡献率分别为 0.056 03、0.083 7、0.144 52、0.072 27、0.003 00 和 0.036 01，对山西省的贡献率小一些。对地区经济贡献率大的产业全部是高耗能产业的情况，在六省中唯有山西省，其中煤炭开采和洗选业对山西的产业贡献率最大，1999 年为 2.787 02，2003 年为 2.912 24，2007 年为 3.416 49，其明显的递增趋势表明煤炭开采与洗选业获得了快速的发展，其他产业的产业贡献率均大幅度低于煤炭开采和洗选业，可看出山西省的产业分布非常的不合理，与煤相关的产业占了过多的份额，而这些产业又是污染度较高或者严重的产业，这给山西省带来很大的能源和环境压力。

3.3.3 中部地区及各省的环保产业发展状况

环保产业是指国民经济结构中为环境污染防治、生态保护与恢复、有效利用资源、满足人们环境需求、为社会和经济的可持续发展提供产品和服务支持的产业。中国环保产业于 20 世纪 90 年代初进入快速发展阶段，目前已发展到包括环境保护产品生产、洁净产品生产、环境保护服务、废物循环利用、自然生态保护等领域。由于中国工业化一直走高资本投入、高资源消耗、高污染排放、低经济效益的粗放型发展道路，造成严重的环境污染和生态破坏，环保产业的发展成为缓解中国环境恶化的重要手段之一。中部地区的环保产业发展较为缓慢，环保产业单位总数从 1999 年的 1475 个增加至 2007 年的 4850 个，在全国环保产业总数中的比例从 15.72% 上升至 28.28%；2007 年湖北省环保产业单位数为 309 个，湖南省为 596 个，安徽省为 185 个，河南为 680 个，山西为 2780 个，江西为 300个。但是，中部地区从事环保产业的就业人口占全国环保产业总就业人口的比例并没有增加很多，仅从 16.69% 上升至 21.17%；其中 2007 年河南环保产业的就业人口为 60 591 人，增幅最大，为 287.08%；江西为 20 754 人，增幅为 97.09%；山西为 57 541 人，增幅为 54.13%；安徽、湖北和湖南三省的环保产业就业人口不仅没上升还下降，降幅分别为 80.57%、41.71% 和 61.00%。

同时，中部地区环保产业的年产值占全国环保产业总产值的比例一直徘徊在 10%~11%。1999 年中部地区环保产业年产值 86.7185 亿元，占全国环保产业总产值的 12.51%；2006 年其环保产业年产值为 421.924 亿元，占 10.26%，虽然中部地区的环保产业发展快，但相较于中国其他地区，其发展速度是比较慢的。在 1999~2006 年中部地区六省中仅河南和湖北两省的环保产业年产值在全国的份额中有增加，增幅分别为 135.51% 和 48.51%；湖南、安徽、山西和江西的年产值比例却下降，降幅分别为 70.16%、41.3%、7.79% 和 52.08%。

1999 年中部地区环保产品的年销售产值为 37.5886 亿元，占全国环保产品年销售总产值的 12.11%，到 2007 年中部地区环保产品年销售产值上升为 380.7474 亿元，占全国的 21.46%，增幅为 77.26%。其中山西、河南和湖北三省的环保产品年销售产值增长较快，在全国的比例大大上升，增幅分别为 260.06%、247.84% 和 210.2%；安徽、江西和湖南三省却下降，降幅分别为 63.67%、12.34% 和 47.81%。

中部地区的环保产业存在着诸多问题。首先是企业规模小，市场集中度偏低。虽然中部地区环保产业的单位个数大量增加，但是大型环保企业却很少，近 90% 都是小型企业，没有形成规模经济。如在环境保护机械制造业中，仅有安徽国祯环保节能科技股份有限公司和（河南）中国建材工业建设总公司平顶山电收尘器厂等少数几家规模较大的企业。其次是各个省份的环保产业发展不平衡。因为起步比较晚，中部地区还未形成一批大型骨干环保企业或企业集团。在中国环保产业发展较为迅速的地区是东部沿海经济发达的省市，如江苏、浙江、山东、广东等，在中部环保技术水平较为落后，并且各个省份之间缺乏合作机制，无法形成较大规模的发展趋势。最后是环境服务业发展滞后。中部地区环保产业较多地集中在环境保护机械、污染物处理工厂等行业，环保服务业还有待进一步发展。

3.4　中部地区资源开发利用对工业化、城镇化的作用

3.4.1　中部地区能源利用情况

1. 中部地区能源消费总量及变化

中部地区六省的支柱产业多是与资源相关的高耗能产业，这在很大程度上加重了对中部地区的能源依赖。除 2000 年中部地区在能源消费量上呈现绝对的负增长外，2002～2005 年消费增长率都超过 10%，2006 年、2007 年也分别高达 9.6% 和 9.3%，这些年份能源消费的增长率大多超过了全国平均水平。

中部地区六省能源消费的增长程度也不同。湖北省能源消费在 2000 年和 2001 年呈负增长，2002 年以后又以高增长幅度增长，其中 2004 年增长幅度最高，为 18.32%，2005 年后以低于 10% 的增长率增长。湖南省能源消费在总体上增幅很大，除 2000 年的负增长外，其他年份均大幅度地增长，其中 2004 年增长率达到 36.62%。安徽省能源消费增长率相对于其他省份而言是比较低的，除 2004 年的 10.3% 的增长率外，其他年份均以低于 10% 的增长率的速度增长，其中 2000 年为负值，2001～2003 年增长率均未超过 5%，但之后的年份能源消费有所增加；安徽省能源消费年平均增长率为 5.73%。

从六省的情况看，中部地区能源消费在大幅度地增加，年平均增长率高达 10.07%，若从 2001 年算起，年平均增长率则高达 14.1%。河南和山西两省的能源消费基数都很大。山西省与其他省份的情况不同，2001～2003 年增幅较大，2004～2007 年增幅较小，但总体上山西的能源消费年平均增长率较高，为 7.07%。江西省的能源消费基数是中部中最小的，但其能源消费年平均增长率为 11.81%，可见其能源消费量的增长速度很快，2001～2005 年增长率都比中部平均水平要高得多，2002 年高达 25.93%。

中部地区的电力消费一直处于增长状态，而且每年的增长率都很大，2004 年和 2007 年分别高达 19.6% 和 18.2%；中部地区和各省的电力消费年平均增长率都很大，1999～2007 年整个地区的年平均增长率达 19.2%。六省中湖北、湖南和安徽的年平均增长率低于中部平均水平，其中湖北最低为 13.37%，而湖南和安徽的年平均增长率分别为 17.05% 和 18.2%；河南、山西和江西的年平均增长率都高于中部平均水平，分别为 21.17%、24.19% 和 20.77%。但 2008 年各省的电力消费增长量明显下降，除了安徽省的电力消费增长幅度仍大于 10% 外，其他五省均大幅下降，尤其是山西省，

2008 年的用电量为 1314.33 亿千瓦·时，少于 2007 年的 1348.41 亿千瓦·时，这与山西省单一的煤炭产业结构易受外界宏观环境影响有很大关联。

2. 中部地区能源利用效率分析

不仅中部地区的能源和电力消费总量增长迅速，而且中部地区六省的能源利用效率不高。虽然中部地区的电力消费总量占全国电力消费总量的比例不高于该地区的 GDP 比例，但能源消费总量占全国能源消费总量的比例却高于 GDP 比例，中部地区对全国 GDP 的贡献不及它所消耗的能源比例应该作出的产出贡献。利用率低下的高耗能产业的发展让中部地区越来越依赖于能源。可以从地区的单位地区生产总值能耗和电耗、能源和电力的消耗弹性系数中看出中部地区能源利用效率低下。

第一，中部地区的单位地区生产总值能耗和电耗。单位地区生产总值能耗和电耗是计算一个国家或地区万元国内生产总值所需消费的能源和电力，能较好地衡量一个国家或地区的工业能效。尽管中部地区的单位地区生产总值有逐年下降的趋势，但其数值仍高于当年的全国平均水平。1999 年中部地区每万元地区生产总值需要消耗约 2.074 吨标准煤，远高于全国的平均水平 1.492 吨标准煤；2007 年单位地区生产总值能耗下降为 1.305 吨标准煤/万元，但仍低于全国的 1.064 吨标准煤/万元的平均水平。尤其是山西省的单位地区生产总值能耗远高于其他省份和中部地区的平均水平。1999 年山西省每万元地区生产总值所消费的能源高达 6.198 吨标准煤，之后有所下降，2000～2003 年维持在 4～4.7 吨标准煤，2004 年后逐步下降，2007 年山西省的单位地区生产能耗为 2.55 吨标准煤/万元，尽管降幅很大，但在数量上仍远大于全国和中部的平均水平，这主要是因为山西以煤炭相关的高耗能产业占太大份额。河南省的单位地区生产总值能耗也大于中部地区的平均水平，而湖北、湖南、安徽和江西在总体上小于中部的平均水平。尤其是江西省，其单位地区生产总值能耗是六省中最小的，而且还低于全国的平均水平，这与其低能耗产业大规模发展有直接关系。

除 1999 年和 2001 年两年中部地区的单位地区生产总值电耗分别为 1390.74 千瓦·时/万元和 1353.23 千瓦·时/万元外，分别高于全国的 1376.61 千瓦·时/万元和 1338.64 千瓦·时/万元，其他年份中部地区每万元地区生产总值消费的电力要低于全国的平均水平，而且从 2003 年起单位地区生产总值电耗也逐年降低。同单位地区生产总值能耗一样的是，山西省的单位地区生产总值能耗远大于中部和全国平均水平；河南省略高于中部平均水平，湖北、湖南、安徽和江西四省的单位地区生产总值电耗低于中部的平均水平，江西省的电力消耗处于最低水平。

第二，中部地区六省能源和电力消费弹性系数。能源消费弹性系数为一个国家或地区的能源消费量年平均增长速度与该国或该地区的国内生产总值年平均增长速度之比，同样可计算出电力消费弹性系数。从直观上看，能源和电力消费弹性系数大于数值 1 时，能源和电力消费量的年平均增长速度比国内生产总值的年平均增长速度快，则能源和电力的利用效率低下；反之，若能源和电力消费弹性系数小于数值 1 或者为负值时，能源和电力的利用效率较高。

中部各省的能源消费弹性系数在 2000～2005 年差别比较大，与全国的平均水平差别也较大；2006 年、2007 年中部地区六省的能源消费弹性系数趋于一致，且与全国平均水平差别不大，均小于数值 1。中国的能源消费弹性系数 2000～2002 年小于 1，分别为 0.42、0.41 和 0.66；2003～2005 年大于 1，分别为 1.53、1.59 和 1.02，此期间能源消费量增速快于国内生产总值增速；2006 年、2007 年两年又分别降为 0.83 和 0.66。中部地区六省也呈先上升再下降的演变趋势，但演变过程与全国平均水平大不相同。2000 年中部地区六省的能源消费弹性系数均为负值，表明经济虽然在增长，但其能源消费量却在减少。总而言之，中部地区的能源利用效率一直在提高，并接近全国平均水平，有些省份甚至低于全国平均水平。

相较于能源消费弹性系数，中部地区的电力消费弹性系数在总体上要大得多。实际上，全国的电力消费弹性系数一直大于 1，表明电力消费量的增长速度大于国内生产总值增速。中部地区六省的情况要好于全国。山西省的电力消费量增速是中部地区最快的，仅 2005 年的电力消费弹性系数低于 1，为 0.988，其他年份均高于 1，2000 年、2001 年、2006 年和 2007 年高于全国平均水平，但 2008 年的用电总量却下降，这是因为山西省易受宏观经济形势影响，而 2008 年国内市场对能源产品的需求量由于全球金融危机影响而有所下降。可见，中部地区的电力利用效率虽然比全国的状况好一些，但其电力消费不仅存在着量的绝对增加，还存在着利用效率低下的情况。

3.4.2　中部地区资源开发利用与工业化和城镇化的关系

1. 中部地区工业化和城镇化水平分析

第一，中部地区的工业化水平。工业化阶段是一个国家或地区经济发展过程的重要阶段。如前分析，中部地区的第二产业占很大的份额，但中部地区的工业化水平却很缓慢。这里仅用人均 GDP 来分析中部地区的工业化水平。只有当人均 GDP 达到一定水平后，工业化进程才有可能得以继续。实际上，经济结构转变与总量增长之间具有密切的相关关系，而总量增长也意味着人均国民生产总值呈现有规则的上升趋势。中部地区及各个省份之间的人均 GDP 在其工业化进程中一直处于上升的趋势。在整体上，中国正处于工业化中期，而中部地区的人均 GDP 低于当年全国的人均 GDP 水平，且还具有一定的差距。

1999 年全国人均 GDP 为 7122.34 元，而中部地区仅为 5105.46 元，是全国平均水平的 71.68%。1999～2003 年两者之间的差距进一步加深，2003 年中部地区的人均 GDP 为 7256.53 元,而全国人均 GDP 达 10 510.4 元,比例降为 69.04%;此后 2004~2008 年中部地区人均 GDP 与全国人均 GDP 之间的差距减小,2008年全国人均 GDP 为 22 640.47 元,而中部地区为 17 816.51 元,是全国平均水平的 78.69%。由于中国处于工业化加速的过程中,若以人均 GDP 作为标准,根据钱纳里工业化阶段的标准模式,在 2003 年前中国处于工业化中期,2003 年至今则处于工业化后期(牛文涛,2008)。而中部各省的人均 GDP 均低于全国平均水平,可以说中部地区的工业化水平落后于全国的平均水平,但一直在缩小与全国平均水平的差距。

第二,中部地区的城镇化水平。一个国家或地区工业化进程必定伴随着城镇化。衡量一个国家或地区的城镇化水平有很多指标,如制造业增加值比例、非农就业比例、非农产值比例等,可见城镇化涉及诸多层面。发展经济学认为,城镇化主要指农村人口向城镇流动这一过程,所以本节用城镇人口占总人口比例来衡量中部地区的城镇化水平。

在整体上,中部地区的城镇化水平落后于全国城镇化水平。1999 年中部城镇人口占该地区总人口的 26.85%,全国城镇人口占全国总人口的 34.78%;随着工业化的进程和经济的发展,中部和全国的城镇化水平都有很大的提高,2008 年全国城镇人口比例为 45.68%,而中部为 40.92%,是全国平均水平的 89.57%,大于1999 年的 77.2%。

中部地区六省之间的城镇化水平也有一些差距,如山西、湖北两省的城镇人口比例与全国平均水平相差无几,甚至在一些年份中湖北省的城镇人口比例高于全国的平均水平。而河南省的城镇化水平是最低的,城镇人口比例最低。

2. 中部地区工业化、城镇化与资源开发利用关系

一般而言,一个国家或地区随着其经济的增长和工业化进程的加速,该国或地区对能源资源的消耗会呈总量上的绝对增加,进而表现为人均能源消费量的增加。随着中部地区人均 GDP 的增加,中部地区人均能源消费量(千克标准煤)和人均电力消费量(千瓦·时)也随之增加。

从 1999~2007 年中部地区人均能源和电力的消费量与中部地区人均 GDP 的关系可以看出,当人均 GDP 处于比较低的水平时,中部地区的人均能源消费量和电力消费量也比较低,且人均能源或电力消费量的变动幅度大于人均 GDP 的变动幅度;当人均 GDP 达到一定高度时,人均 GDP 的变动幅度则大于人均能源或电力消费量的变动幅度。中部地区从 2004 年开始,其人均 GDP 的增幅就大于人均能源和电力的消费量;2007 年中部地区人均 GDP 比 2006 年增加 20.27%,而人均能源消费量增加 6.08%,人均电力消费量则增加 18.08%(图 3-3)。

中部地区城镇化水平越高,其地区人均能源消费量和人均电力消费量也就越

高。城镇人口增加，对能源的需求也就增加。从总体来看，人均能源消费量和人均电力消费量的增长速度快于城镇人口增长速度。虽然 2000～2001 年人均能源消费量的增长幅度分别为-7.7%和 2.75%，低于城镇人口增长幅度（11.06%和3.19%），但从 2002 年起中部地区人均能源消费量的年增长幅度均超过城镇人口增长幅度，2007 年人均能源消费量的增长幅度为 6.08%，大于当年城镇人口增长幅度 2.9%。而每年中部地区人均电力消费量的增长幅度均大于该年城镇人口的增长幅度，2007 年人均电力消费量比 2006 年增长了 18.08%（图3-4）。

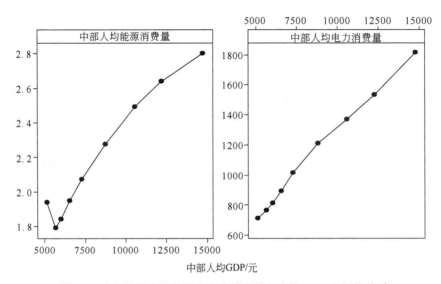

图 3-3　中部地区人均能源和电力消费量与人均 GDP 之间的关系

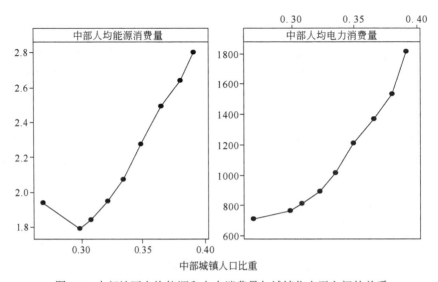

图 3-4　中部地区人均能源和电力消费量与城镇化水平之间的关系

　　城镇化的发展导致了城镇人口的增加和地区工业布局的改变，资源和能源的供给分布同样随着城镇化发展而改变。虽然中部地区具有较为丰富的矿产资源和能源储量，但是为了满足不断增加城镇人口以及正在发展的工业对资源能源的需求，矿产资源和能源面临着强劲的需求压力。城镇人口密度以及城镇地区的工业特别是制造业分布比以往更为密集，电器的广泛使用和基础设施的兴建，也导致越来越旺盛的能源需求。此外，虽然探明的固体矿产种类多，但是国土资源部统计调查表明，这些矿产可利用的基础储量只有三层左右，中部地区面临着与全国其他地区一样严峻的矿产资源供需形势。

3.4.3　资源开发利用对中部地区工业化和城镇化发展的制约或促进作用

　　中部地区资源开发利用给当地的经济带来了很大的发展。资源开发利用带动了当地的资源产业及其他相关产业的发展，中部地区六省从其发展中得到可观的经济收益。于是当地政府或民间投入更多的资金和人力进入这些资源产业，资源产业得到扩展，在一定的程度上，这些产业的发展促进了当地的工业化和城镇化。

　　工业化过程本身就是不断将资源和能源转化为物质生产的过程，而城镇人口的增加必然带动城市对资源和能源的需求量，所以随着工业化和城镇化的加速，城市对资源和能源的需求量上升。在资源储备量不变的情况下，需求压力大增，资源和能源的消费进而增加，过度的资源和能源消耗会引起资源和能源价格的上升，使得原来粗放的地区工业化模式无法持续。近年来，中部地区的经济发展进入加速期，2004 年起，中部地区 GDP 和工业增加值在全国 GDP 和工业增加值总额中所占的份额有所回升。造成这种变化的原因之一就是，全国经济的快速发展大大增加了对资源的需求，而中部地区的资源产业也相应地得到了提高；然而随着资源产品供给的增加，资源消耗也相应增加，同时资源产品的价格也出现了上涨。当对资源的需求总量越来越大时，资源的稀缺性就逐步地显现了出来，资源的开发难度加大，并伴随着开发成本的上升。紧接着资源产业的收益不如以往，当地方政府将更多的投资投入这些产业中以期获得以往的经济效益时，投入其他非资源产业的资金和人力就减少，这些非资源产业的发展受到限制，则会进一步地抑制当地经济的发展。

　　在中国工业化中期，经济发展极其依赖资源和能源，中部地区更是如此。由于资源产业的技术水平低下，中部地区的资源产品大多是资源型基础性上游产品，在生产和运输过程中本身对资源的消耗量就很大，而在进一步加工过程中其损耗更大。如山西省的煤炭资源回收率仅为 10%~15%，远低于国家规定的煤炭矿井开采区回收率最低不应小于 75%这一规定。高耗能产业在中部地区的年平均增长率高达 10.88%，中部地方政府将其相关的资源产业长期列为支柱产业，并增加大量的固定资产投资以扶持这些产业的发展，这种粗放型的工业发展模式使得中部地区对资源的依赖越来越大。矿产和能源资源是城镇地区第二产业发展的物质基础，尽管城镇地区由于其开放性资源流动不受约束，但是任何产品在市场上的流动不可避免地受总量和生产地即资源开采地的区位约束。中部地区虽然拥有数目较多的资源型城市（中部地区越来越多的资源型城市已经或者正在变为资源枯竭型城市，需要转型发展），但是其他城镇地区对矿产和能源的需求必然导致区域内资源开采加快和流动加速，这为资源的开采和运输带来了更多的压力。

中部地区的资源保证程度一直呈下降的态势。传统矿产资源，如煤、铁、铜、水泥、硫和化工用灰岩和其他资源等有一定的保证程度，但经过较长时间的开采和勘探工作滞后等原因，这些重要矿产资源的后备储量与开采规模和冶炼能力不相适应，并且工业化发展中期所需的战略矿产资源，如天然气、石油和钾等稀缺金属储量少。山西省的铁铜矿储量多但品质较低，安徽省因铁矿已经不断枯竭而逐步关闭矿区，江西省的主要矿产资源可采储量已多年呈负增长，可利用的矿产储量明显不足，而河南、湖北和湖南也出现同样的现象。

粗放型的工业化发展模式使得中部地区的资源难以承受资源需求的巨大压力，建设资源节约型社会是其解决之道。2004 年中国政府正式提出"建设节约型社会"，旨在解决全面建设小康社会面临的资源环境压力，资源节约型社会要求转变经济增长模式，物质资源的节约使用是其基础，主要靠提高技术含量来实现"低投入、低消耗、低排放、高效益"，在生产、流通和消费环节中节约资源的使用。在资源产品的生产和流通过程中，要提升工艺以降低能源的消耗量；在资产产品的消费过程中要加大其使用率，并建立相应的资源废气回收市场，增加资源产品的使用次数。但是，最重要的是，对整个地区的工业体系进行调整，从耗能最多的工业发展环节上降低整个地区的耗能量。

3.5 中部地区环境保护对工业化、城镇化的作用

3.5.1 中部地区的环境状况

1. 中部地区工业"三废"排放总量

中部地区过多地依靠资源能源型产业来发展当地经济，给当地的生态环境造成很大的损害，向自然界排放过多的废水、废气和固体废物。中部地区的工业废水、工业废气、工业二氧化硫、工业烟尘、工业粉尘和工业固体废物排放量占全国各类排放物总量的比例，均超过了中部地区生产总值在全国 GDP 中的比例。尤其是其工业二氧化硫、工业烟尘和工业固体废物的排放特别突出，所造成的环境污染也更严重。

中部地区的工业废水排放达标率与全国平均水平相当，但是万吨工业废水化学需氧量排放量与万吨工业废水氨氮排放量的指标均低于全国平均水平。一般来说，这两个指标都是越低越好，然而中部地区的万吨工业废水化学需氧量排放量从 2004 年开始就比全国平均水平高出 0.2 吨左右；万吨工业废水氨氮排放量一直高于全国平均水平，并且高出的幅度还很大。中部地区的工业固体废物综合利用率一直低于全国平均水平，说明中部地区没有很好地利用固体废物，而造成了严重的环境污染，使得经济增长与环境之间的矛盾日益突出。

2. 中部地区工业污染物排放强度

第一，中部地区单位产值工业废水、废气和固体废物排放量。单位产值工业污染物排放量可以很好地反映一国或地区工业化进程中对环境的污染破坏程度。中部地区工业污染物不仅排放总量大而且单位产值的排放总量也大。虽然总体上单位产值工业废水排放量、工业废气排放量和工业固体废物产生量都呈逐年减少的趋势，但与全国平均水平相比，中部地区单位产值的工业污染物排放量还是很大。

中部地区的单位产值工业废水排放量与全国平均水平的差距最大。1999 年为 44.801 吨/万元，远高于全国的平均水平 27.137 吨/万元；2008 年降为 6.145 吨/万元，是原来的 13.7%，仍为全国平均水平的 1.29 倍。1999 年中部地区的单位产值工业废气排放量为 2.601 标准米^3/元，是全国平均水平的 1.49 倍，2008 年降为 1.083 标准立方米/元，是原来的 41.66%，但仍大于全国平均水平 0.796 标准立方米/元。中部地区单位产值工业固体废物产生量 1999 年为 1.942 吨/万元，是全国平均水平 1.079 吨/万元的 1.8 倍，2007 年降为 0.633 吨/万元，是原来的 32.57%，为全国平均水平 0.375 吨/万元的 1.69 倍。

中部各省的单位产值工业污染物排放量尤其是单位产值工业废水的排放量均大幅降低。湖南省 1999 年的单位产值工业废水排放量为 89.205 吨/万元，2008 年降为 7.993 吨/万元，是原来的 8.96%，降幅在中部地区六省中是最大的，也大于全国平均水平；山西省 2008 年的单位产值工业废水排放量为 4.105 吨/万元，低于全国平均水平 4.762 吨/万元。2008 年河南省的单位产值工业废气排放量和工业固体废物产生量均低于全国平均水平，从平均水平来看，河南省的单位产值工业污染物排放量均低于中部地区的平均水平。

第二，中部地区工业污染物排放强度的变化趋势。从工业污染物排放强度可以看出一个地区的工业污染物总量增长速度是否大于当地工业经济增长速度。中部地区六省的工业废水排放强度一般不超过 1，即工业废水排放总量的增长速度慢于地区工业增加值增长率。仅 2000 年河南、2006 年山西的工业废水排放强度大于 1。而有些年份工业废水排放强度小于 0，即工业废水排放的总量在减少，如

2000 年，湖北、湖南、安徽、山西和河南工业废水排放总量均下降，工业废水的排放强度就小于 0，山西甚至达到-2.46。2008 年中部地区除了湖北（0.149）和山西（0.004）外，其他四省工业废水排放强度均低于 0，湖南为-0.359，安徽为-0.405，江西为-0.175，河南为-0.049。

中部地区工业废气排放强度大于工业废水的排放强度，表明工业废气排放总量的增长速度相较于工业废水是比较快的。湖北和湖南两省工业废气的排放强度较好，湖北省仅 2004 年大于 1，2007 年小于 0，而湖南省在 2000 年和 2006 年小于 1，2007 年达到其最大值 1.908。河南省在 2003 年前的工业废水排放强度较大，2001 年达到最大值 2.425，2003 年后工业废水的排放强度就一直小于 1。安徽和山西的工业废气排放强度则比较大，安徽 2001 年、2006 年和 2007 年的工业废气排放强度大于 1，其中 2007 年达到最大值 2.153；而山西省是 2002 年、2003 年和 2006 年这三年的工业废气排放强度大于 1，最大值是 2002 年的 2.4。江西省的工业废气排放强度一直与 1 偏离不远，最大值是 2000 年的 1.408。总体而言，湖北、湖南、河南和江西的工业废水排放强度要好于全国的平均水平。

从总体来看，河南省的工业固体废物产生强度均低于 1，即该省的工业增加值增长速度快于工业固体废物产生量的增长速度。湖北省 2000 年的工业固体废物产生强度为 1.020，其他年份均小于 1，工业固体废物的产生得到有效的控制。江西省在 2002 年前的工业固体废物产生强度变化大，2000 年和 2002 年分别为 1.943 和 2.090，而 2001 年为-0.802，但从 2003 年起江西省的工业固体废物产生强度就小于 1。山西省在 2000 年和 2008 年的工业固体废物产生强度大于 2，为 2.399 和 2.665，而 2001~2007 年工业固体废物产生增长率低于该省的工业增加值增长速度。湖南、安徽两省的工业固体废物产生量变化较大，表明这两个省份的工业固体废物产生量没有得到稳定的控制。总之，就工业固体废物排放强度而言，河南和湖北两个省的状况一直要好于全国的平均水平，江西省在不断的改进中，而湖南、安徽和山西省则比全国平均水平差很多。

3.5.2　中部地区环境与工业化和城镇化关系

随着工业化和城镇化进程的加速，中部地区环境污染在加重。中部地区人均 GDP 的增长伴随着人均工业污染物排放量的增长。就人均工业废气排放量和人均工业固体废物产生量而言，两者具有相同的演变趋势，当中部地区人均 GDP 较低时，人均工业废气排放量和人均工业固体废物产生量的增长速度快于人均 GDP 的增长速度，但当人均 GDP 达到一定水平后，人均工业废气排放量和人均工业固体废物产生量的增长速度就比人均 GDP 的增长速度慢。2002 年中部地区人均 GDP 增长率为 8.73%，而人均工业废气排放量的增长率为 16.69%，人均工业固体废物产生量的增长率为 13.15%；2004 年中部地区人均 GDP 增长率为 21.11%，而人均工业废气排放量的增长率为 12.76%，人均工业固体废物产生量的增长率为 9.11%。不过，中部地区的人均工业废水排放量的增长速度一直低于人均 GDP 的增长速度（图 3-5）。

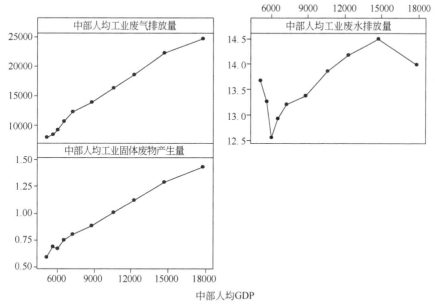

图 3-5　中部地区人均工业污染物排放量与人均 GDP 的关系

注：废气、废水、固体废物排放单位分别为标准立方米/元、吨/万元、吨/万元

中部地区人均工业污染物排放量同样随着中部城镇化水平的提高而增加（图 3-6）。不仅如此，人均工业废气排放量和人均工业固体废物产生量的增长速度均快于中部地区城镇人口增长的速度。2000 年人均工业废气排放增长率为 5.68%，而城镇人口比例增长 11.06%；2001 年人均工业废物产生量的增长率小于 0，而城镇化的增长率为 3.19%。2008 年中部地区城镇人口比例比 2007 年上升了 4.61%，而当年中部地区人均工业废气排放量和人均工业固体废物产生量比 2007 年增长 10.43% 和 11.09%。但是，中部地区人均工业废水排放量的增长速度一直低于城镇人口比例增长速度，这主要是因为中部地区工业废水排放总量增长速度较慢甚至下降。

工业化和城镇化使得城镇人口大幅上升，城镇规模和工业规模的扩大以及城镇基础设施的兴建等又使得工业污染排放增加，城镇地区主要因废气、废水和固体废物的排放严重污染了空气、土地和水。目前中部地区尤其是其中的资源型城市的空气污染程度严重。中部地区拥有众多的资源型城市，山西省有大同等 11 个资源型城市、安徽省 4 个、江西省 5 个、河南省 8 个、湖北省 5 个、湖南省 6 个，这些城市由于矿产资源开采和能源开采以及重化工业的发展带来了严重的工业污染，城市空气质量下降、噪声污染加大、固体废物堆积占过大的土地空间等

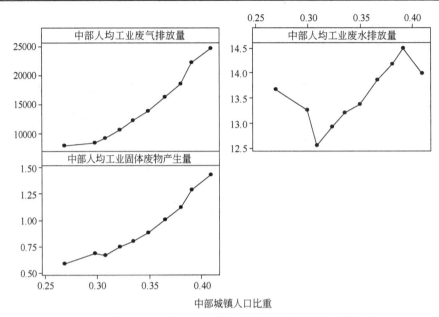

图3-6　中部地区人均工业污染物排放量与城镇化水平的关系

注：废气、废水、固体废物排放量单位分别为标准立方米/元、吨/万元、吨/万元

一系列环境问题也越来越严重。环境恶化使得中部地区六省的环境污染与破坏事故频频发生，仅2006年，湖南发生145起环境污染与破坏事故，湖北81起、江西35起、安徽21起，这些事故给当地带来巨大的直接经济损失。

3.5.3　环境保护对中部地区的工业化和城镇化发展的制约或促进作用

　　环境是经济发展的基础，工业化和城镇化所需的一切资源均来自环境。中部地区从自然环境内将矿产资源和能源挖掘出来并进行生产加工，最后将大量的工业废弃物排入自然环境中，而工业化和城镇化的快速发展必然将更多的污染物排入环境，这势必造成更大的环境压力。总体来看，中部地区单位产值的工业废气、废水和固体废物的排放量很大，污染物的排放强度大，以资源型产业为主的产业结构造成严重的结构性污染。不仅是因为高污染产业的大力发展，而且在矿产资源和能源的开采中工业"三废"排放达标率低，更有乱采滥挖、采富弃贫等现象，甚至发生为采优矿而丢弃大量的中低品位矿等事件。这不仅造成资源的巨大浪费，还造成了矿区的生态环境的恶化，使得矿区经常发生土地塌陷、地面裂缝和地下水疏干以及局部地震。环境污染的加重不仅加大地方环境保护的成本，抑制工业企业的发展，更加危害广大劳动者的生命健康。

　　若无良好的生态环境，经济发展也是不可能持续的。中部地区的环境破坏严重,大气污染、水体污染和垃圾污染比比皆是,环境污染和破坏事故时常发生,但是中部地区的环保产业发展滞后,不利于环境的改善和经济的可持续发展。兼顾经济发展和保护环境最根本的途径就是建设资源节约型的工业发展模式,发展低耗能和低污染的产业,因为低耗能产业排放的污染物比较少,低污染产业可视为环境友好型产业。只有促进资源节约型和环境友好型产业的建设,将产业发展从高耗能高污染的"黑色"产业转向低耗能低污染的"两型"产业或者"绿色"产业,才能提高资源的综合利用效率,减少工业污染物的排放,有效提高工业化、城镇化发展水平和发展质量。

3.6 中部崛起与振兴的产业经济与资源环境协调发展

中部地区要实现其经济的发展和崛起,必须协调好其产业结构,尤其是工业结构与资源环境之间的相互关系,促进产业经济与资源环境协调发展和科学发展。

3.6.1 中部地区产业发展的预测及趋势

1. 中部地区资源产业和低耗能产业发展的预测

若中部地区在当前的技术水平和政策倾向下继续发展其产业经济,其资源产业和低耗能产业的发展趋势如表 3-12 所示。

表 3-12 中部资源产业和低耗能产业工业增加值预测 单位:亿元

地区	2010 年			2015 年			2020 年		
	GDP	资源产业	低耗能产业	GDP	资源产业	低耗能产业	GDP	资源产业	低耗能产业
湖北	13 145.69	1 384.11 (10.53)	2 310.88 (17.58)	20 295.03	2 036.00 (10.03)	3 858.37 (19.01)	27 444.36	2 687.88 (9.79)	5 405.85 (19.70)
湖南	13 827.23	2 211.71 (15.60)	1 930.46 (13.96)	21 666.29	4 000.81 (18.47)	3 320.40 (15.33)	29 505.36	5 789.91 (19.62)	4 710.34 (15.96)
安徽	10 600.78	1 575.52 (14.86)	2 011.32 (18.97)	16 182.67	2 504.15 (15.47)	3 564.97 (22.03)	21 764.56	3 432.78 (15.77)	5 118.62 (23.52)
河南	22 561.93	7 938.02 (35.18)	4 134.93 (18.33)	35 144.38	15 196.4 (43.24)	7 492.62 (21.32)	47 726.83	22 454.78 (47.05)	10 850.3 (22.73)
山西	8 336.88	4 682.97 (56.17)	543.74 (6.52)	12 718.86	8 539.97 (67.14)	961.69 (7.56)	17 100.83	12 396.97 (72.49)	1 379.64 (8.07)
江西	7 989.41	1 457.59 (18.24)	1 086.70 (13.60)	12 138.01	2 501.14 (20.61)	1 940.80 (15.99)	16 286.61	3 544.69 (21.76)	2 794.90 (17.16)
中部	76 461.92	19 249.92 (25.18)	12 018.03 (15.72)	118 145.2	34 778.46 (29.44)	21 138.84 (17.89)	159 828.5	50 307.01 (31.48)	30 259.66 (18.93)

注:括号里的数据是资源产业或低耗能产业的工业增加值占地区生产总产值的比例(%)。该数据由时间序列分析中的指数平滑法预测出

从预测中可看出，湖北省资源产业的工业增加值在其地区生产总值的比例呈下降的趋势，但是其他省份尤其是河南和山西两省都呈上升趋势。低耗能产业在中部地区有所发展，2020 年可达到 18.93%的比例，但是仍低于资源产业的31.48%。除了湖北省外，其他省份尤其是山西省的低耗能产业发展慢于资源产业发展的速度。

2. 中部地区低污染产业发展的预测

由于低污染产业包含的产业与低耗能产业有所差别，通过预测可以看出环境污染度低的产业在中部地区的发展状况。

低污染产业在中部地区发展较为滞后，即使到了 2020 年，其比例仍仅为13.81%。其中湖北和安徽两省的低污染产业发展状况较好，山西省的低污染产业还将一直停留在 4%～6%。

3.6.2　中部地区抑制资源节约型和环境友好型产业发展的原因

要建设节约型社会和建立节能型社会[1]，必须促进资源节约型和环境友好型产业的发展，但是在中部地区"两型"产业的发展一直受到抑制。造成这种结构转型艰难的原因主要有以下几条[2]。

1. 产业发展路径依赖

一直以来，中部地区将大部分的资金和人力投入资源型产业中，当地产业的经济发展主要依靠相关产业的外延型扩张，如2007年中部地区采矿业、电力燃气和水的生产和供应业的固定资产投资分别占该地区的固定资产投资总额的 5.16%和 7.32%，远高于全国平均水平的4.28%和6.89%。由于相关产业内企业规模小、技术能力弱，因而其对资源的综合利用率长期维持在较低水平上。产业发展的路径依赖必然导致该地区继续执行类似的倾斜政策，以保证这些高耗能高污染产业的发展（图 3-7）；而相关企业为了减少企业运作成本也会继续遵循以往的粗放经营方式。这不利于中部地区改变产业发展模式。

2. 有关环保政策执行不力

环境保护法没有得到有效的贯彻实施，自主研发的环保技术以及改善地方环境的主张未能得到地方政府的推行。中部地区六省的各级政府为了局部的、短期的经济利益和地方政绩，对高耗能高污染产业发展实际上采取了放纵或者鼓励的

① 杨艳琳. 我国建立节能型社会的战略选择. 中国地质大学学报（社会科学版），2008，（1）.
② 杨艳琳，许淑嫦. 中国中部地区资源环境约束与产业转型研究. 学习与探索，2010，（2）.

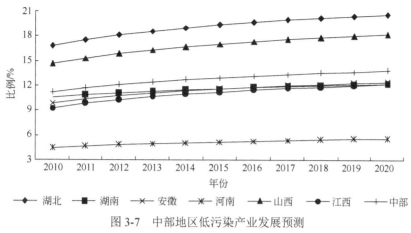

图 3-7　中部地区低污染产业发展预测

注：图中比值为中部地区及各省的低污染产业的工业增加值预测值与其地区生产总值预测值之比

政策（这是形成管理型资源浪费和环境污染的根源），提高资源利用效率和改善生态环境方面的许多措施都难以有效实施并且即使实施了其效力也比较弱；环境保护投入十分有限，仅占地区生产总值的 0.25% 左右。

3. 产业发展观滞后

中部地区六省具有丰富的能源矿产资源，这使得"靠山吃山、靠水吃水"、"有水快流"、简单地"将资源优势转化为经济优势"的观念长期存在；一些地方政府难以树立可持续发展观和科学发展观，长期不积极促进产业技术升级，对能源矿产进行过度开采利用，加工业也大多集中在附加价值不高的初级加工上，资源型产业技术水平较低。

3.6.3　促进中部地区发展资源节约型和环境友好型产业发展的政策建议

1. 中部地区"两型"产业的选择

中部地区对资源能源的依赖越来越大，对环境的污染也越来越严重，使得中部依赖高耗能高污染产业发展的方式不可持续。而抑制高耗能高污染产业发展、促进低耗能低污染产业发展是其解决之道，其中确定何种产业为中部地区的优势产业便是关键问题。优势产业与支柱产业不一样，一个地区的优势产业代表的是该地区产业发展的趋势，是产业转型和结构演变的突破口。具有比较优势的产业经过投资和政策扶持后会成为该地区的支柱产业。为进一步缓解中部地区的资源环境压力，优势产业的选择导向应是资源节约型、环境友好型的"两型"产业。但是抑制高耗能高污染产业的发展并不是简单地把资源型产业从中部地区剔除，而是要根据当地的资源条件对其产业发展作出调整，以选择适合当地的"两型"产业。

中部地区拥有丰富的农业资源，发展农副产品精深加工业便是其未来发展趋势之一。虽然 2007 年中部地区的农副产品工业总产值有 3514.13 亿元、占全国农副产品加工业总产值的 20.09%，食品制造业总产值 1245.51 亿元、占全国的 20.52%，但是局限于附加值较低的初级加工业。农副产品精深加工业的发展有利于最大限度地利用农业资源和农产品。

丰富的能源和矿产资源一直是中部地区产业发展的优势，但是经过多年的开采，中部地区的矿产资源面临日益枯竭的趋势，开矿成本不断上升，以至于相应的产业生产成本增加，这削弱了当地资源型产业的优势。依托当地自然资源，大力发展能源、矿产产品精深加工业，开发下游产品，提高能源产品的科技含量和附加值，成为解决资源环境压力的重要选择。开发下游产品有利于减少工业"三废"排放量、提高产业技术水平有利于提高能源的利用率。

同时，中部地区还应增加高新技术产业的投资。高新技术产业具有低耗能、低污染和高附加值的特性，是工业化进程中产业结构转型的重要推动力量，而要发展农副产品精深加工和资源产品精深加工都需要高新技术的支撑。但是中部地区的高技术产业起点低、发展滞后，如 2007 年其计算机及办公设备制造业总产值占全国的 1.51%、电子及通信设备制造业总产值占全国的 2.79%。如果中部地区以新能源、新材料和新技术为基础的高新技术产业以及环境保护产业得到大力发展，其工业化进程会加快，而资源环境压力也会得到缓解。所以高新技术产业和环境保护产业也是中部地区加快经济发展的重要产业选择。

2. 促进中部地区"两型"产业发展的具体措施

第一，突破思想束缚，改变产业粗放发展的观念。清除制约产业科学发展的思想障碍才是解决中部地区工业化、城镇化进程中资源环境问题的重要前提。对中部地区的资源优势要重新认识，因为其传统优势在逐步减弱；而改变环境状况需要将循环经济观念和"低碳经济"观念贯彻到产业发展的全过程与主要环节之中，需要从观念上进行科学的产业发展方式和环保教育，进而传播和渗透到各个产业发展主体和社会的层面，形成有利于中部地区产业转型升级和"两型"产业、低碳产业发展的非正规制度约束。

第二，发挥导向性政策的作用。中部地区六省要解决资源环境与当地经济发展之间的矛盾，需要加强"两型"产业发展规划[①]和资源环境管理制度创新[②]，并

---

① 杨艳琳. 武汉城市圈"两型"社会建设中产业发展的战略思考. 学习与实践，2008，（5）.
② 杨艳琳，占明珍. 中部地区的资源与环境管理制度创新研究. 学习与实践，2009，（7）.

以此制定相关政策来限制高污染高耗能产业的发展和促进低耗能低污染产业的发展。对于采矿业及能源加工业，政府需要从企业层面上进行产业规制，按照"节能减排降耗"要求对不符合国家环保规定的"五小"企业要坚决关闭，促使相关产业的企业遵循环境保护的相关法规。同时，政府要从财政、税收、金融、科技等方面采取有利于农副产品精深加工业、能源矿产产品精深加工业和以 IT 技术、GT（绿色技术）为主要的高技术产业等"两型"产业、低碳产业发展的措施，加大政策倾斜力度以鼓励和促进这些产业加快发展。应该特别注意利用产业转型升级所带来的机遇，增强政策的导向性作用，以加速中部地区传统产业向"两型"产业转变。

第三，加强区域内部省际合作。一是资源合作。六省在地理空间上具有相似性，但是在具体的资源拥有上还是存在着很大的差异，加强省际资源互通与合作有利于整合资源、优化产业结构，进而促进整个中部地区的发展。二是产业合作。中部地区六省之间的产业趋同和同质竞争现象严重，各省划地经营，造成资源严重浪费，不利于中部地区的长远发展。省际产业合作中各省要根据自己的资源状况选择相应的主导产业，以打破现有的产业格局，进行优势互补和异质竞争，实现错位发展。三是环境合作。生态环境问题具有地区性和跨地区性的特征。六省在地理上相连，废水、废气的跨省流动会扩大污染面，应该加强区域内的环境合作，建立环境治理的合作机制，共同治理和改善区域生态环境；防止以邻为壑式的转移污染物。危险废物跨省（市）非法转移、倾倒是近年来出现的新型违法排污形式，中部地区六省之间应联合加强环保监管，切实遏制性质恶劣、危害极大、隐蔽性强的危险废物异地非法倾倒行为。

第4章 中部崛起的资源环境与农业经济协调发展

4.1 中部地区农业资源综合开发利用与扶贫

4.1.1 中部地区农业资源概述

农业资源是农业自然资源和农业经济资源的总称。农业自然资源包含农业生产可以利用的自然环境要素，如土地资源、水资源、气候资源和生物资源等。农业经济资源是指直接或间接对农业生产发挥作用的社会经济因素和社会生产成果，如农业人口和劳动力的数量和质量、农业技术装备（如农业机械）、水利灌溉设施，以及农业交通运输、通信、文教和卫生等农业基础设施等。所以，农业资源是部分自然资源、社会资源、生物资源和环境资源的结合体，一切农产品都由农业资源转化而成[①]。

中部地区人口密集，土地面积只占全国的10.7%，总人口却占全国的27.2%。中部地区位于内陆，北有高原，南有丘陵，众多平原分布其中，是中国主要的农业生产基地，粮食、棉花、油料等主要农产品占全国较大的比例，中部的河南、安徽、江西、湖北、湖南五省是农业大省，也是中国重要的农业精华区。

中部地区森林资源充裕，六省森林覆盖率达到30%，大大高于全国13.4%的平均水平，除山西和河南两省略低于全国平均水平外，其他四省均超出平均水平许多。草山、草坡面积较广，其中可利用的面积占其总面积的一半以上，可开发潜力巨大。

中部地区的水资源也比较充足，广阔的平原和星罗棋布的湖泊水面较广，水库总库容量占全国的36%。中部地区的水环境以地表水为主体，地表水资源总量丰富，长江、黄河两大河流中段、淮河上中段及三大湖泊——洞庭湖、鄱阳湖和巢湖都位于中部地区六省内。湖南的洞庭湖和江西的鄱阳湖，分别是中国5大淡水湖之一。湖北省素有"千湖之省"之称，适合于淡水养殖的水面很多，仅湖南、湖北、江西3省淡水养殖面积就有105.50万平方千米，占全国的27.5%，是中国淡水养殖资源最丰富的地区。

[①] 李华罡，肖文东. 科学发展观与农业可持续发展. 北京：中国社会出版社，2006.

中部的豫、鄂、湘、皖、赣五省区地处中国中部腹心地区，纵跨华北平原、长江中下游平原与山丘湖盆、江南丘陵山地，总土地面积占全国总土地面积的 9.1%。区内农业气候资源条件优越，南北跨越 11 个纬度，是南方与北方气候的过渡地带，北部为暖温带，中部为北亚热带，南部为中亚热带。这一区域为暖温带半湿润区与亚热带湿润区，气候温暖，降水充沛，平原与丘陵面积相对较大，水、热、土地资源丰富，年光合有效辐射量约 2400 毫焦/米 ^{2}，年均降水量在 700~1600 毫米，能满足农作物一年两熟至三熟的热量要求，因此，物种繁多，动植物资源丰富[①]。

4.1.2　中部地区农业资源配置存在的问题

中部地区是中国的主要农产区，长期以来农业资源得到了较充分的开发和利用，但是，由于生产方式落后、农业科技水平低下，因此这一地区农业资源的配置存在许多问题，主要表现在以下几个方面。

1. 农业资源承受的压力增长

中国的人均耕地资源、草地资源、水资源分别只相当于世界平均水平的 43%、40% 和 30%，地少人多、资源紧缺是中国的基本国情。中部地区人口的全国占比高于土地和耕地的全国占比，更加突显了该区域的资源紧缺性。随着国家"中部崛起"战略的进一步实施，工业化、城市化进程的加快，中部地区的农业资源将承受越来越大的压力。

2. 农业资源利用过度、浪费严重、效率低下

中国是一个人多地少的国家，承受着以世界 7% 的耕地养活全球 21% 的人口的沉重压力。农业资源的长期粗放使用，已造成严重浪费。近年来，中部地区城市化和工业化水平不断提高，基本建设用地逐渐增加，大量城市郊区和村镇附近的良田菜地被占用，导致耕地数量快速减少。中国的水资源也严重匮乏，仅占世界人均水平的 1/4。农业缺水严重，受旱面积大，平均每年因缺水减产粮食约 500 万吨以上，水资源稀缺是中国农业发展的重要障碍。中部地区的水资源尽管在全国相对比较充裕，但是，农业耕地资源和农业水力资源是一种不可替代且短期难再生的生产要素，随着经济的发展和人口的增加，水资源需求量将越来越大，中部地区的水资源仍显匮乏[②]。例如，山西是全国最严重的缺水地区之一，人均水资源占有量 381 立方米，是全国人均水资源量的 1/6，比国际公认的人均 500 立方米的绝对缺水线还低 119 立方米；人均年供水量 170 立方米，是全国平均值的

① 张平军. 加快构建中部五省有特色的农业区域经济. 农业经济问题, 2003, (3).

② 罗玉鑫, 李威, 等. 依靠科技进步提高农业资源利用率. 安徽科技通讯, 2009, (5).

41%，在全国各省区中排名倒数第一。山西煤炭开采造成的水资源破坏面积占到全省总面积的 13%。地下水超采严重，水位下降，水资源总量呈持续衰减趋势。

另外，中国长期大量生产的是低质低档次的农产品，粗放型生产导致农业资源被大量闲置和浪费。从资源的有效利用率来看，中国化肥的利用率仅为 30%，灌溉水的利用率不到 40%，农业副产物的利用率还不足 20%，均远远低于发达国家农业资源的利用水平①。中部地区同样存在着农业资源利用率低的问题。

3. 农业内部的产业结构不合理

首先，农业内部产业结构趋同，现代高效农业发展不足，传统种植农业所占比例较大。中部地区绝大多数省份是农业大省，农业内部产业结构趋同，耕地资源配置过于向粮食特别是水稻倾斜，种植业偏"重"，特色农业、旅游农业等产业发展较慢②。其次，农产品加工业落后。农产品加工以简单粗加工为主，精深加工系列产品少，农业产业链没有得到有效拓展和延伸。高附加值产品偏少，在"高、精、尖"农业产品的生产上，劣势十分明显。优质农产品大多以原生品或粗加工品的形式输送到外省或国外，农产品附加值极低，严重挫伤农民的生产积极性。再次，农业组织化程度不高，农产品的生产、加工、运输与销售之间未能形成互相促进、共同发展的有效组织。大量分散的农户仍然独自承担生产和市场的风险。最后，产业之间的关联程度小，缺乏支柱产业和龙头骨干企业。中部地区农业产业化企业规模普遍偏小，在市场竞争中处于弱势地位，直接影响农业产业化发展后劲③。

4. 农村人力资源开发严重不足

农村人力资源是指那些达到劳动年龄，具有劳动能力，愿意从事劳动的农村人口。目前，中部地区六省农村人力资源开发主要表现出以下态势：其一，农村潜在人力资源数量多，基数大。中部地区农业人口比例较高，2007 年为 59.7%，高于全国平均水平 4.7 个百分点，且存在着大量的剩余劳动力，严重制约了农村生产力水平的提高。其二，农村劳动力整体素质较低。劳动力素质一般指劳动者的身体素质和思想文化素质。从身体素质来看，受全国医疗卫生制度影响，农村医疗卫生保健投入远远落后于实际需要，农村公共预防保健服务薄弱，卫生基础设施条件相对较差，农村人力资源的健康保障水平较低，身体素质不高；从文化素质来看，目前中部地区农村劳动力文化素质相对于全国来说总体偏低。如河南省每万个农民中只有 2.5 名农业技术人员，与全国平均水平（8 名）和世界发达国家平均水平（100 名）相比差距很大。其三，农村人才资源匮乏。目前大部分受

---

① 李华罡，肖文东. 科学发展观与农业可持续发展. 北京：中国社会出版社，2006.
② 江丽. "十一五"后期荆门市农业资源配置优化的思考. 农村经济与科技，2009，（1）.
③ 王云芝. 我国中部地区生态农业产业化问题研究. 上海社会科学院博士学位论文，2007.

过较高层次教育的农村人口已向城市迁移或长期在城市务工，在农村从业的较少甚至寥寥无几，出现了"人才外流"的现象。农村人才呈现"三少"，即农业科技人才数量少、高级人才比例少、农民参加培训总量少[①]。

4.1.3　中部地区农业资源综合开发利用与扶贫

《中国农村扶贫开发纲要（2001～2010 年）》提出中国 2001～2010 年扶贫开发的总目标是：尽快解决少数贫困人口温饱问题，进一步改善贫困地区的基本生产生活条件，巩固温饱成果，提高贫困人口的生活质量和综合素质，加强贫困乡村的基础设施建设，改善生态环境，逐步改变贫困地区经济、社会、文化的落后状况，为达到小康水平创造条件。

中国中部地区扶贫任务艰巨。中部地区经济发展缓慢，农民收入低。2003 年，中部地区农民人均纯收入只相当于全国平均水平的 81.13%，中部地区六省中没有一省的农民人均纯收入超过全国平均水平。2005 年，中部地区农民人均纯收入为 2958 元，是全国平均水平的 90.9%，绝对贫困人口和相对贫困人口分别占全国的 1/4 和 1/3[②]。中部地区有许多少数民族地区、革命老区和山区特困地区以及库区，贫困人口比较集中。2003 年，安徽省有 19 个国家级贫困县，贫困人口 160 多万人，低收入人口 350 多万人，其生活水平不仅没有达到总体小康水平，有的甚至连温饱问题都没有解决。2007 年河南省尚有占全省总人口 1/10 的农村贫困人口，1/3 的县仍为国家级和省级扶贫开发重点县。2007 年，中部地区分布着国家级贫困县 151 个，占 592 个国家扶贫开发重点县的 25.5%；有老区县 137 个，占全国 241 个老区县的 56.8%[③]。目前中部地区绝对贫困人口占全国的 26%，相对贫困人口占全国的 31%。国家在《中国农村扶贫开发纲要（2001～2010 年）》中已经把这些地区作为扶贫开发的重点地区。

农业资源要优化配置，而对农业资源综合开发利用就是从资源与环境经济学的角度出发对资源合理利用的重要举措。农业资源综合开发利用是指在一定的时间里和确定的区域内，为全面开发利用农业资源，发展地区农村经济而进行的综合性生产建设活动，是国家强化农业基础地位所采取的财政支农的重要形式。其最终目标是合理配置、科学利用农业生产要素，提高农业综合生产能力和市场竞争力，推动传统农业向现代农业转变，实现农业经济效益、生态效益和社会效益三者之间的协调统一、有序结合，促进农业的可持续发展。

中部地区农业资源的使用长期处于分割使用、低效使用的状态，从而导致农业资源浪费、效益低下。作为中国扶贫的重点区，中部地区要改变这种状况，就

---

① 王虎，李长健. 中部地区农村人力资源开发法律制度研究. 科技进步与对策，2009，（10）.

② 吴敬秋. 论中部崛起与新农村建设. 石家庄经济学院学报，2006，（5）.

③ 樊万选，戴其林，朱桂香. 生态经济与可持续性. 北京：中国环境科学出版社，2004.

必须对农业资源进行综合开发利用，将农业资源的综合开发利用作为扶贫的重要途径。

1. 综合开发利用农业土地资源

首先，要合理利用和保护耕地，提高土地生产力。中部地区农业耕地资源缺乏，要本着节约用地的原则严格控制耕地占用。制定区域性的土地利用结构政策和产业用地政策，区别对待农业用地和非农用地、重点产业用地和限制产业用地。大力开展农田基本建设，治理和改良中低产耕地。因地制宜提高耕地复种指数，实行土地集约经营。其次，调整土地利用结构，协调土地与经济发展的关系。要进一步调整农林牧渔业结构，积极发展林牧渔业生产，合理开发利用林地、牧地。合理规划非农用地，调整城镇非农用地结构。最后，积极开发新的土地资源。一是开发山区土地资源。要切实搞好山区水土保持，加强综合治理；充分利用山区林牧资源，建设稳固的林业、牧业基地；建设丘陵和低山区基本农田，提高单产，尽量保证粮食供给。二是有计划地开发宜农荒地资源，保持耕地资源总量的动态平衡。比如充分合理地开垦宜农荒地这部分土地资源，对于扩大耕地面积有一定的作用。

2. 综合开发利用农业水资源

首先，要狠抓源头，尽可能多地储蓄天然水资源，在量上保证充足的农业水资源。为此，中部地区要积极建设中小型水库，集蓄春季"桃花水"和夏季雨水，使其得到很好的利用，不致于白白流失或酿成洪水灾害。建设"土壤水库"，通过平整土地，坡地修梯田等田间工程，最大限度地拦蓄雨水；通过深耕深松，打破犁底层，造"海绵田"，蓄水保墒。其次，要合理利用水资源。包括多水源的科学调度与时空配置；地上水、地下水、土壤水综合利用；截污和废污水回收处理利用以及清洁水与回收中水的混合利用；水库、蓄水池的防渗处理等。再次，要推广实施农业节水灌溉技术，包括改造配套输水建筑物，防止跑、冒、滴、漏；渠道防渗；管道输水。使用节水灌溉，积极推广喷灌、滴灌、渗灌、膜上灌、膜下灌等先进技术。最后，要根据水资源状况调整作物种植结构，推广耐旱作物品种、节水栽培技术。采取深耕蓄水、秸秆覆盖、聚肥保墒等旱作农业措施和施用保水剂、抗旱剂等抗旱保墒措施。

3. 加强中部地区特色农业区域建设

按照《中国农村扶贫开发纲要（2001～2010 年）》中提出的"积极推进农业产业化经营。对具有资源优势和市场需求的农产品生产，要按照产业化发展方向，连片规划建设，形成有特色的区域性主导产业"的规划，根据中部五省自然环境的地理变化和农业生态资源最佳开发利用方式的区域差异，及主要商品农产品在地区分布上的交叉重叠等特点，可构建以下三个特色的多种商品农产品的复合生产基地，进一步突出三大区域复合生产基地的特色，强化其生产能力以促进中部地区农业经济快速发展。

第一，加快建立以黄淮平原为主的现代生态农牧复合生产基地。该基地主要由淮河至伏牛山一线以北的黄淮平原与豫西山区丘陵组成，土地面积约 1598 万公顷。这里属于暖温带半湿润气候，水、土、热条件好，根据气候资源优势，应把黄淮平原地区建成冬小麦、棉花、花生与芝麻、烟叶、中药材以及牛、羊、猪、鸡等现代生态农业为主的复合商品生产基地。

第二，在江淮与江南北部平原、湖盆丘陵地区建立生态农林牧渔复合生产基地。该基地由在淮河至伏牛山一线以南、鄱阳湖平原至洞庭湖平原一线以北的山丘、湖盆与平原组成，共计土地面积 4630 万公顷。这里的气候资源为亚热带湿润区，水热充沛、作物一年两熟或三熟，由于山丘、江河湖泊面积大，土地垦殖率较低，3/4 左右的土地是山丘与水面，农业生产以农林牧渔并重，是"鱼米之乡"。应把它建成水稻、棉花、油菜、芝麻、牛、猪、鸭、鹅、鱼、竹材与木材、油茶、油桐、茶叶、板栗、银杏等现代化生态农业复合商品生产基地。在该区域应加速开发尚未利用的水面，发展精养，大力提高养殖水面单产，在广泛养殖青鱼、草鱼、鲢鱼、鳙鱼、鲤鱼与名特鱼的基础上，要因地制宜地重点发展鳗鱼、蛙、虾、蟹、鳖、珍珠等经济价值较高的特种养殖。

第三，在江南南部丘陵河谷盆地建立生态型的林农牧复合生产基地。该区域由鄱阳湖平原、洞庭湖平原一线以南与南岭以北的山丘河谷盆地组成，土地面积为 2439 万公顷。但是该区域土地面积中的 85%～90% 是山地丘陵，土地垦殖率只有 12.9%。从农业自然资源最佳开发利用方式上看，气候属于中亚热带湿润气候，水热充沛，农作物一年两熟或三熟。但是山地较多，是以用材林、经济林为主的江南主体林区。因此，农业生产应以林为主，形成林农牧结合的农业生产模式。林业应以用材林为主，因地制宜地重点发展经济林。用材林生产应重点发展竹、木速生丰产林，特别是造纸木浆用速生丰产林。经济林中，南部重点发展油茶、柑橘、茶叶、银杏，西部以油桐为主。种植业应努力优化农作物种植结构，重点发展双季稻生产，大力压缩不适宜的低产劣质小麦生产，增加优质饲料作物生产，油料作物应压缩油菜种植面积，增加花生种植面积。畜牧业应该充分利用丰富的作物秸秆与饲料，重点饲养牛、山羊、猪、鸭、鹅等。

4. 有效挖掘和利用农村人力资源

中部崛起的关键在于实现中部地区农村和农业的可持续发展，而农村和农业发展的根本在于农村人力资源的有效挖掘和利用。中部崛起是党中央和国务院就中部地区发展所提出的伟大战略。破解中部崛起的难题应以农村发展为突破口，而农村发展则应以提高农民的素质为切入点。大力开发农村人力资源，使之从一种潜在的资源力量变成一种现实的资本要素，这是实现中部可持续性崛起的战略关键。

第一，提高农村人力资源的文化素质。要从农村人力资源教育理念、目标、体系、体制、内容、策略等方面进行改革和创新。切实加强农村基础教育，普遍提高贫困人口受教育的程度。实行农科教结合，普通教育、职业教育、成人教育统筹，有针对性地通过各类职业技术学校和各种不同类型的短期培训，增强农民掌握先进实用技术的能力。在农村反对封建迷信，引导农民自觉移风易俗，革除落后生活习俗，不断建设先进的现代精神文明。

第二，提高农村人力资源的身体素质。重点完善农村医疗卫生保障，在内容上主要包括农村医疗经费管理、农村健康教育、农村公共卫生工作、农村卫生服务体系建设等。农村医疗经费管理主要包括农村公共卫生经费、农村卫生机构经费和建设资金的筹措与监管。由于国家财政有限，因此在经费筹措方面，可以在政府向农民征地的价格差额部分中提取一定比例充作农村公共卫生基金，专款专用。政府部门可考虑组织实施农村卫生健康教育。

第三，重视农村剩余劳动力的转移。应主要从促进就业、户籍管理、社会保障等方面推动农村剩余劳动力的转移。在促进就业方面，应强化政府的引导职责，统筹城乡就业，构建城乡统一的一元劳动力市场，拓宽农民就业渠道，为农民工进城就业提供制度保障[1]。加大农村劳动力转移培训力度，促进农民工素质的提高，多途径转移农民，让农民离土、离村、离乡，出市、出省、出国，务工、经商、创业。转移一个农民就是让出一份土地资源甚至减少了一个贫困人口。在户籍管理方面，应通过立法逐步废除二元户籍制度，逐步给予农民自由迁移的权利并切实保障其迁移后的同等国民待遇。在社会保障方面，应明确鼓励在财政允许的条件下对城市农民工给予相应的待遇[2]，为城乡劳动力自由流动和市场化配置提供城乡统一的社会化保障[3]。

5. 加强农业基础设施建设，改善农业资源综合开发利用的条件

第一，增加对农业基础设施建设的投资。首先，要加大政府投资的力度。扩大财政支出中的农业支出比例；同时调整农业支出结构，将新增的农业支出主要用于农业基础设施的建设。其次，对农业基础设施建设予以政策支持。中部各省要根据农业发展新阶段、国民经济的新形势，在制定近期和中长期农业发展的产

---

① 杨艳琳，娄飞鹏，等. 中国经济发展中的就业问题. 济南：山东人民出版社，2009：449-452.

② 王虎，李长健. 中部地区农村人力资源开发法律制度研究. 科技进步与对策，2009，（10）.

③ 杨艳琳，等. 失业高峰问题研究. 北京：科学出版社，2011：330-334.

业政策、技术政策和装备政策时，适当对农业基础设施建设给予支持。再次，要切实增加农业基础设施建设的信贷资金投入。鼓励、引导并组织农村集体和农民投资投劳于农业基础设施建设；积极鼓励、募集社会闲散资金用于农业基础设施建设；积极利用外资进行农业基础设施建设。最后，加大国土整治的投资力度。以土地利用总体规划为依据，按照对田、水、路、林、村综合整治的原则进行国土规划设计，改造中低产田，加强农田基本建设，实施一批防洪工程、水资源工程、灌排工程、水土保持工程、退耕还林还湖工程。

第二，加快农产品市场建设。加快农产品市场建设是农产品经营销售的关键环节。中部区域市场建设滞后，与国内外大市场脱节，市场信息不灵，生产带有较大的盲目性，造成重大经济损失，挫伤了农民种植的积极性。因此，中部各省应加快农产品市场建设，不但要重视农产品批发市场建设，更要重视市场软件建设和销售队伍建设。尽快建立中部地区农产品市场信息中心，广集信息，研究现状，预测未来，采取各种形式及时发布信息指导农业生产。加强与国际国内有关农产品信息中心、区内各省相关信息部门和农村各有关供销合作社、农业龙头企业、集团公司、专业农民协会的联系，形成全国统一的农产品市场，使农产品生产与区内外、国际市场紧密联系起来，并参与到国际市场的竞争之中，使中部各省的农产品销售网络遍布国内、延伸国际，从而发挥其对生产的更有效的促进作用。

第三，以科技创新带动科技农业的发展。大力推进农业科技自主创新，加强原始创新、集成创新和引进消化吸收再创新，加大利用信息技术改造提升传统农业力度，不断推进农业技术集成化、劳动过程机械化、生产经营信息化。加大农业科技投入，加强农业技术研发和集成，支持农业基础性、前沿性学科研究；支持生物技术、种子种苗、丰产栽培、农业节水、疫病防控、防灾减灾、生态保护等领域科技创新；支持设施栽培、健康养殖、精深加工、储运保鲜等装备设施研发；支持农业信息采集、精准作业、气象预测预报、灾害预警等技术开发，力争在农业关键领域和核心技术上实现重大突破，尽快培育一批农业新品种，形成一批农业新技术，并促进农业新品种和新技术向产业转化，提高农业资源高效利用的能力。

4.2　中部地区发展生态农业、循环农业与农业可持续发展

4.2.1　农业可持续发展的内涵

农业可持续发展是指在一定的农业区域内，农业自然资源得以持续利用和环境承载能力不断提高，既能满足当代人对农产品的需要，又不损害后代人满足其需求能力。它的核心是在合理利用资源的基础上，采用适宜的农业技术，提高农

业生产效率，追求高产、高效、优质、低耗及低污染的集约增长，注重经济、社会和生态三方面效益的统一，同时兼顾环境的保护与改善，从而不影响后代人发展的需要及长远的发展目标。它的本质在于农业生态系统，土地利用方式，农业生产投入、产出，农业自然资源利用这四者各自的持续性与不可持续性[①]。农业可持续发展的基本特征是在强调农业发展的同时，重视自然资源的合理开发利用和环境的保护。它所要达到的战略目标：一是农产品的数量、品种、质量得到全面增加或提高；二是努力促进农村综合协调发展，增加农民收入，消除农村贫困状况；三要合理利用、保护、改善自然资源和生态环境[②]。

随着传统农业或常规农业暴露出越来越多的问题，可持续农业或农业可持续发展逐渐成为很多国家发展农业的选择。中国提出农业可持续发展战略的标志是1992年由国家计划委员会等部门联合参与编制的《中国21世纪人口环境与发展白皮书》。基于对世界未来发展走向的充分把握和对中国国情的深刻分析，它在国内国际总体发展趋势的大背景下提出了"可持续农业"的概念。中国1994年3月制定和通过的《中国21世纪议程》，从中国具体国情和人口、环境与发展总体关系出发，提出人口、经济、社会、资源和环境相互协调、农业可持续发展的总体战略、对策和行动方案；并在"九五"计划和2010年纲要中作出具体的部署。这标志着中国农业可持续发展的研究和实践进入了新的阶段。作为中国重要的农业大区，中部地区要实施农业可持续发展，必须大力发展生态农业和循环农业。

4.2.2　中部地区发展生态农业与促进农业可持续发展

1. 生态农业的内涵

生态农业是因地制宜利用现代化科学技术与传统农业技术，应用生态学和生态经济学原理，充分发挥地区资源优势，依据经济发展水平及"整体、协调、循环、再生"的原则，运用系统工程方法，全面规划、合理组织农业生产，对中低产地区进行综合治理，对高产地区进行生态功能强化，实现农业高产、优质、高效、持续发展，达到生态与经济两个系统的良性循环和经济、生态、社会(文化)三大效益的统一。它既是农林牧渔各业综合起来的大农业，又是农业生产、加工、销售综合起来并适应市场经济发展的现代农业[③]。

2. 中部地区发展生态农业的现状

针对农业生态环境和生产条件逐步恶化的趋势，农业部提出了发展生态农业

---

① 樊万选，戴其林，朱桂香. 生态经济与可持续性. 北京：中国环境科学出版社，2004.
② 于国丽，谭桂梅. 农业循环经济的可持续发展模式探讨. 河北农业科学，2008，（4）.
③ 熊瑶，罗琳晖. 发展循环经济，促进农业可持续发展. 江西农业大学学报，2005，（4）.

的总体思路，并开展了一系列的生态农业试点示范。1993 年，农业部、国家发展计划委员会、财政部、科技部、水利部、国家环境保护总局和国家林业局联合组织开展了全国 51 个生态农业试点县建设，取得了显著的经济、环境、社会效益。2000 年在全国又启动了第二批 50 个生态农业示范县建设。2004 年 8 月，农业部验收了中部地区第二批全国生态农业示范县，包括安徽省的颍上县，江西省的永新县、会昌县、赣州市，河南省的孟州市、内乡县、新郑市，湖北省的大冶市、松滋市，湖南省的浏阳市、南县，山西省的交城县、昔阳县。

　　湖南省生态农业建设取得了显著的成绩。如湖南省五个生态农业试点县（慈利、桃源、沅江、长沙、冷水江）；农业生态环境得到改善，主要表现在农作物秸秆还田率为 65%～95%，病虫害综合防治率达到 80% 以上；形成了 12 个适合不同类型区的高效生态农业模式，如山地林-药-果-粮立体开发模式、丘冈区粮-猪-沼-渔模式等，初步形成了不同类型区高效生态农业建设的资源利用、结构变化、技术构成的科学体系。在高效发展现代生态农业的同时，及时总结了建设经验，编制了《湖南省生态农业发展规划纲要》，制定了《湖南省生态农业县建设标准》、《湖南省生态农业示范村建设标准》和《湖南省生态农业示范户建设标准》等地方性标准[1]。

　　河南省加快农村沼气建设，大力实施生态家园富民计划。新推广农村户用沼气累计达到 168 万户，建设大中小型沼气工程近 1900 座。河南省推进生态农业县建设，开展生态农业区（县、乡、村）试点示范。在山区及丘陵地带重点推广猪-沼-果复合生态模式、"丘陵山区小流域综合治理利用型生态农业模式及配套技术"，巩固退耕还林还草成果，开展沼气综合利用，发展生态致富庭院经济；在平原地区重点推广"平原农林牧复合生态模式及配套技术"、"畜-沼-粮（菜、果）"、"四位一体"等生态技术模式，推动农业结构调整；在城市郊区和城镇重点推广"四位一体""设施生态农业模式及配套技术"，大力发展无公害农产品，提高农产品质量安全水平，促进农民增收。

　　安徽省生态农业建设试点总数达到 150 多个，试点面积扩大到 150 多万公顷，受益人口达到 500 多万人。全省认定无公害农产品产地 136 个，总数增加到 391个，总面积达到 16 万公顷；获得农业部认证的无公害农产品 109 个，总数增加到479 个，年产量 150 多万吨。组织人员对巢湖流域农业面源污染现状进行了实地调查，编制了《淮河流域农业面源污染状况调查报告》、《巢湖流域农业面源污染状况调查报告》；完成了《巢湖流域农业面源污染治理工程规划》编写、评审、论证、报批等工作；围绕新农村建设，在全省 5 市 6 县 10 个自然村，组织实施了乡村清洁工程示范村建设。大力推广山区经济林立体经营、旱地作物立体

---

① 宋希，田鹏. 湘西自治州生态农业发展探析. 农村经济与科技，2009，（1）.

栽培、"五旱"多熟制栽培、稻田养殖、猪-沼-鱼结合、生态旅游、果-农-牧-加复合经营、小流域水土流失综合治理等。到 2009 年年末全省国家级生态示范区累计达到 19 个。

尽管中部地区的生态农业建设取得了一些成绩，但是，从总体来说，中部地区的生态文明水平仍处于全国的中低位置。中部地区除了江西、河南、湖南三省正好在生态文明水平全国平均线上外，其他各省都低于全国平均线，山西省更是位列最后。由此可见，中部地区的生态农业建设亟待大力加强。

3. 中部地区发展生态农业，促进农业可持续发展

第一，加强对生态农业的理论研究。生态农业建设涉及农学、林学、畜牧养殖学、生态学、资源利用学、农副产品加工科学等自然科学，还要涉及管理学、环境经济学等社会科学。要想促进生态农业的发展，必须先行进行理论研究。中部地区要充分利用湖北、湖南、河南等省份高校、科研院所和科研机构相对较多、较强的优势，加大对生态农业科研课题的支持力度，建设国内领先的生态农业科研基地，加强各个学科间的联系和沟通，改变内部封闭式研究的局面，鼓励进行多学科交叉综合研究。

第二，推广生态农业理论和知识。中国农民的文化知识水平相对落后，农业技术的推广和应用困难较大，中部地区也是如此。要有效推广生态农业的理论和知识，让广大农民认可、接受并实践生态农业。中部各省应该建立各级政府的生态农业指导机构，招聘高校毕业生充实到县、乡、村各级生态农业专门指导机构，为广大农民介绍、宣传先进的生态农业理论和经验知识，引导农民直接实践生态农业。

第三，加强对生态农业发展的政策支持和资金投入。其一，应加快制定并完善有关生态农业发展的政策和地方法规。要依据生态与经济协调发展原则制定绿色产业政策，一方面选择环境保护与农业经济健康发展相统一的产业结构、生产结构、能源结构、技术结构和消费结构；另一方面淘汰存在严重污染的农业产品和工艺，大力发展绿色农业。建立和健全农产品的质量安全检测体系和生态农业的环境监测体系。同时参照国内生态农业建设先进省份的经验和国际标准制定生态农业标准化体系，使中部地区生产的生态农产品符合国内外市场需求；充分利用中部地区的区域优势，促进中部生态农产品的市场化和国际化，提高中部生态农业的国内、国际市场竞争力。其二，要建立健全激励机制，充分调动广大农民建立生态农业的积极性。对农民建设沼气池，购置秸秆还田机械，测土配方施肥等都应加大财政的补贴力度。同时，要引导农村金融机构对发展生态农业的农户和龙头企业给予贷款支持；建立和完善无公害农产品和绿色产品标识制度，激励消费者购买生态农产品；建立生态农业科研成果保险补贴机制，对生态农业科研

成果转化、示范阶段的风险给予保险补贴，对生态农业科研成果的研发者给予奖励，对采用生态农业科研成果的农民，政府应作出必要的承诺，以补贴的方式让农民的收入不因受风险的影响而遭到损失。其三，应加大对生态农业的投入。生态农业建设需要有足够的资金做后盾，可以借鉴国外的做法，如成立专门的基金、采用财政补贴、运用产业倾斜政策、对经营生态农业的企业实施减免增值税等。应该确保生态农业资金能够及时到位、投向合理，以保证生态农业建设能够稳步进行。

第四，借鉴国内外先进经验，加快农业高新技术研发和成果转化、推广。中部地区各省应该结合各省环境、气候等省情有选择地吸收国外发展生态农业的有益经验，尤其是先进的农业经营管理方法和农业生产技术。同时，大力推广国内已经应用的，且行之有效的生态农业模式，如"立体种植"和"白色农业"。"白色农业"是以细胞工程和酶为基础，以基因工程综合利用而组建的工程农业，它依靠人工能源，其生产不受气象和季节的限制，可常年在工厂进行大规模生产，既保护自然资源，又保护生态环境。因此，依据生物工程科学，发展节土、节水，不污染环境、资源可循环利用的工业型"白色农业"，是促进农业持续发展的重要途径①。

第五，加快生态农业龙头企业的培育和发展。由于中部地区农业发展对资金的需求量很大，而大规模资金投入又受到限制，因此，要重点培养一批竞争实力强、辐射面广、技术含量高、带动能力大，能根据市场状况及时引导农民调整农业生产，带领农民共同致富的生态农业龙头企业。各级政府应该采取合适可行的培育方式，对有前途的特色生态农产品加工企业进行扶持，创造条件，促其成长壮大，使其变为有竞争实力的生态农业龙头企业。同时可以引进外商、城市工商企业和外地特色农产品开发企业到本地开发特色农产品。此外，努力培养一支高素质的生态农业企业家队伍。加强对现有企业家的教育和引导，不断提高他们的经营管理水平，提高他们争创生态农业品牌开拓市场的能力②。

4.2.3　中部地区发展循环农业与农业可持续发展

1. 循环农业的内涵

循环农业，又称农业循环经济，就是把循环经济理念应用于农业系统，在农业生产过程和农产品生命周期中减少资源、物质的投入量，减少废弃物的产生排放量，实现农业经济和生态环境效益的"双赢"。它以资源的高效利用和循环利用为核心，以低消耗、低排放、低开采、高效率为基本特征，以可持续发展为目标，

---

① 马超. 建设生态农业的对策研究. 哈尔滨市委党校学报, 2009,（3）.
② 宋希，田鹏. 湘西自治州生态农业发展探析. 农村经济与科技, 2009,（1）.

是对"大量生产、消费和废弃"的传统农业增长模式的根本变革。其基本内涵包括四个方面：第一，农业循环经济是遵循生态规律，涉及企业(或农户)清洁生产、农业资源循环利用、生态农业、绿色消费等一切有利于农业环境发展的循环经济系统，努力寻求农业与生态环境的和谐发展，其本质是生态经济。第二，农业循环经济是以"减量化、再利用、再循环、再回收"为原则，以节约农业资源和"资源—产品—再生资源"的再生闭路循环利用为特征，以低消耗、低污染、高利用为目标，从而实现农业经济和生态环境"双赢"经济形态。第三，农业循环经济以现代科技为支撑，必须依托现代高科技成果和手段。第四，农业循环经济离不开合理的农业产业化体系，它以现代农业产业组织体系为载体。因此，农业循环经济符合农业可持续发展的要求，是农业可持续发展的必然选择①。

　　中部地区是中国的农业大区，人均资源贫乏，长期采用传统的高消耗、低产出、高污染的粗放型生产方式使得生态环境脆弱，资源与环境压力日趋增大。改革开放以来，特别是 20 世纪 90 年代中期开始，大规模的工业园区建设和农业资源（荒山、荒坡等）开发，给中部地区生态环境造成极大破坏，引发严重的水土流失。农民收入增长缓慢，合理的产业链有待形成。过多使用化肥、农药、塑料薄膜，造成土壤质量下降，农产品农药残留量增多；农机具、石油燃料的广泛应用增加了对大气的污染；养殖业的迅猛发展导致畜禽粪便排入河中形成新的污染。农药的滥用致使食品安全问题日益突出。

　　据安徽省水利厅监测，安徽省年平均土壤流失量为 5547 万吨至 1 亿吨，其中黄山、铜陵、池州等 8 市水土流失面积超过当地总面积的 10%。根据《安徽省水土保持监测公报》，2005 年全省水土流失面积为 1.88 万平方千米，是 20 世纪 50 年代的两倍多，占全省总面积的 13.5%，其中丘陵地区近几年来因生产建设和资源开发造成水土流失正日益增长。每年新增水土流失面积近 600 平方千米，土壤流失总量达到 2726 万吨。由于现代工业的发展，以及农业自身不合理的生产方式等多方面的原因，农业与农村环境污染正日益成为新农村建设中的一个不可回避的重大问题。安徽全省废水排放总量持续增加，工业废水排放、生活污水排放源源不断地流入江、河、湖泊，导致淮河、巢湖、长江流域水污染严重。同时，为了提高农作物产量，在农业生产过程中大量使用化肥、农药，导致土壤养分失调、理化性质变差，农业"自身污染"有逐年加剧的趋势。2004 年安徽全省化肥使用量达 270.33 万吨，农药使用量达 7.43 万吨，相当于每公顷耕地化肥使用量 647.07千克、农药使用量 17.78 千克。化肥和农药对农产品造成的污染，已直接影响到该省农产品的出口率和市场占有率，影响农业效益和农民增收②。上述问题严重

---

① 于国丽，谭桂梅. 农业循环经济的可持续发展模式探讨. 河北农业科学，2008，（4）.
② 樊万选，戴其林，朱桂香. 生态经济与可持续性. 北京：中国环境科学出版社，2004.

阻碍农业可持续发展步伐，因此，必须走农业循环经济发展之路。

2. 中部地区发展循环农业的现状

　　在中国逐步重视循环农业发展的大背景下，中部各省在近些年制定了相关的地方性政策，采取了许多发展循环农业的措施，并取得了一定的成效。2006 年 12 月安徽省发布了《安徽省"十一五"循环经济发展规划》。2006 年 12 月江西省在《江西省循环经济"十一五"发展规划》中把发展循环节约型农业（种植业、林业、畜牧业、水产业）列为循环经济发展的产业重点。2006 年 3 月湖北省在《关于加快推进循环经济发展的实施意见》中提出大力兴办沼气工程，发展农业废气物无害化处理、资源化利用的高效生态农业模式。推广秸秆还田，建设秸秆生物有机肥、秸秆气化和秸秆发电等示范工程。推广畜禽养殖业粪便综合利用和处理技术，加快建设畜禽生态养殖示范工程。2006 年 12 月山西省制定了《山西省循环经济发展规划（2006～2010）》。2008 年 1 月河南省制定了《河南省循环经济试点实施方案》，河南省已成为全国循环经济试点省，国家循环经济试点单位有 6 家企业，1 座城市（鹤壁市），1 个镇（农业），1 个再生资源加工利用基地。在农业层面，充分利用农业大省的优势，以能源建设为切入点，注重新能源的开发，在全省积极开展农村沼气、养殖一条链、利用农林废弃物发电等建设。河南沼气建设已跨入全国先进行列，促进农民增收 20 多亿元。河南浚县生物质发电厂以农作物秸秆——小麦秆、玉米秆等为燃料发电，既转换了能源又改善了空气环境和群众的生活环境。湖南省发展现代农业循环经济得到了政府部门的高度重视，在 2005 年湖南省政府制定了《湖南省循环经济工作方案》，并成立了"湖南循环经济研究中心"，专门负责全省循环经济相关规划、标准、模式的制定及其实施。政府部门高度重视农业科技力量的发展，全省农业系统国有单位专业技术人员合计 51 923 人，凭借雄厚的农业科技人才资源优势，研发出一批具有国内外先进水平的农业科研成果[①]。2007 年 12 月制定《湖南省"十一五"循环经济发展规划》。

3. 中部地区发展循环农业以促进农业可持续发展

　　第一，加强经济杠杆在农业循环经济中的作用。现代经济学认为，微观经济主体往往只关心本身的利润最大化，而很少关心外部成本或社会成本，这就会产生社会成本与私人成本不一致的负外部效应，导致市场失灵。中部地区在发展循环农业的过程中，要建立循环型农业推进组织，充分发挥经济杠杆的作用，制定相关的地方法规，将微观经济主体行为的外部效应内部化，形成污染者治理、受益者补偿的机制。

---

① 李洪新. 湖南省发展现代农业循环经济的思考. 科技信息，2009，（9）.

第二，加强循环农业的技术研发。发展循环农业，必须以先进科学技术为支撑点，但是要因地制宜，不能套用模式，要充分考虑当地的资源、环境、人文等因素。中部地区国土面积大，各省甚至同省的各地发展经济的条件存在较大的差异。因此，中部地区应组织有关部门和高等院校生态经济领域专家、科研机构组成专业研究组，设立循环经济应用技术研发基金，研发出适用于本省发展循环农业的技术。突出重点，组织开发资源节约和替代技术、能量梯级利用技术、延长产业链和配套产业链技术、"零排放"技术；加强研制和生产环境友好的新型肥料，减轻生态环境污染，提高肥料利用率；开发高效、低残留的农药，开发生物农药取代化学农药。通过发展农业循环经济全面保护和改善环境，大力推行生态农业和清洁生产，不断提高中部地区农产品和加工食品的品质和安全性能，逐步使其符合资源环境方面的国际标准，从而突破发达国家的"绿色壁垒"，增强中部地区农产品在国际市场上的竞争力。与此同时，政府应该加大财政投入，积极推广已成熟的农业循环经济发展模式，并提供成熟模式实施的优惠政策，使农民真正接受并采用这些成熟模式，从而扩展其应用范围。

第三，建立以"三品"为主体的生态农业。依据经济发展水平及"整体、协调、循环、再生"的原则，运用系统工程方法，全面规划、合理组织农业生产；倡导以无公害农产品、绿色农产品和有机农产品为主体的农业生产，促进农业经济发展与人口、资源、环境的协调，从而逐步实现农业的可持续发展。

第四，建立扶持、激励的机制。实践证明，以制度和政策引导循环经济发展是有效的。政府向农民推广新生的循环农业生产方式，必须有与之相配套的法律法规，为农民提供"扶上马，送一程"的服务，使农民利用循环经济发展生产能够获得效益。只有建立这样扶持与激励的机制，才能使农业循环经济模式长久地推广下去[①]。

4.3　中部地区农业生态环境与农业经济协调发展

从环境经济学的角度来看，自然环境是一种多功能的资产，为人类提供着多种服务。首先，它是人类的生命支持系统，支撑着人类的生存。其次，它也像其他资产一样，为人类提供着多方面的服务，主要是提供公共消费品，如新鲜的空气、宜人的风景、大自然的休闲功能等；提供自然资源；接受废弃物；提供经济活动的位置空间[②]。一旦环境受损，人们的生活以及经济社会发展都要受到极大的影响。所以，在发展农业经济的同时，要十分重视农业生态环境的保护和改善。

---

① 邹洪涛，杨宇，丁广财. 发展农业循环经济是实现农业可持续发展的必然选择. 安徽农业科学，2007，(6).
② 鲁传一. 资源与环境经济学. 北京：清华大学出版社，2004.

4.3.1　中部地区农业生态环境与农业经济协调发展存在的问题

改革开放 30 多年来，尤其是国家确立"中部崛起"战略后，中部地区农村经济获得了较大的发展，但是，也为此付出了沉重的环境代价，农业环境遭受很大污染、生态遭受严重破坏，中部地区农业生态环境与农业经济发展出现了越来越不协调的状况。

1. 农业经济发展的同时农业生态环境恶化

第一，耕地资源数量不断减少，质量不断下降。由于经济增长、非农劳动增加与耕地面积呈现出较强的负相关，加上工业化、城市化、水土流失、荒漠化等因素的影响，导致耕地资源数量持续减少。土地环境保护和改善的外部投入严重不足，耕地质量日益下降。

第二，农业用水供给紧张。水资源总量较多，人均占有量低；时空分布不均；水污染严重、回收利用率低、节水技术低；工业用水、生活用水量激增；水资源成本增加从而使农业用水遇到了极大挑战。

第三，农业环境污染严重。大气污染、工业和城镇污染、污水灌溉、农药化肥污染、固体废弃物等直接和间接地影响了农业环境[①]。例如，在水环境方面，中部地区水质整体较差，面临着水质型缺水的严重问题。尤其是随着经济的快速增长，工业化进程的加快，水环境污染状况更为加重，中部地区江河流域面临严重的水生态破坏、水环境污染和水土流失等问题。

河南排到河流内的废水量远远超过河水的天然自净能力，水质污染十分严重。工业较为发达的湖南省工业废水中的污染物质(重金属、石油类、氰化物等)排放量居中部地区六省之首。山西省除工业废水、生活污水和农业面源污染带来的水环境问题外，水土流失和污染严重，土地沙化、荒漠化面积的不断增加给山西省的地表水环境带来了沉重的压力。据统计，山西省各流域共有水土流失面积达 11.58 万平方千米，占全省总面积的 72%，山西是全国水土流失和土地资源破坏最为严重的地区，生态环境十分恶劣，主要表现是植被稀疏，水土流失严重；耕地质量差，产出率低下。这些与不可持续的生产、生活方式密切相关。城市生活污水和工业"三废"造成基本农田的污染；农民生火做饭和生产用能源来自烧柴草和砍伐当地植被，造成林草植被破坏；使用化肥、农药、地膜、激素也造成了对土壤的污染；规模化养殖对农村居住环境和农业生态污染也起到了加重作用，由此形成了一种恶性循环。湖北省的结构性水污染问题较突出，重污染型行业的比例较大，为污染治理带来了难度。湖南境内的湘江、

---

① 贺君. 我国农业资源环境与经济协调发展研究. 南都学坛，2008，(4).

资水、沅江、澧水"四水"干流，江西境内"五河"的赣江上游、抚河、饶河，山西省的汾河，安徽省辖内的长江流域，湖北辖内的长江和汉江支流都有不同程度的中度、重度污染。2004 年安徽巢湖全湖平均水质为Ⅴ类，洞庭湖水质为Ⅴ类，鄱阳湖南部部分水域水质为Ⅳ类，其他大中型湖泊都呈现中营养状态，中部地区水环境状况不容乐观[①]。

同时，农村人畜粪便、生活污水和生活垃圾随意排放导致农业环境日益恶化。农村地区的生态环境一直处于无有效管理、无治理控制技术的状态。大部分生活污水、人畜粪便等没有经过任何处理就直接排放到河流和农田等水体中，是造成地表水和地下水污染的农业面源污染源之一，不但造成了广大农村地区环境卫生状况和居住环境质量下降，同时直接导致地下水、地表水等农业灌溉水源的严重污染[②]。

2. 农业生态环境制约农业经济发展

农业生态环境直接关系到农业和农村经济的可持续发展，关系到农民的生存质量和社会的发展。保护和改善农业生态环境，是实现农业可持续发展、实现农业现代化的基本方针。然而，由于工业"三废"的排放、农业生产中大量使用化肥农药等化学制品，造成土壤、水资源和空气污染，同时造成农产品的污染，农业生态环境形势十分严峻，农业的可持续发展受到生态环境的严重威胁。因此，加强环境污染治理、保护农业生态环境刻不容缓[③]。

发展农业经济与保护农业环境是对立统一的，两者有着紧密的内在联系和一致性。保护生态环境并不是不要发展，更不是回到原始社会，但是，农业经济的持续、健康发展是建立在农业生态环境保护与改善基础上的，农业生态环境遭到破坏，农业经济的发展会面临资源短缺、环境制约、效率和效益低下等问题。要充分认识促进中部地区崛起的战略意义，正确认识和把握中部地区的发展定位和特点，绝不能走"先污染，后治理"的传统发展道路。中部地区六省在重视建设生态城市群的同时，也要重视农业生态环境的保护，使中部地区"全面地、健康地崛起"，实现生态崛起。

4.3.2　保持农业生态环境与农业经济的科学协调发展

中部地区在发展农业经济的过程中，要用科学发展观来指导农业生态环境的保护和改善，促进农业生态环境与农业经济科学协调发展。

---

① 傅春，姜哲. 中部地区水环境污染及其防治建议. 长江流域资源与环境，2007，（6）.
② 戚道孟，王伟. 关于中国农业生态环境保护的立法思考. 中国发展，2008，（1）.
③ 曲凌夫. 论我国农业生态环境的现状和保护. 农村经济，2009，（4）.

1. 坚持以农民为本，促进中部地区农民的全面发展

以人为本是科学发展观的本质和核心，在中部地区坚持以人为本关键是要坚持以农民为本。以人为本，就是把人作为社会主体和中心，在社会发展中以满足人的需要，提升人的素质，实现人的全面发展为终极目标。坚持以人为本，就是要把人民的利益作为一切工作的出发点和落脚点，不断满足人的多方面需求和促进人的全面发展。中部与东部、西部相比差异显著，从资源上看，人口多，人均占有资源总量少，人的生存条件与自然基础矛盾突出。发展农业经济是中部崛起的重要手段，农业经济的发展，能够极大地提升中部地区广大农民的物质生活水平。但是，物质上的丰富仅仅是一个重要方面，农民生活水平还包含政治、文化素质、所处环境等方面。所以，要通过发展经济让农民得实惠，必须兼顾上述几个方面。在经济上，要继续坚持以经济建设为中心，坚持富民政策，努力增加农民收入，逐步改善农民的吃穿住行条件，完善农村社会保障体系。在文化上，要积极建设新型农民，努力提高农民的思想道德和科学文化素质。在资源环境的利用上，应节约利用资源，保护环境，促进环境保护和资源利用的统一①。

2. 坚持协调发展，促进农业生态环境与农业经济的和谐发展

科学发展，就要注重和谐发展和协调发展。中部地区在发展农业经济的同时，要加大农业生态环境保护的力度，确保人与自然的和谐。

第一，加强农村环保的宣传教育。大力宣传、普及农村环境科学知识，通过广播、电视、网络、公益广告、课堂等各种形式和手段，提高社会对环保的认知和觉悟，理解人与自然的关系，唤起人们的生态伦理觉悟，养成自觉保护生态环境的社会风气和责任感，使公众能把环保意识提升到生存意识和可持续发展意识的高度。

第二，加强农业生态环境的法制建设。加强立法目的在于预防对农业生态环境的污染和破坏。在农业生态环境保护立法方面，虽然中国已有的《环境保护法》《农业法》《农产品质量安全法》《水污染防治法》等法律对农业生态环境保护做了一些规定；中部各省相继制定了相关条例，如《江西省农业生态环境保护条例》（1999 年 2 月 1 日起施行）、《安徽省农业生态环境保护条例》（1999 年 8 月 1 日起施行）、湖北省修订的《湖北省农业生态环境保护条例》（2006 年 12 月 1 日施行），但是这些法律对农业环境保护的规定比较分散，不系统、不具体、针对性不强，在实践中很难得到有效实施，针对出现的新问题需要修改完善。因此，中部各省应该尽快制定较为完整、具体、针对性强的农业生态环境保护法规。在制定和完

---

① 吴国玺，张本昀，王国清. 科学发展观视角下中部崛起的理性思考. 全国商情（经济理论研究），2006，（10）.

善这些条例时要确立"环境优先原则"，应设计一些法律条款，体现经济奖惩、体现市场经济的内在规律，充分运用经济手段调动各市场主体在环境保护方面的积极性、主动性、创造性。例如，可以设计污染税征收制度，根据企业的污染因子、污染类别确定各类排污企业的排污税征收标准，设定较高的征税标准，可以采取累进税率标准征税。改革现行的排污收费制度，实施按污染物排放总量收费的办法，按照"排污费高于治理成本"的原则提高现行收费标准；推行污水处理厂等公用设施使用收费制度，使每个设施使用者都应合理负担设施的正常运营费用；逐步引入污染税或环境税，可考虑把一部分排污费改为在原料和产品环节征收的污染附加税；在实行污染物排放总量控制的领域，可逐步开展排污权交易"①。

第三，加强农业生态环境综合治理。尽快科学地综合治理已经产生的农业生态环境问题，防止农业生态环境恶化，并逐步恢复和改善农业生态环境。

其一，加强土壤污染防治。要加大对农产品生产环境的监测力度，严格控制工业"三废"和城市生活垃圾对农业生态环境的污染，重点解决化肥、农药、兽药、饲料添加剂等生产资料对农业生态环境和农产品的污染，为新农村建设和发展现代农业创造优良的生态环境，实现农业的可持续发展，为子孙后代造福。当前，要着重解决盲目和过量使用农药的问题，大力推广安全节约型施药技术。政府有关部门应制定相关法规，加快对高毒、高残留农药的禁限用和淘汰，推广应用高效低毒、低残留、强选择性的生物农药，利用农艺、物理、生物、生态等综合防治手段控制病虫害。要大力推广测土配方施肥技术。采用测土配方施肥技术，既增产，又省肥，还可减少污染。即按照土壤养分状况、作物需肥规律和肥料效应，合理选用肥料品种，确定施肥数量，优化施肥结构，改进施肥方法，促进化肥施用由通用型复合肥向专用型配方肥转变，鼓励施用有机肥。

其二，严格保护耕地。确保土地资源成为可持续利用耕地是保障中国粮食生产及农业发展最为重要的因素，保护耕地就是保证粮食生产能力。没有相当数量的耕地面积，就不能保证足够的粮食生产能力。在中国耕地数量减少和质量下降问题短期内难以有效解决的情况下，要树立"保护耕地资源就是保护农业发展"的观念，采取严格的政策和措施保护耕地，稳定粮食播种面积，以增加粮食产量。各级政府和土地管理部门要坚持最严格的耕地保护制度，建立耕地保护目标管理责任制，主要责任人和直接责任人在任期内必须签订任期"耕地保护目标管理责任书"，确保耕地特别是基本农田数量不减少。要一级抓一级，层层抓落实，严格执行基本农田的各项保护措施。同时，要严格执行土地用途管制制度，依法严格管理农村集体和个人建设用地；建立基本农田占补平衡机制，"谁占用、谁补偿"、"占一补一"，并加大土地开发整理力度，努力实现耕地总量的动态平衡，确保基

---

① 戚道孟，王伟. 关于中国农业生态环境保护的立法思考. 中国发展，2008，（1）.

本农田数量不减少和质量稳步提高，确保土地资源的可持续利用。在经济发展、工业化和城市化发展进程中，各级行政主管部门和土地管理部门要严格实行用地审批制度，促进土地资源优化配置，提高土地利用率①。

其三，加大水污染治理。创建节水型社会要统筹兼顾水资源的开发和管理，强化饮用水源的监管，创建节水型社会。在经济发展过程中，要积极发展节水型农产品加工业、农业资源利用技术，大力推广应用节水器具，发现并杜绝输水管网的漏泄。要加强水污染治理，改变"先污染、后治理""边污染、边治理"的现象，调整水污染防治策略，从末端治理转向源头控制和全过程控制，把预防水污染与治理水污染有机结合起来。要大力开发节约资源和保护环境的农业清洁生产技术，重点推广废弃物综合利用技术、相关产业链接技术和可再生能源开发利用技术，以先进技术减少污水的排放和提高污水治理能力，促进农业可持续发展。

其四，开展农村环境综合治理。应高度重视农村生活造成的环境污染，并采取有效措施予以综合治理。农村社区生活环境的保护、治理工作应像城市社区一样，生活垃圾定点集中堆放、统一收集、定时清理、集中处理；结合农村改水、改厕、改圈工作，改善农村环境卫生条件，并加大对污染源的治理力度。有条件的地方根据区域位置和交通便利情况，建立一定规模的垃圾处理厂，利用先进的技术装备，将垃圾分类处理，变废为宝，甚至可用于发电、供热等。同时，要加大对乡镇企业污染的监管和治理力度，禁止工业固体废物、危险废物、城镇垃圾及其他污染物向农村转移。2008 年，农业部进一步加大农村清洁工程建设和实施范围，在湖北、安徽、河南、湖南、江西等中部地区六省、直辖市及计划单列市开展了农村清洁工程示范建设，共建成农村清洁工程示范村 117 个，中部各省抓住机遇，大力建设农村清洁工程示范村，并逐步推广。

3. 坚持在创新中发展，促进农业生态环境与农业经济的新发展

创新是发展的源泉，贯彻科学发展观，就要进行创新。为了促进农业生态环境与农业经济协调发展，中部地区在发展过程中除了要进行观念创新、体制创新、政策创新、环境创新之外，最重要的是要进行产业创新和科技创新。

第一，以产业创新促进农业生态环境与农业经济的新发展。中部地区要以农业产业化为战略重点，发展优势农产品，壮大区域性支柱产业，带动县域经济的发展。首先，中部地区六省应围绕具有优势的农产品资源，利用地理上的一体性、文化上的协同性、农业产业上的互补性，制定产业开发重点，实行区域化布局、专业化生产、一体化经营、社会化服务、企业化管理，把产供销、贸工农科教紧密结合起来，形成一条龙的产业化经营体制。其次，根据各省自然条件、农业发

① 毛永杰. 生态环境保护与农业可持续发展. 科技信息，2008，（26）.

展水平差异、经营方式和产业结构的不同，因地制宜地选择不同的农业产业化经营模式，培育产业化龙头企业，把市场信息、适用技术、管理经验及时传送给农户，组织开展农产品购销，形成贸工农一体化的产业组织形式，快速实现农业的规模化经营、机械化生产、科学化管理。最后，在产业发展的环节上，应提高精深加工水平，挖掘地方农产品传统加工技术，大力发展加工业，拉长产业链，形成优质、高效特色农产品加工业。

第二，以科技创新促进农业生态环境与农业经济的新发展。科技创新是加速中部地区经济发展的重要推动力。首先要增加技术投入，加快农业科技进步，提高农业资源综合利用水平。其次，充分发挥科教机构的优势，大力促进和广泛进行科技知识的生产转播和应用，积极推进企业创新工程，营造六省技术创新的环境，鼓励高校及科研院所积极探索形式多样的技术创新方式，合理配置创新资源，缓解区域技术创新体系建设中的瓶颈制约。利用现代科技生命周期加速演替、技术资源趋多的有利条件，从改善科技的供需结构、有效配置区内外科技资源入手，实现技术上的高起点和局部跨越，必须从加快区域经济发展的实际需要出发，加速科研机构的市场化转轨，建立科技与经济发展紧密结合、相互促进的科技进步激励机制，推动以应用为主体的科技学习和创新。

4.4　中部地区现代农业发展与和谐社会建设

4.4.1　现代农业的内涵

经过 30 多年的改革开放，中国经济已进入工业反哺农业、城市支持农村的新阶段。根据国际农业发展经验，这一阶段是传统农业向现代农业转变的关键阶段。在这样的背景下，中国提出了发展现代农业的战略。

2007 年中央"一号文件"指出，发展现代农业是社会主义新农村建设的首要任务，是以科学发展观统领农村工作的必然要求。推进现代农业建设，是促进农民增加收入的基本途径，是提高农业综合生产能力的重要举措，是建设社会主义新农村的产业基础。

现代农业是以保障农产品供给、增加农民收入、促进可持续发展为目标，以提高劳动生产率、资源产出率和产品商品率为途径，以现代科技和装备为支撑，在家庭承包经营基础上，在市场机制与政府调控的综合作用下，融生产、加工、销售为一体的多元化产业形态和多功能产业体系。现代农业具有以下特征。

1. 要素投入集约化

现代农业通过现代科技和装备的应用、土地的适度集中和组织的强化管理来提高农业效益，增加农民收入。生产要素集约化投入使粗放经营方式向集约型经营方式转变，有效提高了农业资源的产出率。

2. 资源配置市场化

现代农业以市场需求为导向，积极调整农业结构和生产布局，健全农产品流通体系，提高农产品市场占有率；市场机制对农业资源配置起主导作用，分散农户向合作化方向转化以及农业技术的推广，都是在市场拉动下自发产生的，政府并无过多的干预。

3. 生产手段科技化

随着现代农业技术体系的形成，农业生产大规模采用现代生产工具，农业生产的科学化程度空前提高，生产、加工、运销各个环节均采用先进的科学技术；农业生产不但普遍实现了机械化，而且部分实现了自动化。

4. 产业经营一体化

在现代农业中，农户加入各种专业化合作组织之中，生产经营活动实行一体化，产前、产中、产后紧密衔接，产、加、销以及农、工、贸环环相扣，农业生产的专业化、农产品的商品化、服务的社会化全部纳入经营一体化的轨道之中，农户成为市场主体，能够从各个生产经营环节获得利益[①]。

从类型来讲，现代农业主要有持续农业（包含生态农业、节水农业、有机农业、无公害农业、绿色农业）、立体高效农业、都市农业、设施农业、高科技型农业（包含分子农业、太空农业、快速农业、超级型农业、精准农业、蓝色农业、白色农业）、观光休闲型农业等。

4.4.2　中部地区现代农业的建设

中部地区走中国特色农业现代化道路，既要科学地把握中国国情，也要准确认识自身特点。一是走科技驱动型、内涵提升型的农业集约化经营道路。从资源状况看，中部地区人多地少，即使农村人口减少，人均耕地面积仍然只有很低的水平，因而不可能通过简单的土地归并来实现规模化经营。因此，中部地区应该在土地规模变化不大的情况下，通过增加物质和科技投入，走科技驱动型、内涵提升型的农业集约化经营道路。二是大力促进农业产业化经营。从经营方式看，中部地区农户生产经营规模小而分散，农业组织化程度较低，市场主体竞争力不强。因此，在建设现代农业过程中，要在坚持家庭承包经营的

---

① 胡家浩. 农村合作经济视野下现代农业的发展. 统计与决策, 2009, （8）.

基础上，推进农业经营形式创新，支持各种龙头企业和专业合作组织发展，完善社会化服务体系，促进农业产业化经营。三是以城乡统筹来带动"三农"发展。从城乡发展格局看，中部地区城镇化水平具备一定的基础，城镇化进程略快于全国进程，但与全国平均人口城镇化率比较，中部地区还低，以城带乡的整体实力不足，城乡统筹的体制机制还不健全。因此，中部目前更需要在农业方面下功夫，进一步向农业的深度与广度进军，进一步激发和调动农村自身发展活力。

1. 对中部地区现代农业建设进行科学的区域布局

中部地区各省的农业资源禀赋存在差异，在发展现代农业的过程中，要从宏观上把握区域农业特点，进行科学、合理的农业区域布局。

河南省的现代农业建设应充分发挥粮食增产潜力大和秸秆养牛、养羊示范县多，且品种优良、养殖经验丰富的优势，重点发展优质棉花、优质小麦、专用玉米、肉牛、肉羊养殖和综合加工。山西省的现代农业建设应按照农业部优势产品区域布局规划，重点发展专用玉米、优质小麦、高油大豆和优质专用马铃薯、油料、蔬菜、生猪和家禽养殖。湖北、湖南、安徽、江西四省是中国优质水稻、高效油菜、柑橘、茶叶、麻类等的主产区，也是中国淡水鱼、畜禽产品主产区，按照农业部优势产品区域布局规划，洞庭湖平原、江汉平原、鄱阳湖平原、沿淮和沿江平原与丘陵地区属于长江流域水稻优势区，主要包括湖南、湖北、江西、安徽的一些重点县，着力稳定双季稻面积，逐步扩大江淮粳稻生产，提高单季稻产量水平。安徽淮河以南、湖北北部等一些县市属于长江中下游小麦优势区，着力发展优势弱筋和中筋小麦。安徽淮河以北属于玉米优势区，着力发展籽粒玉米，积极发展籽粒与青贮兼用和青贮专用玉米，适度发展鲜食玉米。安徽的沿淮和淮河以北的一些县，为高蛋白大豆优势区，着力发展高蛋白大豆生产。湖北、湖南两省的西部山区属于西南马铃薯优势区，着力发展鲜食用、加工用和种用马铃薯。江西南部、湖北和湖南中东部地区属于南方马铃薯优势区，着力发展鲜食用薯和出口鲜薯品种。江汉平原、洞庭湖、鄱阳湖、安徽沿江棉区属于长江流域棉花优势区，着力提高棉花品质，有效控制异性纤维混入。长江中游油菜优势区主要包括湖北、湖南、江西、安徽 4 省，着力发展早熟、多抗、高含油量的"双低"优质油菜。鄂西、赣南—湘南柑橘优势区位于湖北宜昌、江西赣州、湖南郴州、永州、邵阳等地，着力发展优质鲜食脐橙。湖北、湖南、江西、安徽四省的一些市县，属于中部生猪优势区，着力发展生猪健康养殖，稳定提高生猪的调出能力[①]。

---

①蒋和平，辛岭. 建设中国现代农业的思路与实践. 北京：中国农业出版社，2009.

2. 强化传统农业向现代农业跨越的科技支撑

科学技术是第一生产力，也是现代农业建设的第一推动力。党的十七大报告指出，要"增加农业投入，促进农业科技进步，增强农业综合生产能力"。中部地区推进农业大省向农业强省跨越，必须大力实行"科教兴农"战略，坚持把科技进步与创新作为转变农业增长方式的中心环节。首先，要全面实施农业科技创新工程，充分发挥科教实力优势，加快建立以政府为主导、社会力量广泛参与的多元化农业科技投入体系，建立健全鼓励科研人员科技创新的激励机制，加快建设区域农业科技创新平台，着力开展农业高新技术发展，加强农业产业共性关键技术攻关，形成推动中部地区传统农业向现代农业跨越的强劲"引擎"。其次，加速农业科技转化与推广应用。要继续加强基层农业技术推广体系建设，健全公益性职能经费保障机制，加强农业技术队伍建设，改善推广条件，形成以技术指导员为纽带、示范户为核心、辐射周边农户的技术传播网络；要积极推进农科教相结合、产学研一体化，发挥农业院校、科研部门及涉农企业在农业技术推广中的积极作用，深入开展"送科技下乡、促农民增收"活动，努力解决大量农业科研成果处于闲置状态而大多数农户的农业生产经营还处在沿用传统的种养方式之间的矛盾。最后，强化农业公共信息服务。要全面推进农业信息化建设，围绕产前、产中、产后各个环节，充分运用广播、电视、网络、通信等多种手段，大量发布农业政策、科技、价格、供求、气象等各类信息，构建多平台、全方位的农业公共信息服务体系，充分发挥信息资源对农业要素配置的引领和媒介作用，实现农业发展的数字化、网络化和高效化，提高中部各省农业的市场竞争力[①]。

3. 培育传统农业向现代农业跨越的新型农民

农民是农业生产力中最积极、最活跃的因素，是应用和组织各类生产要素的主体。党的十七大报告强调，要"培育有文化、懂技术、会经营的新型农民，发挥亿万农民建设新农村的主体作用"。中部地区是农业密集地区、农民密集地区，在由传统农业向现代农业的转型中，最为艰难的是将传统农民转变为新型农民，但是这个转变和跨越也最具有决定性意义。如果这个跨越成功实现了，就能变人口压力为人才动力，为中部地区现代农业发展乃至整个现代化建设提供强大的智力支持。

为此，要突出农村实用技术培训，培养一批具有一技之长的新型农民，因为新型农民必须用实用技术来武装。涉农部门要成立（畜牧、水产、林果、蔬菜、农技、植保、种子）专家讲座团、科技服务小分队、（蔬菜、林果、畜牧、沼气）

---

① 王秋芳. 推动农业发展 促进农村和谐. 科教文汇, 2008, (5).

科技攻关组等技术性服务组织，提供技术服务，积极帮助农民调整农业结构。一是要引进新品种、新技术，提升生产档次，增加科技含量。二是开展技术培训，利用有线电视和广播、农民夜校，进行农业专业技术讲座，向农民传播种植、养殖、加工等专业技术，重点提高青年农民的科技素质。三是利用农村集会、文化活动等机会，组织农业科技人员下乡讲解各种农业技术，现场解决技术难题。四是开展农业技术承包，成立农、林、果、花卉、畜牧发展的技术服务机构，有针对性地指导农、林、果、花卉、畜牧的生产与销售。农业科技人员深入到示范园区、养殖小区和种养户家中，与农户签订技术承包服务合同，形成联利机制，全过程指导农民发展生产，为农民调整农业结构、发展高效农业提供强有力的技术支撑。五是与大专院校及科研单位建立稳定的联系，并请知名农业专家组成顾问组指导农业结构调整工作。六是定期开展农业技术知识培训班，为农民培训有关农业的各种技术，提高农民综合运用农业科技的能力。

此外，应加强青年农民的文化和法律教育，以培养一批具有较高素质的新型农民。引导农民崇尚科学，抵制迷信，移风易俗，破除陋习，树立先进的思想观念，提倡科学健康的生活方式。针对农民法制观念淡薄的状况，通过普法教育，帮助农民增强法制观念，自觉学法守法，依法办事，使农民的生产、生活走上法制化轨道，为农村稳定奠定良好的基础[①]。

4. 大力发展农村社会公益事业，为现代农业发展创造有利环境

农业是一个弱质产业，农民是一个收入弱势群体。要发展现代农业，促进农业增效、农民增收，就要大力发展农村社会公益事业，重点支持农村社会保障体系建设，为农业增效、农民增收构筑安全网。一是要建立完善现代农业保险制度。逐步探索一条以财政投入为辅，保险公司、科研机构、农村集体、农民个人共同投入为主的现代农业保险机制，减少因自然灾害或种植环节的不当造成的农业经济损失，为现代农业装上"减震器"[②]。二是建立完善新型农村合作医疗制度，有效解决农民看病难、看病贵的问题。农民因病致贫、因病致残的问题还较普遍和较严重，这与农村缺乏有效的医疗保障制度密切相关。完善和推广新型农村合作医疗制度，要加快建设农村卫生室基础设施、充实农村卫生员队伍，解决农村的就医难问题，实现就近治病的目标；要支持农村医疗保险事业，加大对农村医疗保险的补贴力度，解决农民看病贵、住不起医院和报销比例低、报销要求高的问题。三是稳定发展农村的义务教育，加大对农村义务教育"三免一补"力度。保证农村所有的学生都能享受到9年义务教育，基础条件好的地方能够享受到中

---

① 周始杰. 发展现代农业必先培养新型农民. 河南农业, 2009, (8).

② 周明军, 杨锐, 刘涛. 促进现代农业发展的路径探析. 财政与发展, 2008, (7).

等职业教育，不断提高农民子弟文化素质；同时，要对农村中的特困户子女、留守儿童实行托管，并对其给予资助，使其能读书、学习质量有保障。四是要在农村推行最低生活保障制度和养老制度。对农村收入低，达不到最低生活保障标准的农户，要如城市居民一样，也能够享受到最低生活保障，并做到应保尽保；对无子女或子女不在身边的且不能从事体力劳动的老年人以及重度残疾人，要逐步实行集中供养，使农村的老年人老有所养。

4.4.3　中部地区现代农业的发展与和谐社会建设的相互关系

贫困是产生社会不和谐的重要原因，而发展则是消除贫困的根本途径。当然，富裕不一定和谐，但贫困肯定会导致不和谐。英国古典经济学家亚当·斯密认为，"一个到目前为止大部分成员都是贫困潦倒的社会不会是一个繁荣幸福的社会"。马克思指出："生产力的这种发展之所以是绝对必需的实际前提，还因为如果没有这种发展，那就只会有贫穷、极端贫困的普遍化；而在极端贫困的情况下，必须重新开始争夺必需品的斗争，全部陈腐污浊的东西又要死灰复燃。"一个被压在国际产业链低端的产业不可能带来幸福，在一群时常被落后的机械、有害的工业粉尘伤及身体发肤的劳动者面前奢谈幸福和谐甚至是残酷的。构建和谐社会，首先要抓住发展，做好发展这篇大文章。如果说改革开放之初"发展是硬道理"（实际上为"增长"而不是"发展"，出现了"有增长而无发展""增长性贫困"），那么21世纪应该为"科学发展是真正的硬道理"。所以，构建和谐社会的基础是发展特别是科学发展，是生产力水平的不断提高和社会物质财富的日益丰富。中部地区和谐社会的建设，同样离不开"科学发展"这个基础。中部地区现代农业的发展，作为中部地区经济发展中的一个重要组成部分，与中部地区和谐社会建设有着极其紧密的联系。

1. 中部地区现代农业的发展是和谐社会建设的重要基础

中部地区是全国主要的农业生产基地，全国农业大省大多在中部，中部是中国重要的粮食主产区。中部地区生产了全国 1/3 的农产品，是全国重要的农业产区和主要的农产品供应基地。中部地区的小麦产量、稻谷产量都约占全国的 40%，棉花产量占全国的 31%，油料产量占全国的 44%，肉类产量占全国的 28%，可见，中部地区农业在中部地区以及在全国的重要地位。

一方面，中部地区要建设和谐社会，就必须大力发展现代农业经济。农业特别是现代农业没有得到大力发展，中部地区的优势和特色就不能得到充分体现，和谐社会的建设也就失去了一个重要的基础。只有加强现代农业的建设，使得中部地区的农业实现科学化、集约化、市场化、信息化、社会化、标准化和生态化，实施可持续发展，实现人与自然的和谐、农民素质极大的提升、劳动生产率和效益显著的提高，中部地区才真正地实现了科学发展，从而中部地区和谐社会的建设才有了坚实的经济基础。

另一方面，现代农业的发展，能够确保农民全面发展，从而保障中部地区和谐社会的建设得以顺利进行。发展现代农业，能够在科技支撑下对农业资源进行更有效的整合，提高农村的劳动生产率和经济效益，发展与生态环境协调的新型产业，从而保证农民的增收。同时，发展现代农业，对广大的农民也提出新的要求，需要通过加强农业科技培训，提升农民的科技文化水平，通过宣传教育，培养农民的先进意识和理念。新型农民的培养，将为中部地区和谐社会的建设打下坚实的人文基础。

2. 中部地区和谐社会建设促进中部地区现代农业的发展

随着中部地区和谐社会建设的不断推进，以人为本的理念会逐渐融入到中部地区经济建设的各个环节，并且逐渐得到强化。以人为本是科学发展观的核心，也是和谐社会内涵的核心。它要求把农民的利益作为一切工作的出发点和落脚点，不断满足农民的多方面需求和促进农民的全面发展，使农民的经济、政治和文化权益得到切实尊重和保障，农民的思想道德素质、科学文化素质和健康素质不断提高，形成有利于城乡居民平等发展、充分发挥聪明才智的社会环境。它要求遵循"五个统筹"原则，充分考虑和兼顾不同地区、不同行业、不同阶层、不同群众的利益，实现全社会的共同富裕，物质文明、精神文明、政治文明、生态文明四个文明协调发展，整个社会走上生产发展、生活富裕、生态良好的文明发展道路。在这样的背景下，中部地区的农民收入不断增加、技能不断提高、文化和修养不断加强，实现由传统农民到新型农民的转变。广大农民综合素质的转变，则为中部地区现代农业的不断发展提供持续的动力和加速剂。

构建和谐社会，必须真正实现人与自然和谐。关心人，关注自然，实现人与自然的和谐共处以及生物与非生物的共处，保持过去、现在、未来的连续性以及在时间与空间上的协调。在维护人的利益的同时，又维护自然的平衡，确保社会系统和生态系统协调发展。中部地区通过和谐社会的建设，实现人与人、人与社会、人与自然的和谐，农业生态环境得到有效的保护和改善，这就为中部地区现代农业建设营造越来越优越的社会和自然环境。

第5章 中部崛起的资源、环境
与经济协调发展的专题研究

5.1 中部地区土地利用变化、驱动因子及其趋势

20 世纪 90 年代以来，随着全球人口、资源与环境问题的日益突出，土地利用问题也随之引起了各界人士的关注。对土地利用变化的研究不仅成为一个热点问题[①]，而且也是目前全球变化研究的核心问题之一[②]。在研究土地利用方面，不同的学者有着不同的视角和研究方法。例如，运用遥感技术对土地利用进行动态的监测[③]；运用主成分分析、典型相关分析[④]等分析土地利用的各种影响因素；运用马尔可夫过程链[⑤⑥]、将神经网络和模糊理论相结合建立模糊神经网络模型[⑦]等预测土地利用的未来趋势等。

从历史的发展来看，人类的各种社会经济活动对土地利用的变化造成了重大的影响，因此，分析土地利用变化的社会经济因素理应放在重要的位置。正是出于这种考虑，以中国中部地区六省为例，对中部地区六省土地利用已有的变化、影响因素及其未来变化的趋势进行一个尝试性的研究探讨。

---

① Tuener I B L. Local faces, global flow: the role of land use and land cover in global environmental change. Land Degradation and Rehabilitation, 1994, (5): 71-78.

② 李秀彬. 全球环境变化研究的核心领域——土地利用/土地覆盖变化的国际研究动向. 地理学报, 1996, 51 (6): 553-557.

③ 曹雪, 柯长青. 基于 TM 影像的南京市土地利用遥感动态监测. 武汉大学学报（信息科学版）, 2006, 31 (11): 958-961.

④ 龙花楼, 李秀彬. 长江沿线样带土地利用格局及其影响因子分析. 地理学报, 2001, 56 (4): 417-425.

⑤ 刘耀林, 刘艳芳, 张玉梅. 基于灰色-马尔柯夫链预测模型的耕地需求量预测研究. 武汉大学学报（信息科学版）, 2004, 29 (7): 575-579.

⑥ 杨国清, 刘耀林, 吴志峰. 基于 CA-Markov 模型的土地利用格局变化研究. 武汉大学学报（信息科学版）, 2007, 32 (5): 414-418.

⑦ 黄海, 祝国瑞. 基于模糊神经网络的土地合理储备量预测研究. 武汉大学学报（信息科学版）, 2006, 31 (6): 561-563.

5.1.1　中部地区土地利用概况与资料来源

1. 中部地区土地利用概况

中国中部地区六省国土总面积 102.8 万平方千米，约占中国国土总面积的 10.71%。改革开放以来，六省经济发展迅速，取得了丰硕的成果。从经济总量看，截至 2006 年年底，六省人口总量为 35 251 万人，约占中国总人口的 26.82%；当年 GDP 总量为 43 217.98 万元，约占中国 GDP 总量的 20.49%。从人均水平看，2006 年年底，六省人均 GDP 为 12 260.07 元，比中国的平均水平低 23.58%。从经济结构来看，截至 2006 年年底，中部地区六省的三次产业所占的比例分别为 15.3%、48.5%、36.2%，与中国的产业结构相比，第一产业的比例相对较高，而第二、第三产业的比例相对偏低；城市化水平为 38%，比中国的城市化水平低 5.9 个百分点。从土地利用情况看，中部地区六省土地开发利用的历史悠久。2006 年年底，六省的耕地面积约占中国耕地总面积的 10.8%，与中国的平均水平以及其他省（市）相比，中部地区六省农用地、建设用地所占的比例较高，而牧草地所占的比例较低。

2. 土地利用数据的选取

在对土地利用进行动态变化分析和对土地未来利用趋势进行预测时，主要选取了中部地区六省耕地、园地、林地、牧草地、居民点及工矿用地、交通用地、水利设施用地等 7 种土地利用类型的数据。而在分析中部地区六省土地利用的社会经济影响因素时，本书主要选取了地区生产总值（万元）、年底总人口（万人）、全社会固定资产投资（亿元）、轻工业总产值（亿元）、重工业总产值（亿元）、人均 GDP（元/人）、第一产业人均产值（元/人）、第二产业人均产值（元/人）、第三产业人均产值（元/人）、第一产业比例（%）、第二产业比例（%）、第三产业比例（%）、城乡消费比（农村=1）、粮食单位面积产量（吨/公顷）、水果产量（万吨）等 15 个指标。

数据选取的年度区间为 1999～2004 年共计 6 年。数据主要来源于《中国统计年鉴》《中国国土资源年鉴》《安徽统计年鉴》《江西统计年鉴》《河南统计年鉴》《湖北统计年鉴》《湖南统计年鉴》《山西统计年鉴》，以及中经网（http://db.cei.gov.cn）统计数据库等。

5.1.2　中部地区土地利用动态变化分析

1. 土地利用数量的动态变化

土地利用数量的动态变化，可以通过计算研究区域内某种土地利用类型在监测期末与期初相对数量的年均变化速度来表示。在本部分利用最为传统和最简单的分析模型[①]，从单一土地利用类型的变化幅度和单一土地利用类型的变化速度两个方面进行分析。分别用 i 表示各种土地利用类型（i=Y1、Y2、Y3、Y4、Y5、Y6、Y7 分别对应于耕地、园地、林地、牧草地、居民点及工矿用地、交通用地、水利设施用地），R_i 表示第 i 种土地利用类型的变化幅度，K_i 表示第 i 种土地利用类型的变化速度，$t1$、$t2$ 分别表示监测期初和期末，$LA_{(i,t1)}$、$LA_{(i,t2)}$ 表示监测期初和期末第 i 种土地利用类型的数量。则计算第 i 种土地利用类型变化幅度的数学表达式为[②]：

$$R_i = \frac{LA_{(i,t2)} - LA_{(i,t1)}}{LA_{(i,t1)}} \times 100\% \tag{5-1}$$

而计算第 i 种土地利用类型变化速度的数学表达式为：

$$K_i = \frac{LA_{(i,t2)} - LA_{(i,t1)}}{LA_{(i,t1)}} \times \frac{1}{t2 - t1} \times 100\% \tag{5-2}$$

根据式（5-1）、式（5-2）计算的 1999~2004 年中部中部地区六省各种土地利用类型的变化幅度和速度，分别见表 5-1、表 5-2。

表 5-1　1999~2004 年中部地区六省土地利用类型数量变化幅度（%）

土地利用类型	安徽	河南	湖北	湖南	江西	山西
耕地	−3.746	−2.091	−4.875	−2.935	−3.837	−10.198
园地	0.738	6.368	5.077	−0.578	11.803	55.216
林地	6.517	6.734	3.021	1.266	0.792	16.724
牧草地	−4.822	−2.041	−7.595	−1.133	−2.564	−22.854
居民点及工矿用地	1.618	−0.496	2.038	2.583	4.984	3.553
交通用地	−66.851	−70.752	−63.307	−45.144	−51.462	−65.280
水利设施用地	−53.253	−39.594	−24.799	−24.698	−11.828	−50.815

资料来源：据中国统计年鉴、中国国土资源年鉴、安徽统计年鉴、江西统计年鉴、河南统计年鉴、湖北统计年鉴、湖南统计年鉴、山西统计年鉴，以及中经网统计数据库整理

表 5-2　1999~2004 年中部地区六省土地利用类型数量变化速度（%）

土地利用类型	安徽	河南	湖北	湖南	江西	山西
耕地	−0.624	−0.349	−0.812	−0.489	−0.640	−1.700
园地	0.123	1.061	0.846	−0.096	1.967	9.203
林地	1.086	1.122	0.503	0.211	0.132	2.787

① Bruce P, Maurice Y. Rural/Urban Land Conversion I: Estimating the Direct and Indirect Impacts. Urban Geography, 1993, 14(4): 323-347.

② 刘盛和，何书金. 土地利用动态变化的空间分析测算模型. 自然资源学报，2002，17（5）：533-540.

续表

土地利用类型	安徽	河南	湖北	湖南	江西	山西
牧草地	−0.804	−0.340	−1.266	−0.189	−0.427	−3.809
居民点及工矿用地	0.270	−0.083	0.340	0.431	0.831	0.592
交通用地	−11.142	−11.792	−10.551	−7.524	−8.577	−10.880
水利设施用地	−8.876	−6.599	−4.133	−4.116	−1.971	−8.469

资料来源：据中国统计年鉴、中国国土资源年鉴、安徽统计年鉴、江西统计年鉴、河南统计年鉴、湖北统计年鉴、湖南统计年鉴、山西统计年鉴，以及中经网统计数据库整理

由表 5-1 和表 5-2 可以看出，1999~2004 年，中部地区六省土地利用的动态变化在省际间高度相似，而在土地利用类型间的差异较大。其具体的变化情况如下：第一，园地、林地、居民点及工矿用地的土地利用数量有所增加（湖南省的园地、河南省的居民点及工矿用地的数量有小幅度减少），相比之下，居民点及工矿用地的增加幅度最大，园地的增加幅度最小，林地的增加幅度居中；第二，耕地、牧草地、交通用地、水利设施用地的土地利用数量有所减少，以交通用地和水利设施用地减少的幅度最大；第三，从土地利用类型看，数量变化幅度最大的是交通用地，最小的是耕地；第四，从分省来看，山西省的各种土地利用类型的变化幅度和速度最大，湖南省的相关数据为最小。

2. 土地利用结构的动态变化

土地利用结构的动态变化侧重于分析监测期初和期末各种土地利用类型占土地总量的百分比。所分析的土地利用类型结构是指各种土地利用类型占 7 种土地利用类型之和的比例，其计算方式如下：

$$P_{in} = \frac{LA_{(i,tn)}}{\sum_i LA_{(i,tn)}} \times 100\%, \ n=1,2 \tag{5-3}$$

其中，P_{in} 为第 i 种土地利用类型占土地总量的百分比，$LA_{(i,tn)}$ 为第 i 种土地利用类型在 1999 年或者 2004 年的数量，$\sum_i LA_{(i,tn)}$ 为 1999 年或者 2004 年 7 种土地利用类型的总量。用式（5-3）计算的各种土地利用类型的结构变化，见表 5-3。

表 5-3　1999~2004 年中部地区六省土地利用结构比较（%）

省份	年份	Y1	Y2	Y3	Y4	Y5	Y6	Y7
安徽	1999	50.720	2.883	28.737	0.335	10.830	2.310	4.184
	2004	50.654	3.013	31.759	0.331	11.419	0.795	2.030
河南	1999	58.735	2.187	20.525	0.107	13.450	2.818	2.179
	2004	59.061	2.390	22.499	0.107	13.745	0.846	1.352

续表

省份	年份	Y1	Y2	Y3	Y4	Y5	Y6	Y7
湖北	1999	33.653	2.782	52.456	0.377	6.531	1.490	2.711
	2004	32.476	2.966	54.822	0.354	6.760	0.555	2.068
湖南	1999	22.185	2.830	66.250	0.598	5.766	0.924	1.448
	2004	21.633	2.826	67.400	0.593	5.942	0.509	1.096
江西	1999	20.628	1.693	70.987	0.027	4.162	0.902	1.601
	2004	19.932	1.902	71.892	0.026	4.390	0.440	1.418
山西	1999	44.320	1.844	36.300	8.271	6.998	1.611	0.656
	2004	39.983	2.875	42.566	6.410	7.280	0.562	0.324

资料来源：据中国统计年鉴、中国国土资源年鉴、安徽统计年鉴、江西统计年鉴、河南统计年鉴、湖北统计年鉴、湖南统计年鉴、山西统计年鉴，以及中经网统计数据库整理

从表 5-3 中可以发现，1999~2004 年中部地区六省土地利用结构变化也呈现明显的特征。其具体表现如下：第一，耕地、林地、居民点及工矿用地所占的比例较大，其他几种类型的土地所占的比例较小；第二，耕地、交通用地和水利设施用地所占的比例都有所下降，而其他几种类型的土地所占的比例则有所上升；第三，在监测期间，各种土地利用类型所占的比例占土地总量的比例变化都不是很大。通过土地利用结构的比较可以看出，中部地区六省的土地利用正在朝着利于生态环境保护的方向发展，其突出表现是林地所占的比例都无一例外的增加。另外，土地利用也表现出集约化的特征，交通用地、水利设施用地所占的比例减少就是佐证。

3. 土地利用的相对变化率

土地利用的相对变化率能很好地反映土地利用变化区域差异。监测期初和期末某种特定土地利用类型的相对变化率，可以表示为：

$$V_i = \frac{\sum_i LA_{(i,t2)}}{\sum_i LA_{(i,t1)}} \Big/ \frac{LA_{(i,t2)}}{LA_{(i,t1)}} \tag{5-4}$$

其中，V_i 表示第 i 种土地利用类型的相对变化率，其他符号的含义同式（5-3）。如果某区域某种土地利用类型的相对变化率 $V_i > 1$，则表示这种土地利用类型变化较全区域大[1]。利用式（5-4）计算的中部地区六省土地利用类型的相对变化率，见表 5-4。

由此可以发现，1999~2004 年中部地区六省的耕地、牧草地、交通用地、水利设施用地的土地利用类型变化较全区域大（河南省的林地、牧草地两种土地利用类型的变化除外），而园地、林地、居民点及工矿用地的土地利用类型变化较全区域小。

---

[1] 王秀兰，包玉海. 土地利用动态变化研究方法探讨. 地理科学进展，1999，18（1）：81-87.

表 5-4　1999~2004 年中部地区六省土地利用类型的相对变化率（%）

项目	安徽	河南	湖北	湖南	江西	山西
耕地	1.001	0.994	1.036	1.025	1.035	1.108
园地	0.957	0.915	0.938	1.001	0.890	0.641
林地	0.905	0.912	0.957	0.983	0.987	0.853
牧草地	1.013	0.994	1.067	1.007	1.021	1.290
居民点及工矿用地	0.948	0.979	0.966	0.970	0.948	0.961
交通用地	2.907	3.329	2.686	1.815	2.050	2.867
水利设施用地	2.062	1.612	1.311	1.322	1.129	2.024

资料来源：据中国统计年鉴、中国国土资源年鉴、安徽统计年鉴、江西统计年鉴、河南统计年鉴、湖北统计年鉴、湖南统计年鉴、山西统计年鉴，以及中经网统计数据库整理

通过分析，可以发现中部地区六省 1999~2004 年土地利用的动态变化在各个省份之间呈现出较大的一致性，而在各种土地利用类型之间则表现出明显的差异，具体见表 5-5。

表 5-5　各种土地利用类型动态变化趋势差异

变化类型	Y1	Y2	Y3	Y4	Y5	Y6	Y7
变化幅度增减	减少	增加	增加	减少	增加	减少	减少
结构变化增加	减少	增加	减少	增加	减少	增加	增加
相对变化率大小	较大	较小	较小	较大	较小	较大	较大

5.1.3　中部地区土地利用的驱动因子分析

一般而言，土地利用变化的影响因素即驱动因子可以分为两类：自然因素和社会因素[1]。自然因素包括气候、土壤、水文等自然条件，而社会因素包括人口数量、贫富状况、技术进步、经济增长、经济结构等社会经济因素[2]。受到数据可得性的限制，并鉴于社会经济因素在土地利用方面所起的决定性作用，主要分析影响土地利用的社会经济因素。为了使选择的变量更具有代表性，在运用 SPSS 分析软件对获取的社会经济指标的数据进行多重共线性检验之后，主要选取以下变量进行分析：X1 表示地区生产总值（万元）、X2 表示年底总人口（万人）、X3 表示全社会固定资产投资（亿元）、X4 表示轻工业总产值（亿元）、X5 表示重工业总产值（亿元）、X6 表示人均 GDP(元/人)、X7 表示第一产业人均产值（元/人）、X8 表示第二产业人均产值（元/人）、X9 表示第三产业人均产值（元/人）、X10 表示第一产业比例（%）、X11 表示第二产业比例（%）、X12 表示第三产业比例

① 万奇，赵世洞. 土地利用变化驱动力系统分析. 资源科学，2001，23（3）：39-41.

② Turner II B L, Meyer W B, Skole D L. Global Land-use/Land-cover Change: Towards an Integrated Program of Study. Ambio, 1994, 23(1): 91-95.

（%）、X13 表示城乡消费比（取农村为 1）、X14 表示粮食单位面积产量（吨/公顷）、X15 表示水果产量（万吨）。运用 SPSS 分析软件计算的经济变量与各种土地利用类型的 Pearson 相关系数，见表 5-6。

表 5-6　经济变量与土地利用类型 Pearson 相关系数

项目	Y1	Y2	Y3	Y4	Y5	Y6	Y7
X1	0.627	0.387	−0.141	−0.497	0.734	0.059	0.212
X2	0.813	0.316	−0.252	−0.602	0.942	0.459	0.398
X3	0.418	0.316	−0.077	−0.356	0.512	−0.211	0.011
X4	0.741	0.307	−0.256	−0.576	0.787	0.308	0.445
X5	0.673	0.153	−0.401	−0.129	0.638	0.057	−0.003
X6	0.009	0.334	0.106	−0.081	0.048	−0.488	−0.142
X7	−0.291	0.268	0.454	−0.487	−0.22	−0.352	0.277
X8	−0.148	0.347	0.207	−0.082	−0.171	−0.373	0.064
X9	0.043	0.433	0.123	0.061	0.087	−0.469	−0.293
X10	0.129	0.206	0.27	−0.848	0.335	0.329	0.602
X11	0.341	−0.274	−0.630	0.595	0.119	−0.036	−0.350
X12	−0.778	0.288	0.714	0.135	−0.680	−0.489	−0.265
X13	0.204	0.077	−0.202	0.425	0.083	0.015	−0.218
X14	−0.123	0.658	0.656	−0.786	0.104	0.012	0.533
X15	0.526	0.04	−0.315	−0.147	0.562	−0.172	−0.169

运用 SPSS 分析软件进行主成分分析，得出主成分分析的特征值、方差的贡献率和累计贡献率（表 5-7）。从表 5-7 可以看出，前 3 个主成分的特征值都大于 1，并且方差累积贡献率达到 83.95%。由此可见，这三个成分已经对大多数数据作出了充分的概括，并且其所解释的方差占总方差的 83.95%。按照主成分确定的一般原则①，方差的累积贡献率较高且特征值大于 1，最后的结果是从中提取 3 个主成分，其负荷矩阵及其旋转后的负荷矩阵，见表 5-8。

表 5-7　主成分分析特征值、方差的贡献率和累计贡献率

主成分	协方差矩阵特征值			因子提取结果		
	特征值	方差率/%	累计贡献率/%	特征值	方差率/%	累计贡献率/%
1	6.815	45.435	45.435	6.815	45.435	45.435
2	3.228	21.519	66.954	3.228	21.519	66.954
3	2.550	16.999	83.954	2.550	16.999	83.954
4	0.922	6.149	90.103	—	—	—
5	0.767	5.112	95.215	—	—	—
6	0.255	1.700	96.915	—	—	—
7	0.205	1.365	98.279	—	—	—
8	0.102	0.682	98.961	—	—	—

---

① 陈正昌，程炳林，陈新丰，等. 多变量分析方法. 台北：五南图书出版股份有限公司，2005.

续表

主成分	协方差矩阵特征值			因子提取结果		
	特征值	方差率/%	累计贡献率/%	特征值	方差率/%	累计贡献率/%
9	0.080	0.531	99.492	—	—	—
10	0.032	0.216	99.708	—	—	—
11	0.018	0.120	99.828	—	—	—
12	0.013	0.084	99.912	—	—	—
13	0.006	0.040	99.952	—	—	—
14	0.004	0.025	99.977	—	—	—
15	0.003	0.023	100.000	—	—	—

表 5-8　旋转前和旋转后的主成分负荷矩阵

变量	主成分（旋转前）			主成分（旋转后）		
	1	2	3	1	2	3
X1	0.921	0.319	−0.148	0.898	0.392	−0.113
X2	0.597	0.584	−0.506	0.911	−0.113	−0.334
X3	0.943	0.122	0.053	0.750	0.586	0.029
X4	0.794	0.369	−0.311	0.900	0.181	−0.143
X5	0.845	−0.116	−0.354	0.829	0.227	0.339
X6	0.831	−0.216	0.443	0.355	0.868	0.237
X7	0.494	0.196	0.745	0.038	0.868	−0.287
X8	0.692	−0.279	0.583	0.151	0.903	0.239
X9	0.820	−0.304	0.353	0.370	0.798	0.341
X10	−0.097	0.953	−0.026	0.203	−0.176	−0.920
X11	0.419	−0.799	−0.307	0.275	0.083	0.909
X12	−0.452	0.004	0.636	−0.703	0.242	−0.235
X13	0.421	−0.585	−0.111	0.230	0.219	0.656
X14	0.353	0.691	0.497	0.200	0.535	−0.722
X15	0.774	0.006	−0.271	0.761	0.239	0.191

　　由表 5-8 可知，旋转后的主成分的负荷系数比旋转之前趋势更加明显。分析旋转之后的主成分可以发现，第一个主成分对 X1～X5 有绝对值较大的负荷系数，第二个主成分对 X6～X9 有绝对值较大的负荷系数，而第三个主成分对 X10～X15 有绝对值较大的负荷系数。根据这些变量的原始含义，可以对三个主成分进行命名，第一个主成分主要概括了经济总量，第二个主成分主要概括了人均产值，而第三个主成分主要概括了经济结构和农业产出情况。综合对主成分的分析，可以得出经济总量、人均产值以及三次产业结构和农业产出是影响中部地区六省土地利用的经济因素，相比之下经济总量、人均产值以及第一、第二产业的比例是主要的驱动因子。

5.1.4　中部地区土地利用的变化趋势

1. 估计模型

虽然对中部地区六省的土地利用数据的动态变化进行了分析，并且运用主成分分析法对影响中部地区六省土地利用的社会经济因素进行了分析，但是影响土地利用的因素很多，并且很多因素是未知的或者是难以有效获知的。因此可以将土地利用看成是一个灰色系统。也正因为如此，尝试运用多维灰色规划的 GM（1,1）模型对中部地区六省土地利用的未来变化趋势进行简单的预测。

灰色模型 GM（1,1）的（白）微分方程形式为：

$$\frac{\mathrm{d}Y^{(1)}}{\mathrm{d}t} + aY^{(1)} = b$$

若有序列 $Y^{(0)}=(Y^{(0)}, Y^{(0)}(2), \cdots, Y^{(0)}(n))$，且有 $Y^{(0)}$ 的累加生成序列 $Y^{(1)}$，即 $Y^{(1)}=$ AGO($Y^{(0)}$)。则可得方程：

$$\frac{\mathrm{d}Y^{(1)}}{\mathrm{d}t} + a\gamma^{(1)} = b \tag{5-5}$$

式（5-5）称为 GM(1,1)的灰微分方程形式，其中 $\gamma^{(1)}$ 是导数 $\dfrac{\mathrm{d}Y^{(1)}}{\mathrm{d}t}$ 的背景值，a 为发展系数，其大小及其符号反映 $Y^{(0)}$ 及 $Y^{(1)}$ 的发展态势，b 是灰作用量，是灰的信息覆盖的作用量[1]。a 和 b 分别是中部地区六省土地利用类型的变化趋势和变化的关系。

对灰微分方程进行差分变换后，可以得出白化响应式：

$$\hat{Y}^{(1)}(n+1) = \left(Y^{(0)}(1) - \frac{b}{a}\right)\mathrm{e}^{-an} + \frac{b}{a} \tag{5-6}$$

$$\hat{Y}^{(0)}(n+1) = \hat{Y}^{(1)}(n+1) - \hat{Y}^{(1)}(n) \tag{5-7}$$

通过上述方程式可以得出未来数据的估计值[2]。

2. 估计结果

运用数学和灰色模型的相关理论对式（5-5）中的发展系数 a 和灰作用量 b 的估计，其结果见表 5-9。经过残差检验，其精度很高。

---

[1] 邓聚龙. 灰理论基础. 武汉：华中科技大学出版社，2002.

[2] 邓聚龙. 多维灰色规划. 武汉：华中科技大学出版社，1989.

表 5-9　中部地区六省各种土地利用类型 GM（1，1）模型 *a*、*b* 估计值

省份	土地类型	*a*	*b*	省份	土地类型	*a*	*b*
安徽	Y1	0.011 094	609.833 641	湖南	Y1	0.007 448	397.692 578
	Y2	0.000 408	34.256 707		Y2	0.004 555	51.133 703
	Y3	−0.018 905	324.466 043		Y3	−0.003 435	1166.191 277
	Y4	0.012 434	4.017 803		Y4	0.002 182	10.612 643
	Y5	−0.004 015	126.210 356		Y5	−0.005 154	101.802 981
	Y6	0.363 072	44.721 803		Y6	0.205 914	22.514 254
	Y7	0.247 125	70.090 814		Y7	0.089 473	29.390 171
河南	Y1	0.005 646	816.591 641	江西	Y1	0.010 008	302.022 787
	Y2	−0.010 465	30.306 828		Y2	−0.013 992	25.315 350
	Y3	−0.018 867	272.921 239		Y3	−0.002 363	1017.779 307
	Y4	0.004 804	1.480 618		Y4	0.007 833	0.394 621
	Y5	0.002 640	185.823 336		Y5	−0.012 204	58.871 079
	Y6	0.396 362	66.239 884		Y6	0.244 496	18.651 113
	Y7	0.164 121	38.362 813		Y7	0.038 977	24.504 159
湖北	Y1	0.013 469	504.150 998	山西	Y1	0.023 121	465.637 002
	Y2	−0.010 156	40.569 190		Y2	−0.005 833	28.249 604
	Y3	−0.008 405	757.195 545		Y3	−0.043 087	344.616 372
	Y4	0.014 842	5.684 852		Y4	0.026 290	74.775 472
	Y5	−0.004 600	95.060 824		Y5	−0.007 305	71.574 492
	Y6	0.331 877	34.873 465		Y6	0.345 872	26.939 861
	Y7	0.090 879	45.605 262		Y7	0.214 236	8.702 731

将表 5-9 中的发展系数 *a* 和灰作用量 *b* 的估计值分别引入白化响应式（5-6）、式（5-7）可以对中部地区六省各种土地利用类型的数值进行估计。为了解中部地区六省未来的土地利用形势，分别对 2010 年、2015 年、2020 年各种土地利用类型进行相应的估计。具体到各个年份每种土地利用类型占该省土地总量（此处的土地总量系所研究的 7 种土地利用类型数量之和）的比例，见表 5-10。

表 5-10　中部地区六省 2010 年、2015 年、2020 年土地利用结构（%）

省份	年份	Y1	Y2	Y3	Y4	Y5	Y6	Y7
安徽	2010	48.140	3.057	36.180	0.312	11.852	0.069	0.389
	2015	45.150	3.025	39.424	0.291	11.988	0.011	0.112
	2020	42.040	2.971	42.648	0.269	12.038	0.002	0.032
河南	2010	57.664	2.575	25.561	0.106	13.583	0.060	0.450
	2015	55.737	2.698	27.929	0.102	13.328	0.008	0.197
	2020	53.617	2.813	30.369	0.099	13.015	0.001	0.086
湖北	2010	30.126	3.180	58.181	0.334	6.991	0.059	1.128
	2015	28.057	3.333	60.448	0.309	7.127	0.011	0.714
	2020	26.018	3.479	62.533	0.285	7.233	0.002	0.449

省份	年份	Y1	Y2	Y3	Y4	Y5	Y6	Y7
湖南	2010	20.767	2.760	69.012	0.589	6.145	0.126	0.603
	2015	19.961	2.692	70.046	0.581	6.291	0.045	0.384
	2020	19.153	2.621	70.966	0.572	6.428	0.016	0.245
江西	2010	18.830	2.079	73.148	0.025	4.739	0.083	1.097
	2015	17.885	2.226	73.910	0.024	5.030	0.024	0.901
	2020	16.960	2.380	74.561	0.023	5.330	0.007	0.739
山西	2010	32.797	2.770	52.102	5.057	7.152	0.052	0.070
	2015	26.908	2.627	59.520	4.083	6.832	0.008	0.022
	2020	21.560	2.432	66.406	3.220	6.373	0.001	0.007

由表 5-10 可以发现，中部地区六省未来土地利用变化趋势呈现以下几个特点：第一，耕地、牧草地、交通用地、水利设施用地所占的比例呈下降态势；第二，林地和居民点及工矿用地呈上升态势；第三，相比之下园地用地的省际变化态势不一致，安徽、湖南、山西的园地用地所占比例呈上升态势，而其他三省园地用地所占的比例呈下降态势；第四，各种土地利用类型中，所占比例较高的是耕地、林地、居民点及工矿用地，安徽、河南两省的耕地所占的比例最高，其余四省的林地所占的比例最高。

与表 5-3 中 1999 年、2004 年的土地利用结构相比，就所占土地的比例而言，中部地区六省的耕地、牧草地、交通用地、水利设施用地所占的比例更小，林地、居民点及工矿用地所占的比例更大，而园地的变化趋势不明显。就变化的绝对量而言，耕地减少的幅度较大，林地增加的幅度较大，其他几种土地的变化幅度相对较小。

5.1.5　简要结论

第一，1999~2004 年，中部地区六省土地利用的动态变化在各个省份之间呈现出较大的一致性，而在各种土地利用类型之间则表现出明显的差异。

第二，影响中部地区六省土地利用的经济因素包括经济总量、人均产值以及三次产业结构和农业的产出，相比之下经济总量、人均产值以及第一、第二产业的比例是其中主要的驱动因子。

第三，就 2010 年、2015 年、2020 年中部地区六省的土地利用变化趋势而言，耕地、牧草地、交通用地、水利设施用地所占的比例将持续降低，而林地、居民点及工矿用地所占的比例将持续增加，园地用地所占的比例的变化趋势不明显。其中，耕地减少的幅度最大，林地增加的幅度最大，其他几种土地的变化幅度相对较小。

因此，对于中国中部地区六省来说，在促进中部地区经济崛起的经济发展过程中，要通过实施可持续发展、转变经济增长方式、优化经济结构、土地资源制度创新、利用科学技术提高土地资源的利用效率和节约土地等措施来实现土地综合利用与经济增长的良性互动和协调发展。

5.2　中部地区能源消费与经济增长的关系

能源在很大程度上决定着一个经济大国能否顺利地实现工业化和现代化。在中国工业化、城镇化、经济市场化、国际化的快速发展的条件下，已经出现了十分严重的"能源赤字"，而且日益加重。能源短缺损害经济社会可持续发展的物质基础，并引起了一系列的严重后果，如中国从 2003 年开始出现的至 2008 年仍然没有从根本上得到缓解的"煤炭荒""石油荒""电荒"问题；多年来的石油进口大幅度上升并且受到严重的进口制约；日益严重的能源矿产资源枯竭，大量能源矿产资源型城市的快速衰竭；以及 2008 年南方（如湖南、贵州）城乡缺电危机等能源安全问题。严重的"能源赤字"和区域性的能源危机要求中国在促进经济发展的同时要建立能源节约型社会（杨艳琳，2008）。

能源消费与经济增长的关系错综复杂，一方面是经济增长不可避免的要消耗更多能源，即能源的大量消费可以促进经济增长；另一方面经济增长可以提高能源的利用效率，并能够促成能源的大规模开发利用。然而，能源既是经济增长的动力因素也是制约因素，能源消费不仅可以影响经济增长速度，而且可以影响经济增长质量，甚至危害人类赖以生存的生态环境。仅就中国的能源消费和经济增长之间关系而言，杨艳琳和陈银娥（2007）通过对中国 1978～2006 年能源消费增长的研究，中国能源约束将在长期内对中国经济增长产生制约作用。进一步来说，在区域能源消费和经济增长方面，史丹（2006）对中国能源效率的地区差异进行了分析，认为中国存在着能源利用效率的地区差异，这是中国提高节能效率的潜在因素。齐绍洲和罗威（2007）的研究认为中国不同地区的经济增长与能源消费强度存在着显著的关系。

中国正在积极实施"中部地区经济崛起"的发展战略，该地区对能源消费需求将以较大的幅度增加并且还会随之出现能源消费结构的变化。基于此，本书尝试运用中国中部地区六省的相关数据，通过建立固定效应变截距模型以及运用主成分分析方法，对中国中部地区六省能源消费和经济增长的关系进行探讨和研究。

5.2.1　中部地区能源消费概况与资料来源

1. 中部地区能源消费概况

中国中部地区六省改革开放以来经济发展迅速，取得了丰硕的成果。从经济总量看，2006 年年底，中部地区六省人口总量为 35 251 万人，约占中国总人口的 26.82%；当年 GDP 总量为 43 217.98 万元，约占中国 GDP 总量的 20.49%。从人均水平看，2006 年年底，中部地区六省人均 GDP 为 12 260.07 元，比中国的平均水平低 23.58%。从经济结构来看，截至 2006 年年底，中部地区六省的三次产业所占的比例分别为 15.3%、48.5%、36.2%，与中国的产业结构相比，第一产业的比例较高，而第二、第三产业的比例偏低；城市化水平为 38%，比中国的城市化水平低 5.9 个百分点。

就能源基础储量而言，2006 年，中部地区六省煤炭的基础储量为 1325.26 亿吨，约占中国总基础储量的 39.74%，产煤大省山西当年基础储量高达 1051.66 亿吨，以绝对的优势位居中国第一，约占中国总基础储量的 31.54%；安徽省、河南省和湖北省 3 省的石油基础储量为 6695.73 万吨，约占中国石油总基础储量的 2.43%。从能源消费量来看，由于中部地区六省都处于工业化加速发展的时期，并且第三产业所占的比例相对较低，因此对于能源的消费需求相当可观。2006 年，中部地区六省电力消费总量为 5375.09 亿千瓦·时，占到当年中国电力消费总量的 18.8%。中部地区六省的单位地区生产总值能耗（等价值）、单位工业增加值能耗（规模以上，当量值）以及单位地区生产总值电耗（等价值）等指标在中国省级单位同类指标排名中处于中上等水平。

2. 能源消费数据的选取

在对中国中部地区六省能源消费与经济增长关系进行分析时，主要选取 GDP（亿元）作为经济增长的数据，选取电力（亿千瓦·时）、煤炭（万吨）、柴油（万吨）、汽油（万吨）、煤油（万吨）、燃料油（万吨）等作为能源消费的数据。受到数据可得性的限制，天然气作为一种重要的能源，没有纳入本书中进行相应的分析。而在对中部地区六省能源消费的驱动因子进行分析时，主要选取地区生产总值（亿元）、工业总产值（亿元）、全社会固定资产投资（亿元）、人均 GDP（元/人）、第一产业人均增加值（元/人）、第二产业人均增加值（元/人）、第三产业人均增加值（元/人）、第一产业比例（%）、第二产业比例（%）、第三产业比例（%）、城镇家庭平均每人可支配收入（元/人）、农村居民家庭人均年纯收入（元/人）、城镇家庭平均每人全年消费性支出（元/人）、农村家庭平均每人年消费性支出（元/人）、年底总人口数（万人）等 15 个指标进行因子分析。

数据选取的年度区间为 1995～2005 年共 11 年。数据主要来源于《中国统计年鉴》《中国能源统计年鉴》《安徽统计年鉴》《江西统计年鉴》《河南统计年鉴》《湖北统计年鉴》《湖南统计年鉴》《山西统计年鉴》，以及中经网统计数据库等。

需要特别说明的是，GDP、工业总产值、全社会固定资产投资、人均国内生产总值、第一产业人均增加值、第二产业人均增加值、第三产业人均增加值、城镇家庭平均每人可支配收入、农村居民家庭人均年纯收入、城镇家庭平均每人全年消费性支出、农村家庭平均每人年消费性支出等以人民币作为计量单位的经济指标，所使用的都是当年的绝对数值，没有采用可比价格。这样做的原因主要有以下两个：首先，难以有效获取中部地区六省 1995～2005 年的年度通货膨胀的真实数据；其次，采用名义的数据对于分析结果没有实质性影响。例如，在能源消费与经济增长的数量变化分析部分，把中国 1995～2005 年的商品零售价格指数作为通货膨胀率的替代指标，对中部地区六省名义 GDP 进行换算，其结果与表 5-11、表 5-12 最后一栏（GDP）的数据相比，变化甚微。

表 5-11　中国中部地区六省各类能源消费和经济增长的变化幅度（%）

地区	电力	煤炭	柴油	汽油	煤油	燃料油	GDP
安徽	101.460	67.976	94.401	48.013	96.269	−49.213	196.859
河南	136.708	132.010	144.396	64.532	−15.286	48.346	254.287
湖北	90.103	60.122	115.910	141.159	74.682	−11.488	209.102
湖南	79.963	56.305	168.824	160.496	27.738	−23.586	205.391
江西	116.313	39.618	422.341	53.329	123.825	16.404	246.812
山西	179.022	71.036	289.782	−2.338	218.868	−31.939	288.420
中部地区六省综合	118.217	76.595	168.688	87.529	50.191	−7.803	229.872

资料来源：据中国统计年鉴、中国国土资源年鉴、安徽统计年鉴、江西统计年鉴、河南统计年鉴、湖北统计年鉴、湖南统计年鉴、山西统计年鉴，以及中经网统计数据库整理

表 5-12　中国中部地区六省各类能源消费和经济增长的变化速度（%）

地区	电力	煤炭	柴油	汽油	煤油	燃料油	GDP
安徽	9.224	6.180	8.582	4.365	8.752	−4.474	17.896
河南	12.428	12.000	13.127	5.867	−1.390	4.395	23.117
湖北	8.191	5.467	10.537	12.833	6.789	−1.044	19.009
湖南	7.269	5.119	15.348	14.591	2.522	−2.144	18.672
江西	10.574	3.602	38.395	4.848	11.257	1.491	22.437
山西	16.275	6.458	26.344	−0.213	19.897	−2.904	26.220
中部地区六省综合	10.747	6.963	15.335	7.957	4.563	−0.709	20.897

资料来源：据中国统计年鉴、中国国土资源年鉴、安徽统计年鉴、江西统计年鉴、河南统计年鉴、湖北统计年鉴、湖南统计年鉴、山西统计年鉴，以及中经网统计数据库整理

5.2.2　中部地区能源消费与经济增长关系的特征

1. 中部地区能源消费与经济增长的数量变化

在此，主要用能源消费与经济增长数量方面变化的幅度和速度进行描述。能源消费和经济增长的变化幅度的计算，可以表示为：

$$R = \frac{U_b - U_a}{U_a} \times 100\% \qquad (5-8)$$

其中，R 为各类能源消费和经济增长的变化幅度，U_a、U_b 分别为研究期初和期末的各类能源消费和 GDP 数量。

能源消费和经济增长的变化速度的计算，可以表示为：

$$K = \frac{U_b - U_a}{U_a} \times \frac{1}{T} \times 100\% \qquad (5-9)$$

其中，K 为各类能源消费和经济增长的变化速度，U_a、U_b 分别为研究期初和期末的各类能源消费和 GDP 数量，T 为研究时段的长度，此处年数为 11。

根据式（5-8）、式（5-9）计算的中国中部地区六省各类能源消费和经济增长的变化幅度和速度，分别见表 5-11、表 5-12。

由表 5-11、表 5-12 可知，从中部地区六省综合的情况来看，能源消费的变化幅度和速度低于 GDP 的变化幅度和速度。在能源消费方面，柴油消费的变化幅度和速度最高，燃料油的同类指标变化最低，也是唯一的一个呈负增长的指标。从各省的情况来看，江西省、山西省两省的柴油消费的数量变化幅度和速度超过了 GDP 的变化幅度和速度，除此之外，其他省的能源消费的数量变化幅度和速度均低于 GDP 的变化幅度和速度。安徽省、湖北省、湖南省和山西省等的燃料油消费的变化幅度和速度为负，河南省和山西省的煤油和汽油消费的变化幅度和速度分别为负。从中可以发现一个明显的趋势是，能源消费增长幅度和速度大的省份的 GDP 的增长幅度和速度也较大。该趋势在一定程度上表明，能源消费和经济增长之间存在着一种正相关关系。

运用 SPSS 软件分析得出的能源消费与经济增长的 Pearson 相关系数见表 5-13。从中可见，电力、煤炭、柴油、汽油的消费量与 GDP 高度正相关，而煤油的消费量与 GDP 的相关系数较低，燃料油的消费量则与 GDP 负相关，并且相关性依然较高。

表 5-13　能源消费与经济增长的 Pearson 相关系数

项目	GDP	电力	煤炭	柴油	汽油	煤油	燃料油
GDP	1						
电力	0.992	1					
煤炭	0.940	0.964	1				
柴油	0.989	0.997	0.973	1			
汽油	0.956	0.969	0.992	0.982	1		
煤油	0.648	0.638	0.747	0.679	0.755	1	
燃料油	−0.522	−0.526	−0.426	−0.500	−0.457	0.146	1

资料来源：据中国统计年鉴、中国国土资源年鉴、安徽统计年鉴、江西统计年鉴、河南统计年鉴、湖北统计年鉴、湖南统计年鉴、山西统计年鉴，以及中经网统计数据库整理

2. 中部地区能源消费与经济增长的计量分析

1）计量模型的设定

虽然研究的重点在于将中国中部地区六省作为一个整体进行分析，但是各个省份之间还是存在一定的差异的。为了能够体现各个省份之间的差异性，在对中部地区六省能源消费与经济增长进行计量分析时，采用了变截距模型。变截矩模型主要有两种，一种是使用固定效应模型（fixed effects model），另一种是使用随机效应模型（random effects model）。通过分析与检验，最终设定的固定效应变截距模型如下：

$$GDP_{it} = \alpha + \alpha^*_i + \beta_1 \times DIANLI_{it} + \beta_2 \times MEITAN_{it} + \beta_3 \times CHAIYOU_{it} + \beta_4 \times QIYOU_{it}$$
$$+ \beta_5 \times MEIYOU_{it} + \beta_6 \times RANLIAOYOU_{it} + \mu_{it}$$
$$i = 1, 2, \cdots, N; \ t = 1, 2, \cdots, T \tag{5-10}$$

其中，N 表示截面成员的个数，T 表示每个截面成员的观测时期总数，μ_{it} 为随机误差项，反映模型中被忽略的随个体成员和时期变化的因素的影响。α、α^*_i、β、β_2、β_3、β_4、β_5、β_6 为待估参数。在本报告中，截面成员的个数 N 为 6，每个截面成员的观测时期总数 T 为 11。

2）计量模型的估计

为了消除变量存在的异方差的影响，分别对各类能源消费和经济增长的数据进行相应的对数化处理，分别记为 ln(DIANLI)、ln(MEITAN)、ln(CHAIYOU)、ln(QIYOU)、ln(MEIYOU)、ln(RANLIAOYOU)和 ln(GDP)。由于各个省能源消费的结构存在一定程度的差异，所以选用 GLS 法(cross-section weights)对模型进行估计。运用 EViews 软件估计的结果如下：

$$\ln(\hat{NDP}) = 1.091 + \alpha^*_i + 1.395 \times \ln(DIANLI) - 0.275 \times \ln(MEITAN) + 0.093 \times \ln(CHAIYOU)$$
$$+ 0.104 \times \ln(QIYOU) - 0.034 \times \ln(MEIYOU) - 0.012 \times \ln(RANLIAOYOU)$$
$$\tag{5-11}$$

其中，α^*_i 为各个省能源消费对平均消耗水平偏离的估计结果。各个解释变量所对应的 t 值及其标准差见表 5-14，α^*_i 的估计值见表 5-15。

表 5-14 各解释变量所对应的 t 值、t 值所对应的 p 值及其标准差

项目	C	电力	煤炭	柴油	汽油	煤油	燃料油
t 值	2.165	11.084	−2.893	1.268	1.680	−1.201	−0.297
p 值	0.035	0	0	0.210	0.099	0.235	0.775
标准差	0.504	0.126	0.126	0.073	0.062	0.028	0.041

表 5-15 各省能源消费对平均消费水平偏离（α^*_i）的估计结果

项目	安徽省	河南省	湖北省	湖南省	江西省	山西省
α^*_i	0.274	−0.172	0.099	−0.149	0.368	−0.419

另外，估计结果的其他指标分别为：R^2=0.998，D.W.=0.971，F=2987.790。

由上述估计结果可知，就变量而言，常数项、电力、煤炭是显著的，而柴油、汽油、煤油和燃料油则不显著。虽然方程整体是显著的，并且拟合优度较好，但是方程却存在正自相关。在估计方法不变的情况下，为了消除自相关，采用 Cochrane-Qractt 迭代法对方程进行进一步的处理，结果如下：

$$\ln(\hat{GDP})=1.156+\alpha_i^* + 0.852\times\ln(DIANLI) + 0.154\times\ln(MEITAN) + 0.014\times\ln(CHAIYOU)$$
$$+0.100\times\ln(QIYOU)-0.005\times\ln(MEIYOU)-0.048\times\ln(RANLIAOYOU)+[AR(1)=0.612]$$

$$(5-12)$$

同样，α_i^* 为各个省能源消费对平均消费水平偏离的估计结果。各个解释变量所对应的 t 值及其标准差见表 5-16，α_i^* 的估计值见表 5-17。

表 5-16　各解释变量所对应的 t 值、t 值所对应的 p 值及其标准差

项目	C	电力	煤炭	柴油	汽油	煤油	燃料油	AR(1)
t 值	3.325	9.014	2.222	0.306	2.432	0.399	−1.841	12.451
p 值	0	0	0.031	0.761	0.019	0.692	0.072	0
标准差	0.348	0.094	0.069	0.046	0.041	0.012	0.020	0.049

表 5-17　各省能源消费对平均消费水平偏离（α_i^*）的估计结果

项目	安徽省	河南省	湖北省	湖南省	江西省	山西省
α_i^*	0.204	−0.047	0.227	−0.005	0.402	−0.781

另外，估计结果的其他指标分别为：R^2=0.999，D.W.=1.932，F=21718.56。

由上述估计结果可知，就变量而言，常数项、电力、煤炭、汽油、燃料油是显著的，AR(1)也显著，而柴油和煤油则不显著。方程整体仍然是显著的，并且拟合优度较好，自相关已被消除。

3）计量模型估计结果分析

由于在运用 EViews 软件估计时对数据进行了对数化处理，所以各个解释变量前面的系数均为该种能源消费的弹性系数，即在其他条件不变时，经济增长一个单位，能源消费随之相应变化的单位数。观察最终的估计结果可知，电力、煤炭、柴油、汽油、煤油、燃料油的消费弹性系数分别为0.852、0.154、0.014、0.1、−0.005、−0.048。也就是说，对于中部地区六省而言，1995～2005 年，在其他条件不变时，GDP 每增加 1 亿元，相应的引起电力、煤炭、柴油、汽油的消费增长0.852 亿千瓦·时、0.154 万吨、0.014 万吨，0.1 万吨，而煤油和燃料油的消费分别减少 0.005 万吨和 0.048 万吨。

5.2.3　中部地区能源消费的经济驱动因子

对于中部地区六省来说，能源消费的驱动因子有很多，可以将其概括为自然驱动因子和人文驱动因子两大类。人文驱动因子主要是指一系列的社会经济因素。首先运用 SPSS 软件对预选的经济指标进行多重共线性检验，以确保所选择的指标具备良好的代表性。最终选取中部地区六省的 15 个分析因子：X1 表示 GDP（亿元）、X2 表示工业总产值（亿元）、X3 表示全社会固定资产投资（亿元）、X4 表示人均 GDP（元/人）、X5 表示第一产业人均增加值（元/人）、X6 表示第二产业人均增加值（元/人）、X7 表示第三产业人均增加值（元/人）、X8 表示第一产业比例（%）、X9 表示第二产业比例（%）、X10 表示第三产业比例（%）、X11 表示城镇家庭平均每人可支配收入（元/人）、X12 表示农村居民家庭人均年纯收入（元/人）、X13 表示城镇家庭平均每人全年消费性支出（元/人）、X14 表示农村家庭平均每人年消费性支出（元/人）、X15 表示年底总人口数（万人）。接下来运用 SPSS 分析软件对经济指标与能源消费之间的相关系数进行计算，结果见表 5-18。

表 5-18　预选的经济指标与能源消费的相关系数

项目	电力	煤炭	柴油	汽油	煤油	燃料油
X1	0.992	0.940	0.989	0.956	0.648	−0.522
X2	0.941	0.980	0.958	0.985	0.778	−0.371
X3	0.993	0.974	0.996	0.983	0.711	−0.478
X4	0.991	0.946	0.989	0.960	0.669	−0.496
X5	0.957	0.952	0.953	0.952	0.740	−0.411
X6	0.972	0.885	0.964	0.908	0.557	−0.578
X7	0.962	0.860	0.951	0.887	0.507	−0.606
X8	−0.868	−0.714	−0.852	−0.749	−0.321	0.617
X9	0.987	0.983	0.993	0.985	0.702	−0.456
X10	0.520	0.284	0.490	0.337	−0.089	−0.574
X11	0.991	0.923	0.984	0.938	0.581	−0.559
X12	0.946	0.860	0.937	0.885	0.608	−0.465
X13	0.988	0.913	0.980	0.931	0.570	−0.568
X14	0.964	0.934	0.964	0.948	0.696	−0.435
X15	0.556	0.337	0.501	0.345	−0.075	−0.539

运用 SPSS 分析软件进行主成分分析，得出主成分分析的特征值、方差的贡献率和累计贡献率（表 5-19）。从表 5-19 可以看出，前 2 个主成分的特征值都大于 1，并且方差累积贡献率达到了 97.955%。可以看出，这两个成分已经对大多数数据作出了充分的概括，并且其所解释的方差占总方差的 97.955%。按照主成分确定的一般原则，方差的累积贡献率较高且特征值大于 1，最后的结果是从中提取 2 个主成分，其负荷矩阵及其旋转后的负荷矩阵见表 5-20。

表 5-19　主成分分析特征值、方差的贡献率和累计贡献率

主成分	协方差矩阵特征值			因子提取结果		
	特征值	方差率/%	累计贡献率/%	特征值	方差率/%	累计贡献率/%
1	13.063	87.084	87.084	13.063	87.084	87.084
2	1.631	10.870	97.955	1.631	10.870	97.955
3	0.180	1.197	99.152	—	—	—
4	0.095	0.632	99.783	—	—	—
5	0.017	0.113	99.896	—	—	—
6	0.008	0.055	99.952	—	—	—
7	0.005	0.033	99.985	—	—	—
8	0.001	0.007	99.992	—	—	—
9	0.001	0.005	99.997	—	—	—
10	0.000	0.003	100.000	—	—	—
11	4.82×10^{-16}	3.22×10^{-15}	100.000	—	—	—
12	5.04×10^{-17}	3.36×10^{-16}	100.000	—	—	—
13	-9.54×10^{-18}	-6.36×10^{-17}	100.000	—	—	—
14	-1.76×10^{-16}	-1.17×10^{-15}	100.000	—	—	—
15	-1.48×10^{-15}	-9.90×10^{-15}	100.000	—	—	—

表 5-20　旋转前和旋转后的主成分负荷矩阵

变量	主成分（旋转前）		主成分（旋转后）	
	1	2	1	2
X1	0.996	0.086	0.999	0.034
X2	0.893	0.433	0.938	−0.322
X3	0.977	0.206	0.995	−0.086
X4	0.993	0.114	0.999	0.007
X5	0.942	0.269	0.967	−0.153
X6	0.996	−0.061	0.981	0.181
X7	0.991	−0.118	0.969	0.237
X8	−0.924	0.352	−0.875	−0.461
X9	0.955	0.246	0.978	−0.129
X10	0.634	−0.752	0.539	0.823
X11	0.997	0.009	0.991	0.111
X12	0.981	−0.019	0.972	0.137
X13	0.998	−0.009	0.990	0.129
X14	0.966	0.189	0.982	−0.071
X15	0.645	−0.710	0.555	0.783

　　由表 5-20 可知，旋转后的主成分的负荷系数比旋转之前趋势更加明显。分析旋转之后的主成分可以发现，第一个主成分对 X1～X14 有绝对值较大的负荷系数，第二个主成分对 X15 有绝对值较大的负荷系数。根据这些变量的原

始含义，可以对两个主成分进行命名，第一个主成分主要概括了除人口以外的经济总量、经济结构和城乡居民的人均收支，第二个主成分主要概括了人口因素。综合对主成分的分析，可以得出经济总量、经济结构和城乡居民的人均收支以及人口数量等是影响中国中部地区六省能源消费增长的主要经济驱动因子。

5.2.4　简要结论及政策含义

1. 简要结论

通过运用中国中部地区六省 1995～2005 年区域能源消费与经济增长的相关数据进行各种分析之后，可以得出如下结论：

第一，中国中部地区六省的经济发展水平和产业结构具有相似性，因而其能源消费与经济增长之间大致呈一种正相关关系。具体而言，电力、煤炭、柴油、汽油的消费量与经济增长高度正相关，而煤油的消费量与经济增长的相关系数较低，燃料油的消费量则与经济增长负相关。就能源消费的弹性系数而言，电力、煤炭、柴油、汽油的消费弹性系数为正，且前两者的弹性系数相对较大，而煤油、燃料油的消费弹性系数为负。

第二，从中国中部地区六省能源消费的驱动因子来看，经济总量、经济结构和城乡居民的人均收支以及人口数量等是影响中部地区六省能源消费的主要经济驱动因子。

2. 政策含义

通过有关区域能源消费与经济增长关系的分析可以看出，经济因素是导致1995～2005 年中国中部地区六省能源消费变化的主要因素。就现实情况而言，中部地区六省经济发展水平相对较低，但是增长速度较快，特别是正处于工业化快速发展的时期，经济发展将会呈现一种加速趋势，这将直接导致对能源消费需求以较大的幅度增加并随之出现能源消费结构的变化。中国正在积极实施"中部地区经济崛起"的发展战略，对于中部地区六省来说，在将促进经济发展作为重要目标以实现中部地区经济崛起的过程中，要通过转变经济发展方式、优化经济结构、限制能源密集型产业和污染密集型产业发展、利用科学技术提高能源利用效率和节约能源等措施来实现能源消费与区域经济增长的良性互动和协调发展。特别是中部地区的湖北省"武汉城市圈"和湖南省"长株潭城市圈"正在建设"资源节约型社会"和"环境友好型社会"（"两型"社会）国家综合改革试验区，应该积极地将节约能源作为协调区域能源消费与经济增长关系的重要内容。

5.3　中部地区环境污染的聚类分析

不同学者用不同的研究视角和分析方法来研究环境污染问题。在分析方法上，目前大部分学者运用因子分析法、主成分分析法、计量分析法和聚类分析法等分析各地区环境污染的差别和特点。从研究的视角上看，目前大部分学者倾向于从各地区经济发展水平的角度分析环境污染问题，这为解释各地区环境污染的原因提供了一定的理论依据。

然而，目前大部分文献的研究重点仅局限于分析环境污染与经济发展的关系，对地区环境污染的特征及影响因素单独分析的研究文献相对较少。因此，以中国中部地区为例，应用聚类分析方法，对中部地区六省环境污染的状况及影响因素进行尝试性的探讨和研究，试图找出中部地区环境污染各自的特点和原因，并根据各自污染的特点和原因，提出合理的治理措施和预防对策，从而更好地促进中部地区资源、环境和经济的协调发展。

5.3.1　中国中部地区环境污染的表现与特征

环境污染是指人类直接或间接地向环境排放超过其自净能力的物质或能量，从而使环境的质量降低，对人类的生存与发展、生态系统和财产造成不利影响的现象。具体包括：大气污染、水体污染、土壤污染、噪声污染、放射性污染等。环境污染问题按照不同的标准，表现为不同的方面。按照污染物的形态，环境污染表现为废水污染、废气污染、固体废物污染以及噪声污染和辐射污染等；按照污染产生的来源，环境污染则主要表现为工业污染、农业污染、交通运输污染和生活污染等；按照环境要素，中部地区环境污染包括水体污染、大气污染和土壤污染；按照污染的性质，环境污染主要包括生物污染、化学污染和物理污染。

随着中部地区经济的崛起，环境污染问题已经成为一个日益严重且不可忽视的问题。为促进中部地区资源、环境与经济的协调发展，重点研究和解决中部地区的环境污染问题显得尤为重要。为了便于研究和分析，以下分别从中部地区六省的水污染、气污染和工业固体废物污染三方面分析中部地区环境污染的动态变化情况和特征。

1. 中部地区六省水污染的动态变化和特征

水污染主要是由于废水等污染物的排放所导致的，包括废水的排放、废水中化学需氧量的排放和废水中氨氮的排放，根据废水及污染物的来源，以下分别从工业和生活两方面考察 2000～2009 年中部地区的水污染物排放的变化情况。

1）工业废水污染物的排放

工业导致水污染的污染物包括工业废水、工业废水中的化学需氧量与工业废水中的氨氮，根据这三项指标，考察2000～2009年中部地区六省的水污染的变化情况。

表 5-21　2000～2009 年中部地区六省工业废水排放情况

地区	工业废水排放量/亿吨				工业化学需氧量排放量/万吨				工业氨氮排放量/万吨			
	2000	2004	2008	2009	2000	2004	2008	2009	2000	2004	2008	2009
山西	3.24	3.14	4.11	3.97	15.80	15.83	14.35	14.19	1.20	1.35	1.13	1.15
河南	10.90	11.70	13.30	14.03	44.40	33.30	30.30	29.77	7.30	4.40	2.88	2.57
安徽	6.31	6.41	6.70	7.34	16.75	12.61	12.69	12.88	3.60	1.75	1.46	1.44
湖北	10.67	9.75	9.37	9.13	26.65	17.50	15.00	14.37	5.50	2.67	1.68	1.51
江西	4.20	5.50	6.87	6.72	8.80	9.99	10.02	10.35	1.30	0.50	0.63	0.73
湖南	11.26	12.31	9.23	9.64	32.36	27.60	23.72	21.56	7.10	3.73	2.51	2.40
六省合计	46.58	48.81	49.58	50.83	144.76	116.83	106.08	103.12	26.00	14.40	10.30	9.80

资料来源：中国统计年鉴、中国环境统计公报、山西统计年鉴、河南统计年鉴、安徽统计年鉴、湖北统计年鉴、江西统计年鉴以及湖南统计年鉴有关各年数据

从表 5-21 中看到，2000～2009 年中部地区工业废水的排放量增加了近 4 亿吨，增幅为 9.23%；工业化学需氧量和工业氨氮的排放有较大幅度的降低，降幅依次为 28.76%和 62.3%。可见，目前中部地区工业废水的排放有逐年缓慢递增的趋势，其中，工业废水中的化学需氧量和氨氮排放量有逐年下降的趋势。

为了明确中部地区工业废水在全国的排放情况，从中部地区六省工业废水排放占全国比例的角度来分析其水污染变化情况，如图 5-1 所示。

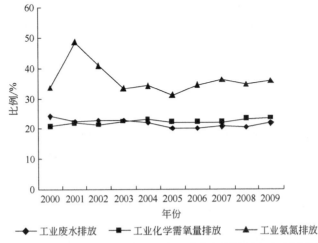

图 5-1　2000～2009 年中部地区六省工业废水排放总和占全国的比例

资料来源：中国统计年鉴、中国环境统计公报、山西统计年鉴、河南统计年鉴、安徽统计年鉴、湖北统计年鉴、江西统计年鉴以及湖南统计年鉴有关各年数据

由图 5-1 可知，目前中部地区工业废水排放量有所增加，工业废水占全国的排放比例维持在 21%左右；工业废水中的化学需氧量的排放虽然有所减少，但其占全国排放量的比例并没有减少，反而有缓慢上升的趋势；尽管工业废水中的氨氮排放量也有较大的降幅，但工业氨氮排放量占全国工业氨氮排放总量比例的平均值高达 36.2%，且最近几年全国工业废水中的氨氮排放总量中有三分之一以上来自中部地区六省，明显高于全国平均水平。

2）生活废水污染物的排放

除工业污水外，生活污水的大量排放也是导致中部地区水污染的重要因素，同样，可以从生活废水的排放、生活废水中化学需氧量的排放以及生活废水中的氨氮的排放三方面考察中部地区六省的水污染的变化情况（表 5-22）。

表 5-22　2000~2009 年中部地区六省的生活废水排放情况

地区	生活污水排放量/亿吨				生活化学需氧量排放量/万吨				生活氨氮排放量/万吨			
	2000	2004	2008	2009	2000	2004	2008	2009	2000	2004	2008	2009
山西	5.86	6.23	6.58	6.62	15.90	22.19	21.53	20.25	0.90	2.85	3.06	2.92
河南	11.60	13.30	17.60	19.370	37.70	36.30	34.78	32.86	7.80	4.70	4.75	4.95
安徽	8.02	8.43	10.17	10.63	27.51	30.09	30.60	29.53	3.30	3.12	3.31	3.24
湖北	12.64	13.52	16.52	17.44	43.59	43.94	43.57	43.20	7.00	4.81	5.30	4.95
江西	5.40	6.51	7.02	7.99	30.40	35.38	34.51	33.17	2.40	2.78	2.81	2.68
湖南	9.87	12.69	15.80	16.39	35.04	57.38	64.74	63.28	6.90	5.67	5.96	6.00
六省合计	53.39	60.68	73.69	78.44	190.14	225.28	229.73	222.29	28.3	23.93	25.19	24.74

资料来源：中国统计年鉴、中国环境统计公报、山西统计年鉴、河南统计年鉴、安徽统计年鉴、湖北统计年鉴、江西统计年鉴以及湖南统计年鉴有关各年数据

2000~2009 年中部地区六省生活污水的排放量增加了约 25 亿吨，增幅为 46.7%，其中，生活废水中的化学需氧量的排放量增加了 32.15 万吨，增幅为 16.9%，生活废水中的氨氮排放量有一定程度的降低，降幅约为 12.58%。可见，目前中部地区生活废水的排放和生活废水中化学需氧量的排放有逐年递增的趋势，其中，生活废水中的氨氮排放有缓慢递减的趋势。

同样，为更清楚中部地区生活污水在全国的排放情况，从中部地区六省生活污水排放总量占全国比例的角度来分析其水污染变化情况，如图 5-2 所示。

由图 5-2 可知，2000~2009 年中部地区六省的生活污水排放量占全国的比例略有下降，但目前仍然维持在 22%以上的水平；生活污水中的化学需氧量的排放与氨氮的排放占全国的比例居高不下，目前全国仍然有四分之一以上的生活化学需氧量与生活氨氮由中部地区六省所排放。

综上所述，目前中部地区水污染物的排放量很大，其水污染物的排放占全国的比例依旧较高，高出全国的平均水平，由此可见中部地区水污染的严重性。

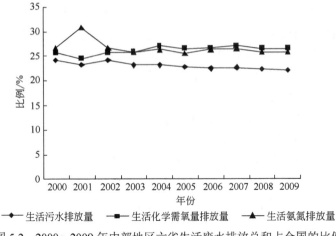

图 5-2　2000～2009 年中部地区六省生活废水排放总和占全国的比例

资料来源：根据中国统计年鉴、中国环境统计公报、山西统计年鉴、河南统计年鉴、安徽统计年鉴、湖北统计年鉴、江西统计年鉴以及湖南统计年鉴有关各年数据计算所得

2. 中部地区大气污染的动态变化和特征

大气污染主要是由工业废气和生活废气中污染物的排放导致的，其主要污染成分有二氧化硫、烟尘及工业粉尘等。以下分别从中部地区六省 2000～2009 年二氧化硫、烟尘以及工业粉尘的排放量来分析其大气污染情况。

表 5-23　2000～2009 年中部地区六省二氧化硫排放情况

地区	工业二氧化硫排放量/万吨				生活二氧化硫排放量/万吨			
	2000	2004	2008	2009	2000	2004	2008	2009
山西	90.30	109.25	105.84	101.00	29.90	32.24	25.00	25.90
河南	74.70	111.30	128.06	117.60	12.90	14.30	17.14	17.90
安徽	35.06	43.85	50.26	48.70	4.47	5.05	5.31	5.20
湖北	50.82	60.84	56.23	52.70	5.22	8.40	10.75	11.60
江西	28.80	46.90	51.12	49.00	3.50	5.01	7.20	7.40
湖南	54.66	71.18	67.48	64.90	14.60	16.07	16.53	16.20
六省合计	334.34	443.32	458.99	433.90	70.59	81.07	81.93	84.20

资料来源：中国统计年鉴、中国环境统计公报、山西统计年鉴、河南统计年鉴、安徽统计年鉴、湖北统计年鉴、江西统计年鉴以及湖南统计年鉴有关各年数据

由表 5-23 可知，2000～2009 年中部地区六省工业二氧化硫的排放量增加 99.56 万吨，增幅为 29.8%；生活废气中二氧化硫的排放增加 13.71 万吨，增幅为 19.42%。其中，中部地区六省二氧化硫的排放整体表现为上升的趋势，而二氧化硫的大量排放将助生酸雨的形成，从而导致水生生物的死亡、水体平衡的破坏，并且伤害陆地植物、农作物的生成，造成严重的经济损失，制约中部地区经济的发展。

由表 5-24 可以看出，2000～2009 年中部地区六省工业烟尘的排放量有较大程度的减少；生活烟尘的排放逐年缓慢增加；工业粉尘的排放经过 2006 年的一个峰值之后开始逐年减少，但目前中部地区烟尘和工业粉尘的排放量仍旧很高，为更清楚地了解中部地区废气的排放水平，下面从废气中的主要成分（二氧化硫、烟尘和粉尘）各自占全国排放总量比例的角度分析中部地区六省的大气污染情况。

表 5-24　2000～2009 年中部地区六省烟尘粉尘排放情况

地区	工业烟尘排放量/万吨				生活烟尘排放量/万吨				工业粉尘排放量/万吨			
	2000	2004	2008	2009	2000	2004	2008	2009	2000	2004	2008	2009
山西	79.10	87.71	54.47	43.80	19.40	21.40	20.61	20.90	50.40	67.31	45.21	42.80
河南	69.10	70.50	53.22	52.10	4.40	6.20	8.13	7.60	81.80	71.98	28.67	24.90
安徽	24.35	22.13	24.15	23.00	3.72	3.54	4.94	5.00	28.50	46.00	32.24	28.50
湖北	32.15	27.32	19.06	17.90	4.18	3.30	3.80	3.70	41.03	34.42	21.75	18.30
江西	23.40	20.89	15.84	13.90	0.60	0.97	2.58	2.50	34.00	35.42	29.94	26.30
湖南	38.13	45.21	30.69	27.60	6.01	7.86	7.08	6.60	63.97	89.74	55.47	57.50
六省合计	266.23	273.76	197.43	178.30	38.31	43.30	47.14	46.30	299.70	344.87	213.28	198.30

资料来源：中国统计年鉴、中国环境统计公报、山西统计年鉴、河南统计年鉴、安徽统计年鉴、湖北统计年鉴、江西统计年鉴以及湖南统计年鉴有关各年数据

如图 5-3 所示，2000～2009 年中部地区六省二氧化硫的排放有缓慢上升的趋势，其中全国二氧化硫的排放总量中 23% 左右由中部地区六省排放，高于全国平均水平；烟尘的排放于 2006 年达到峰值之后有下降的趋势，但目前中部地区六省烟尘的排放占全国的比例高达 27% 以上，明显高于全国平均水平；工业粉尘的排放比例则有上升的势头，其排放比例在 35% 以上。

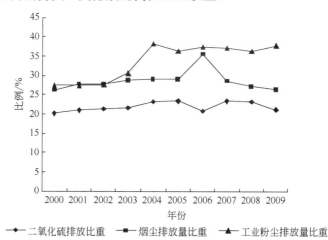

图 5-3　2000～2009 年中部地区六省废气排放总和占全国的比例

资料来源：中国统计年鉴、中国环境统计公报、山西统计年鉴、河南统计年鉴、安徽统计年鉴、湖北统计年鉴、江西统计年鉴以及湖南统计年鉴有关各年数据计算所得

综上所述，目前中部地区废气污染物的大量排放导致的大气污染非常严重，中部地区已经成为全国大气污染最严重的地区，要促进中部地区经济的发展，加快中部崛起的步伐，中部地区二氧化硫、烟尘以及工业粉尘的高排放问题应该引起相关部门的足够重视。

3. 中部地区工业固体废物污染的动态变化和特征

固体废物的污染主要来自工业固体废物的排放，工业固体废物主要涵盖矿冶工业固体废物、钢铁工业固体废物、化学工业固体废物、能源工业固体废物以及石油化学工业固体废物等。工业固体废物的排放或堆存将占用大量土地，并对空气、地表水和地下水造成二次污染。为便于分析，从工业固体废物的产生量和工业固体废物的排放量角度分析 2000～2009 年中部地区固体废物污染变化情况。

从表 5-25 中看到，2000～2009 年中部地区六省工业固体废物的产生量增加了约 3 亿吨，工业固体废物的排放量则减少了约 666.96 万吨，降幅为 77.32%。

表 5-25　2000～2009 年中部地区六省烟尘、粉尘排放情况

地区	工业固体废物产生量/万吨				工业固体废物排放量/万吨			
	2000	2004	2008	2009	2000	2004	2008	2009
山西	7 695	10 167	1 6213	14 743	646	619.42	232.39	141.57
河南	3 625	5 140	7 124	10 786	31.20	4.20	2.64	1.31
安徽	2 815	3 767	7 569	8 471	1.94	0.05	0.00	15.00
湖北	2 818	3 266	5 014	5 562	16.20	9.24	5.82	5.12
江西	4 796	6 524	8 190	8 898	28.70	11.73	12.31	14.00
湖南	2 355	3 269	4 520	5 093	138.52	89.70	29.02	18.60
六省合计	24 104	32 133	48 630	53 553	862.56	734.34	282.18	195.60

资料来源：中国统计年鉴、中国环境统计公报、山西统计年鉴、河南统计年鉴、安徽统计年鉴、湖北统计年鉴、江西统计年鉴以及湖南统计年鉴有关各年数据

如图 5-4 所示，2000～2009 年，中部地区六省工业固体废物产生量的比例虽然总体上有缓慢下降的趋势，但目前其占全国的比例仍然很高，即全国工业固体废物排放总量中超过四分之一源自中部地区六省的排放；工业固体废物的排放量所占的比例于 2005 年达到 41.81%后开始逐年下降，但目前中部地区的工业固体废物的排放总量占全国的比例仍然较高，全国工业固体废物的排放中，有超过三成来自中部地区六省。

由此可见，中部地区工业固体废物的产生量占全国的比例虽然在逐年递减，但其产生总量却在迅速增加；与此相反，工业固体废物的排放量虽然在逐年减少，但目前中部地区工业固体废物的排放总量占全国的比例仍然非常之高。可见中部地区固体废物污染的严重性，削减工业固体废物的产生量与排放量，提高工业固体废物的综合利用率是今后中部地区污染物排放总量控制的重要内容之一。

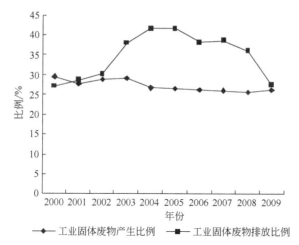

图 5-4　2000～2009 年中部地区六省工业固体废物产生量与排放量占全国的比例

　　资料来源：中国统计年鉴、中国环境统计公报、山西统计年鉴、河南统计年鉴、安徽统计年鉴、湖北统计年鉴、江西统计年鉴以及湖南统计年鉴有关各年数据计算所得

5.3.2　中部地区环境污染的聚类分析

　　通过对 2000～2009 年中部地区六省的环境污染状况的直观分析，只能大致看出中部地区污染物的排放总量的总体变化情况，没有对各个地区的环境污染状况作出准确的判断和区分。为了深入了解目前中部各省污染的具体情况，找出不同区域在各污染物指标排放行为上的差异和相似点，以便因地制宜地采取合理的治理措施和预防对策，促进中部地区资源、环境与经济的协调发展，在此有必要对中部地区六省的环境污染情况进行聚类分析。

　　根据以上的分析，目前中部地区六省环境污染状况虽然有一定的变化，但是中部地区六省污染物的排放在全国的平均水平之上，总而言之，还是处于稳定的高排放、高污染现状，因此，选取中部地区六省 2009 年的各项数据展开聚类分析，弥补了目前 SPSS 统计软件对多指标面板数据的聚类分析无能为力的缺陷。

　　1. 聚类分析的原理和过程

　　聚类分析是根据事物本身的特性研究个体分类的方法，具体指根据已知的数据来观察各样品或变量之间亲疏关系或相似程度，聚类分析的结果是同一类中的个体有较大的相似性，不同类之间的个体差异较大。

　　根据分类对象的不同，聚类分析分为变量聚类和样品聚类。变量聚类在统计学中又称为 R 型聚类，它是对某一事物的多个特性或多个指标进行归类，根据聚类分析的结果，从中选择有代表性的部分变量来研究事物的某一方面；样品聚类在统计学中又称 Q 型聚类，在 SPSS 统计软件的分析中，它是对事件进行聚类，即对多个事物的某一特性或多个特性存在的差异和相似点进行归类，把具有相似特性的事物或对象归为一类，最终将观察样品分为若干类。

对中部地区六省的环境污染情况进行聚类分析，显然是属于样品聚类，这里涉及如下两个问题：选取哪些指标来衡量中部地区六省环境污染的程度；采取何种统计量来计算相似系数，以确定中部地区六省之间环境污染的相似程度。

1）环境污染指标的选取与各指标数据的标准化

环境的污染包括水污染、大气污染和工业固体废物的堆积与排放导致的土壤污染，故选择如下指标作为衡量中部地区的环境污染程度。

中部地区六省水污染的衡量指标：废水排放总量（亿吨）、废水中化学需氧量的排放量（万吨）和废水中氨氮的排放量（万吨），分别用 X1、X2 和 X3 表示；

中部地区六省大气污染的衡量指标：二氧化硫排放量（万吨）、烟尘排放量（万吨）与工业粉尘排放量（万吨），分别用 X4、X5 和 X6 表示；中部地区六省土壤污染的衡量指标：工业固体废物的产生量（万吨）和排放量（万吨），分别用 X7 和 X8 表示。表 5-26 是 2009 年中部地区六省各自主要污染物的排放情况。

表 5-26　2009 年中部地区六省污染物的排放情况

指标	山西	河南	安徽	湖北	江西	湖南
X1	10.59	33.40	17.97	26.57	14.71	26.03
X2	34.44	62.63	42.41	57.57	43.52	84.84
X3	4.07	7.52	4.68	6.46	3.41	8.40
X4	126.90	135.50	53.90	64.30	56.40	81.10
X5	64.70	59.70	28.00	21.60	16.40	34.20
X6	42.80	24.90	28.50	18.30	26.30	57.50
X7	14 743.00	10786.00	8471.00	5562.00	8898.00	5093.00
X8	141.57	1.31	15.00	5.12	14.00	18.60

资料来源：中国统计年鉴（2009 年）

在此，用 X_{ij} 表示第 i 个地区的第 j 个指标值，其中 $i=1,2,\cdots,6$；$j=1,2,\cdots,8$，以下皆同。由于以上各指标的数据不是统一数量级或量纲，需要对以上数据进行转换处理，采用 Maximum magnitude of 1 方法对以上数据做标准化处理，用 X_{ij}^{*} 表示对应数据标准化后的变量值：

$$X_{ij}^{*} = \frac{X_{ij} - X_{j\min}}{X_{j\max} - X_{j\min}} \quad i=1,2,\cdots,6;\ j=1,2,\cdots,8 \qquad (5\text{-}13)$$

其中，$X_{j\max}$，$X_{j\min}$ 分别表示第 j 个指标的最大值和最小值。

2）系统聚类方法及指标相似性

聚类分析涵盖多种分类方法，具体可归纳为：系统聚类法、K-均值法、有序聚类法等，聚类分析中常用的方法是系统聚类法，而系统聚类法又包括类间平均法、类内平均法、最长距离法、最短距离法以及欧式距离法（ward method）等。

其中，欧式距离法的相似性衡量标准包括离差平方和（也称平方欧式距离）、欧式距离、夹角余弦、皮尔逊相关系数和切比雪夫距离等。本书选择离差平方和法对中部地区环境污染的情况进行聚类分析，用 d_{mn} 表示 m 省与 n 省之间的环境污染相似度：

$$d_{mn} = \sum_{j=1}^{8} (X_{mj}^* - X_{nj}^*)^2 \qquad m, \ n=1, \ 2, \ \cdots, \ 6 \qquad (5\text{-}14)$$

这样，中部地区六省两两之间的距离就形成了一个对称的距离矩阵，显然，该矩阵对角线上的元素均为 0，于是 d_{mn} 可表示成一个上三角矩阵：

$$\begin{bmatrix} 0 & d_{12} & d_{13} & d_{14} & d_{15} & d_{16} \\ & 0 & d_{23} & d_{24} & d_{25} & d_{26} \\ & & 0 & d_{34} & d_{35} & d_{36} \\ & & & 0 & d_{45} & d_{46} \\ & & & & 0 & d_{56} \\ & & & & & 0 \end{bmatrix}$$

2. 聚类的结果和结论

根据上述提供的方法，运用 SPSS 16.0 对中国中部地区六省的环境污染现状进行聚类分析，得到相似矩阵：

$$\begin{bmatrix} 0 & 1.906 & 1.717 & 2.540 & 1.912 & 2.295 \\ & 0 & 1.025 & 0.824 & 1.417 & 0.954 \\ & & 0 & 0.234 & 0.067 & 0.871 \\ & & & 0 & 0.37 & 0.704 \\ & & & & 0 & 1.186 \\ & & & & & 0 \end{bmatrix}$$

安徽和江西之间的离差平方和最小，为 0.067，即两者的相似性最高，其次是这两者与湖北的情况最相似，相似系数值为 0.234，因此安徽、江西和湖北可以聚为一类；接着是河南和湖南污染情况比较相似，可以聚为一类；最后山西单独聚为一类，从图 5-5 所示的树形图可以更加直观地得出这一结论。

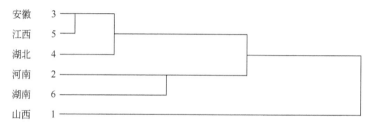

图 5-5　中部六省环境污染的聚类分析树形图

从图 5-5 可以看到，目前中部地区的环境污染情况可以归为三类：第一类，即污染最严重的地区是山西省；第二类是河南省和湖南省，这两个地区的污染情况稍好于山西省；第三类包括安徽省、江西省和湖北省，这三个省的污染情况相对较轻。

从聚类分析的结果来看，中部地区六省除了在污染程度上有所差异外，其各自的主要污染物也有所不同。根据以上的分析，不难得到中部地区六省各自环境污染的主要指标（为便于分析，从衡量环境污染程度的八个指标中选取三个指标来代表中部地区六省的污染特征）。对于第一类中重度污染的山西省而言，其主要污染指标是废气中的烟尘排放量和工业粉尘排放量以及工业固体废物的排放量，这三项指标的高排放值决定了山西省的重度污染程度；对于中度污染的河南省和湖南省而言，其主要污染指标为废水中化学需氧量的排放量、废气中的二氧化硫排放量和烟尘排放量；对于轻度污染的安徽省、江西省和湖南省而言，废水中化学需氧量的排放量、废气中的二氧化硫的排放量以及工业固体废物的排放量是其主要污染指标。

3. 聚类分析结论的解释

环境的污染主要来自工业废物和生活废物的排放，工业废物的排放量则受各地区经济发展水平与其产业结构的影响；生活废物的排放主要受当地城镇居民消费性支出的影响，一个地区居民的消费性支出越高，则产生的生活废水、废气以及生活垃圾也将越多。

为了明确目前中部各地区环境污染存在差异的原因，试图从中部地区六省的经济发展情况、产业结构、居民消费性支出状况和人均收入四个方面，进行聚类分析，以期寻找和解释中部地区环境污染的影响因素，从而有针对性、因地制宜地采取合理治理和防治措施，更好地促进中部地区资源、环境和经济的协调发展。

在经济发展水平方面，选取地区生产总值（亿元）、地区 GDP 增长速度（%）和工业生产总值三个指标，分别用 Y1、Y2 和 Y3 表示；在产业结构方面，选取地区第一产业比例（%）、第二产业比例（%）和第三产业比例（%）三个指标，分别用 Y4、Y5 和 Y6 表示；在生活水平方面，选取城镇居民人均收入（元）和城镇居民人均消费性支出（元）作为衡量指标，分别用 Y7 和 Y8 表示，表 5-27 是 2009 年中部地区六省这八项指标的原始数据。

表 5-27　2009 年中部地区六省的经济发展、产业结构等综合情况

指标	山西	河南	安徽	湖北	江西	湖南
Y1	7 358.31	19 480.46	10 062.82	12 961.1	7 655.18	13 059.69
Y2	6.00	10.70	12.90	13.20	13.10	13.60
Y3	3 518.88	4 819.40	4 064.72	5 183.68	3 196.56	4 819.40

续表

指标	山西	河南	安徽	湖北	江西	湖南
Y4	6.49	14.21	14.86	13.86	14.35	15.08
Y5	54.28	56.52	48.75	46.59	51.20	43.55
Y6	39.23	29.27	36.39	39.55	34.45	41.37
Y7	14 983.15	15 408.04	15 691.94	15 698.11	15 047.19	16 078.12
Y8	9 355.10	9 566.99	10 233.98	10 294.07	9 739.99	10 828.23

资料来源：根据中国统计年鉴（2009 年），处理相关数据得出

　　中部地区六省的经济发展水平、产业结构等综合情况数据的标准化处理方法、聚类分析方法和过程同上，在此不再重述，最终聚类分析的树形图如图 5-6 所示。

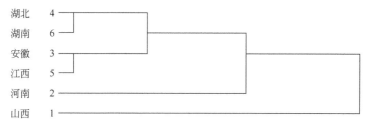

图 5-6　中部地区六省经济发展水平、产业结构等综合情况聚类分析树形图

　　由图 5-6 可知，根据经济发展状况和产业结构的相似性，中部地区六省聚类分析的结果包含三类，第一类包括湖北省、湖南省、安徽省和江西省，这四个地区的经济发展水平、产业结构和居民生活水平比较相似；第二类是河南省；第三类是山西省。通过比较发现，中部地区六省的经济发展状况、产业结构和居民生活水平的聚类分析的结果和中部地区六省环境污染聚类分析的结果基本一致，唯一的不同是在经济发展水平等综合情况的聚类分析中，湖南省被划分在第一类，但总体而言，以上八大指标对中部地区六省的环境污染影响因素具有较强的解释力。

　　综上所述，中部地区环境污染最严重的地区是山西省，其特点是总产出水平较低、第二产业比例过高，居民生活水平相对较低，证明山西省目前的产业结构极不合理，其环境污染的原因主要是第二产业中工业污染物的高排放，如大量的煤矿企业的生产产生大量的煤渣等工业固体废物，同时，其"低生活水平、高污染"的特征也符合环境库兹涅茨曲线的描述，这也解释了山西省环境污染最为严重的原因。其次，环境污染较为严重的是河南省和湖南省，其特点是总产出水平较高，居民生活水平居中，GDP 增长速度较快，说明这两个省属于传统的"高投入、高消耗、高污染和高产出"的生产模式和消费模式，可见河南省和湖南省经济增长方式的不合理是导致其污染较为严重的主要原因。最后，环境污染相对较轻的是安徽省、江西省和湖北省，其特点是总产出水平较高、产业结构适中，且

居民生活水平相对较高，这三个指标的相对均衡是其污染水平略好于河南省和湖南省的主要原因。

5.3.3　中部地区环境污染的主要治理和预防对策

中部地区六省中，经济发展速度较快、产出水平较高且居民人均收入水平较高的地区，其环境污染程度相对较轻；经济发展速度较慢、产出水平较低且人均收入水平较低的地区，其环境污染较为严重。从整体上看，中部地区六省经济的增长都导致了环境的恶化，是环境污染的重要影响因素，这既是工业化进程的重要特征，也是中部地区实现资源、环境与经济协调发展遇到的严峻挑战。针对中部地区环境污染呈现的特征，合理采用相关的治理措施和预防对策，是实现中部地区顺利崛起的必要战略手段。

根据以上的结论，中部地区环境污染的防治对策可以从以下几方面展开。

第一，提高废水、废气和废渣尤其是"工业三废"的回收率和综合利用率，合理增加环境污染治理的投资额，将中部地区污染物的排放量降至最低。环境的污染是由废水、废气和废渣等污染物的大量排放导致的，在维持经济高速发展的同时，应该增加环境污染治理的投资总额占GDP的比例，及时处理工业废水、工业废气、工业废料和生活垃圾，并提高工业固体废物的综合利用率，以促进资源、环境和经济的协调发展。针对山西省"三废"的高产生量和高排放量，尤其是工业固体废物的高产生量和高排放量，提高工业固体废物的回收率和综合利用率，将有助于减少污染物的排放，有效降低烟尘排放、工业粉尘排放以及工业固体废物排放这三个指标值。

第二，控制人口的数量。人口密度的增加，资源的过度消耗，生产消费规模的扩大将产生大量的生活废物，加剧环境污染的恶化程度，因此控制人口数量也是防治污染的重要途径。

第三，积极发展资源节约型、环境友好型产业，实现经济增长方式的转变和产业的转型与升级。传统的经济增长方式是以"资源的高投入、高消耗，环境的污染"为代价的经济发展模式，这种"高消耗、高污染"的增长方式有悖科学发展观和可持续发展战略。此外，工业化进程中的重工业化使得自然资源过度消耗，环境污染严重，此时积极发展"两型产业"，并以此为导向，寻求和发展新的主导产业和支柱产业是预防污染的有效战略措施。同时，大力发展低碳产业，实现能源低碳化、交通低碳化、建筑低碳化、农业低碳化、工业低碳化、服务低碳化以及消费低碳化是促进中部地区资源、环境和经济协调发展的重要策略。

第四，调整产业结构，加快中部地区的工业化进程。第一产业与第二产业比例偏高、第三产业比例过低是中部地区产业结构的最显著特征。大力推进中部地区农业生产、加工、流通的规模化、市场化和专业化，用先进技术改造传统农业，加快中部地区工业化进程，形成工业主导型的产业结构，同时大力发展服务业是实现中部地区产业结构快速转变，预防污染，促进中部地区资源、环境与经济协调发展的有力策略。

　　第五，发展经济的同时，加大政府对环境保护的重视意识、有效发挥政府的主导和监督作用，促进经济与环境的协调发展。妥善处理资源、环境和经济增长这三者之间的关系，需要政府的积极参与和有效管制，因此，要推动中部崛起，解决经济增长与环境污染的矛盾，必须加强政府在预防污染、保护环境中的主导和协调作用。

第6章 中部崛起的资源、环境与经济协调发展的政策创新

6.1 中部地区资源开发利用、环境保护与经济发展战略实施的制度条件

6.1.1 中部地区资源开发利用与经济发展战略实施的制度条件

1. 中部地区资源政策

中国以法律形式明确建立了自然资源特别是其中的矿产资源的国家所有或全民所有的公有产权制度，在对自然资源的综合开发利用上，政府制定了相应的政策和约束条件。中部地区各个省份在执行国家资源法律法规时，根据自身地理区位和资源状况制定了相关的地方法规（表6-1）。

中部地区六省的地方资源类法规基本上是在遵从国家资源法规政策，再根据地方特定的地理环境而作出的具有操作性的地方法规。这些地方性的政策法规已经组成了一套相对比较完整的资源类法规政策。只是这些政策法规过于行政化，操作方面也缺乏详尽的细节描述，从而使得这些地方性法规在执行过程中会遇到不同程度的各类障碍。

表6-1 中部地区各省地方资源法规

省份	地方法规
湖北	《取水许可制度实施办法》（1993）、《湖北省矿产资源开采管理条例》（1997）、《湖北省资源综合利用条例》（1998）、《湖北省土地管理实施办法》（1999）、《湖北省地质环境管理条例》（2001）、《湖北省国土资源监督检查条例》（2002）、《湖北省实施<中华人民共和国水法>办法》（2006）、《湖北省农村可再生能源条例》（2009）
湖南	《湖南省矿产资源管理条例》（1999）、《湖南省地质环境保护条例》（2002）、《取水许可制度实施办法》（2003）、《湖南省矿业权转让管理实施办法》（2003）、《湖南省矿产资源整合总体方案》（2006）、《湖南省违反矿产资源管理规定追究办法》（2008）、《湖南省森林资源流转办法》（2008）
河南	《河南省实施<矿产资源法>办法》（1998）、《河南省实施<土地管理法>办法》（1999）、《河南省矿产资源补偿费征收管理办法》（2006）
安徽	《安徽省矿产资源管理办法》（1998）、《安徽省实施<中华人民共和国土地管理法>办法》（2000）、《安徽省矿山地质环境保护条例》（2007）、《安徽省矿业权出让转让管理办法》（2009）

省份	地方法规
山西	《山西省矿产资源补偿费征收管理实施办法》(1994)、《山西省农业土地资源开发利用管理办法》(1994)、《山西省矿产资源管理条例》(1998)、《山西省实施<中华人民共和国土地管理法>办法》(1999)
江西	《江西省土地监察条例》(1998)、《江西省矿产资源开采管理条例》(1999)、《江西省矿产资源补偿费征收实施办法》(1999)、《江西省实施<中华人民共和国土地管理法>办法》(2000)、《江西省保护性开采的特定矿产管理条例》(2005)、《江西省采石取土管理办法》(2006)

资料来源：根据中部地区六省有关法规资料整理

2. 资源政策实施的制度障碍

1）矿产资源开发中的制度障碍

自然资源作为一种较为特殊的生产要素，其市场化水平要低于其他要素与产品的市场化水平，其直接后果是使"资源开发"具有了一定程度上的准公共物品性质。也就是说，自然资源的开采和开发具有一定程度上的非营利性和非竞争性，而不宜将自然资源当做纯营利性质的商品加以商业性开采开发。中国宪法和专项法律规定自然资源特别是其中的矿产资源由国家所有，由代表全民的政府统一管理，在某种程度上具有一定的合理性；但是由此也带来了相当多的制度障碍和管理问题。

第一，中央与地方政府的矿产资源监督管理权限界定不明。虽然中国在法律上明确了矿产资源属于国家所有，国家是矿产资源的所有者和管理者，但是国家并非是这种权能实现的直接主体，它必须依靠政府职能部门才能得以实现，这样政府职能部门就成为权能在事实上的执行者。也就是说，国家是所有权和管理权的实际承担者，而政府享有的是国家作为所有权人赋予的管理权。《矿产资源法》第三条规定"由国务院行使国家对矿产资源的所有权"，然而在现实中矿产资源的分布以及地理差异使得国务院行使矿产资源所有权的这种管理变得空泛，必须把权力分散到各地区，才能实现更好的管理。《矿产资源法》第十一条又规定，"国务院地质矿产主管部门主管全国矿产资源勘查、开采的监督管理工作。国务院有关主管部门协助国务院地质矿产主管部门进行矿产资源勘查、开采的监督管理工作"；"省、自治区、直辖市人民政府地质矿产主管部门主管本行政区域内矿产资源勘查、开采的监督管理工作。省、自治区、直辖市人民政府有关主管部门协助同级地质矿产主管部门进行矿产资源勘查、开采的监督管理工作"。由此可见，中国矿产资源勘查、开采的监督管理权集中在中央和省级人民政府。这两级政府依据"许可审批制度"来确定各自的审批权。如"对国民经济具有重要价值的矿区内的矿产资源"以及除此以外的"可供开采矿储量规模在大型以上的矿产资源"由国务院地质矿产部门审批；"开采石油、天然气、放射性矿产等特定矿种的，可以由国务院授权的主管部门审批"，其他"可供开采的储量为中型的，由省、自治区、直辖市人民政府地质矿产主管部门审批和颁发采矿许可证"，具体管理办法由"省、自治区、直辖市人民代表大会常务委员会制定"。

矿产资源的监督管理权是通过上述的行政权力实现的，然而行政权力带有浓重的级别色彩，使产权界定字面上看似清晰，实际上因涉及利益分配而变得相当地模糊；更重要的是，这种行政权力常常代表自身的利益，省级人大常委会可以因地制宜，自主制定具体的审批管理办法，而无论由谁来审批，国务院主管部门都有理由基于国家所有权而对审批结果进行干预。各级地方政府通过逐级授权的委托代理关系与中央政府分享代表国家的行政权力，这会使得一处矿产资源之上产生众多的权力主体，在审批之后，监管以及收益分配问题就随之产生了。

第二，中央和地方政府的资源产权划分不明。现实中不仅存在所有者内部之间资源所有权和管理权的界定不明确的问题，而且存在中央和地方政府在资源管理权划分上的权限模糊问题。如上所述，矿产资源的管理权有着浓厚的行政权力色彩，中央政府所代表的是国家利益，而地方政府所考虑或重视的是本行政区域利益，但是中央政府在国家所有的后盾下所做的一切行为似乎都是合理的，因为它有合法的权力依据，地方政府则不然。一旦大规模的矿产勘探发现了地方丰富的煤、石油、地热、金属等矿产资源之后，省（市）和中央政府纷纷来"圈地"，通过法律的、行政的方式来圈定自己的开采审批权范围。于是，就会出现中央和各级地方政府之间就如何划定彼此的产权范围进行讨价还价的局面。当然，地方政府的管理权最终还要统一到"国家所有"这个终极意义上来，所以地方政府只能作出让步。然而，中央对矿产资源的具体监督管理又不得不依赖当地政府，地方政府在履行监督管理职责后，不能得到所期望的利益补偿，于是，在一些地方就产生了越权审批、官（员）矿（主）勾结等违法行为。对于这些违法行为，中央政府作为国家矿产资源的所有权行使者和勘察、开采的监督管理者，即使三申五令也难以从根本上解决问题。这种制度缺陷使得采矿业处于混乱境地，助长了矿业市场上的"炒矿"行为。

在中国的很多地方，矿权的取得方式有很多种。目前在二级市场上流转的矿权有许多是在矿权流转市场建立之前或者之初获得的，其成本非常低。这其中有无偿从国家拿到的、有享受国家优惠政策取得的、也有通过协议出让的。即使在现在，也有一些企业在获取矿权时不是通过市场手段，而是直接找领导打招呼、批条子，以这样的方式获取，成本就远远低于矿权本身的价值。正是这种获得成本低而资源成品价格高导致的高额利润吸引了大量的国有企业、私有企业、个人以及外资等进入矿产市场，从而使得矿业管理变得更加的混乱，导致巨量国有矿产资产流失，产生大量暴富的矿主并由此催生腐败和加剧社会贫富分化。

第三，地方政府的短视行为。政府是拥有行政权力的组织，没有监督而拥有绝对权力的政府会产生大量的腐败，权力失去了制衡便会影响政府政策的偏向。改革开放以来，中国政府具有不可低估的影响力。地方政府自利性行为也是"全能政府"观念难以根除的根本原因，某些政府官员在行使其职权时为了体现自己的权威或者为了捞取个人利益，寻找一切机会统筹安排甚至干预企业和社会个人的生产、分配、交换、消费等活动。在经济活动领域，政府对市场的不当干预现象并不鲜见，具有行政性质的国有企业实施垄断扭曲市场机制的现象也不少。这在矿产资源开发及能源产业发展过程中尤为多见。

有的地方政府特别是县级地方政府出于自利的考虑，过于顾及地方政府财政收入增长、官员政绩的需要、部门和小团体及官员个人的利益，带来矿群利益矛盾冲突加剧、环境污染严重、贫富差距拉大、安全生产形势严峻等危害。有的地方政府只以追求经济增长为最高目标，以 GDP 为营业额，以财政收入为利润，完全像个企业一样运行着。不论是上级政府还是政府官员本人，多数认同只要经济指标攀升，政府和官员就取得了政绩。在这种理念指导下，长期以来，有的地方政府在行为中往往以经济增长为唯一主导目标，在本应该维护公共利益的领域，忽略其维护社会公平的公共职能。为了实现财政收入增长，地方政府大量采取不合理的税收优惠等招商引资政策，为矿产开发企业大开绿灯，甚至不惜牺牲资源所在地居民在资源开发中的成果共享权、生存权和发展权等合理合法利益。其必然结果是，发展成为畸形的发展，官（员）矿（主）勾结盛行，恶性矿难事故接连不断发生，"带血的 GDP"不断增加，矿老板一夜成为暴发户，矿产黑金被掠走，留下满目疮痍的矿区，陷入"资源诅咒"之中。

第四，缺乏生态补偿机制。在现阶段矿产资源开采过程中，地方政府的利益分配要求较高。矿产资源开发所产生的生态环境破坏问题日益彰显，如资源枯竭、地质破坏、水土流失、矿渣堆积、大气污染等。这成为地方政府要求分享矿产开发收益以治理矿区生态环境问题的直接理由和现实依据。生态补偿机制就是在实现矿产资源经济性利益（即产权收益）的同时，将其中一部分收益拿出来投入矿区生态环境问题的治理中，以使矿产资源的开采和收益具有可持续性，实现矿产开发利用与生态环境的协调发展[①]。然而在中国尚未真正建立和实施生态补偿机制。它的缺乏直接反映出一个根本性的问题，即使地方政府没有足够的资金来治理矿产资源开采过程中所造成的环境恶化，这部分资金最直接和最可行的来源还应当是矿权的经济性利益。

2）土地资源管理中的制度障碍

第一，国家的土地管理体制不完善。一个国家或区域的土地供给量是一定的，

---

① 孔凡斌. 建立我国矿产资源生态补偿机制研究. 当代财经，2010，（2）.

扣除确保食物安全和保证生态效用用地之后，各部门能够用作各类建设用地的数量是有限的。土地政策对进入经济体系中的新增建设用地的规模、速度和结构进行控制和引导，并通过新增建设用地配置的变动进一步连锁影响宏观经济格局和总量指标的变动，这就是土地政策参与宏观调控。因此，协调土地供给与需求之间平衡关系的机制应该是"配给制"，但是，在现实的土地管理体制中土地供应和需求关系是颠倒的，即供给服从需求，实质上是一种"保障需求"的机制。其运行流程是，发展改革部门负责立项，城市规划部门负责选址，土地管理部门负责供地。这种土地需求决定供给的机制，不仅是导致中部地区六省经济增长长期处于粗放经营状况的原因之一，而且也是导致土地供应总量控制难以实施的根本原因。在这种体制下，作为控制建设用地的重要手段——土地利用总体规划和用地计划指标，往往形同虚设，从而不能从"源头"上控制耕地减少。尽管《土地管理法》和国务院已经明确土地管理部门负责土地的统一管理工作，而其他部门则属于用地部门，土地管理部门与其他部门的关系是管理者和被管理者的关系，但是在目前的土地管理体制中，两者关系还未理顺，土地管理部门还未能或者没有建立对其他部门的土地利用行为的有效约束机制。最突出的表现是对城市规模的盲目扩张约束无力，造成了城市规模过度膨胀，圈占了大量耕地，并且大多是城市近郊的高产良田和蔬菜基地。

第二，土地收益分配体制不健全。分享税制改革后，城镇土地使用税、耕地占用税、土地增值税、土地出让金等大部分纳入地方财政收入，成为"土地财政"，市（县、区）政府成为最大的土地收益主体。在这种利益驱动下，某些作为土地一级市场的垄断者的地方政府趁机"借地生财"，一手低价收购农村集体土地或者强征农民的承包地（多为耕地）成为国有土地，另一手在土地二级市场上高价大量出让所谓的国有土地以增加地方财政收入。按照《土地管理法》的规定，地方各级人民政府不仅拥有占有耕地的限额审批权，而且还实际拥有大部分国有土地的收益权。一些地方政府不能正确处理经济发展和保护耕地之间的关系，认为"保护耕地就是保护落后""抑制发展"，宁愿牺牲耕地来换取经济的暂时增长。一些地方政府不依法行政的最主要表现形式就是非法批准用地，而在非法批准用地中最突出的表现是在建立各类的"开发区"和城市建设与房地产开发领域存在大量的恶性腐败行为。

第三，抑制土地违法的法律制度并不健全。以"块块"为主的土地管理模式使地方土地管理部门隶属于同级政府，在土地管理上只能服从地方政府，所以当地方政府成为土地违法主体时，违法案件就很难查处；有的土地管理部门的负责人既监管土地，又直接买卖经营土地，如果土地管理部门负责人严格依法行政，就会被以各种理由调换工作岗位。同时，由于缺乏必要的查处违用地的措施和技术手段，致使一些土地违法案件得不到及时制止和追究。

6.1.2　中部地区环境保护与经济发展战略实施的制度条件

1. 环境政策

1）国家环境政策

经过改革开放以来三十余年的不断探索和实践，中国的环境保护政策已经为中国的环境保护事业作出了重大贡献，初步形成了一套有中国特色的以环境管理政策、环境经济政策、环境技术政策、环境产业政策和环境国际合作和交流政策为主的环境保护政策体系。

环境管理政策是指有关环境行政管理的政策和法律，主要包括"预防为主、防治结合"、"污染者负担"和"强化环境管理"三大政策。

环境经济政策是指运用经济手段特别是价格杠杆来解决环境污染、生态破坏等问题，开展环境保护工作的相关政策。主要包括征收排污费、生态环境补偿费、资源税（费）；环境保护经济优惠政策（如资源综合利用优惠政策、低息和优惠信贷政策、价格优惠政策、利税豁免政策）；环境保护投资政策以及建立健全环境资源市场政策。

环境技术政策主要包括防治环境污染、防治生态破坏、合理开发利用自然资源、城乡区域环境综合整治和清洁生产等方面的技术原则、途径、方向、手段和要求等等。从防治污染源的技术来区分，环境保护技术政策可分为水污染防治技术政策、大气污染防治技术政策、固体废弃物污染防治技术政策和放射性污染防治技术政策。

环境产业政策是在产业政策制定和产业结构调整中将环境保护产业列入优先发展的领域，予以大力引导和扶持，并强调依靠科技进步推进环保产业发展，建立环保产业的质量标准体系和价格标准体系。积极引导企业按照清洁生产的要求，加快资金投入，调整产品结构，努力降低污染物的产生和排放。鼓励和吸引社会资金及银行贷款投入企业，实施清洁生产。

中国加入世界贸易组织后，环境保护政策与时俱进，形成了开放型的环境国际合作与交流政策、环境贸易政策，主要包括外商投资政策、货物进出口环境管理政策、废物进口环境管理政策和技术进出口环境管理政策。

2）中部地方政府的环境政策

环境政策的制定和实施离不开中央政府，但是环境政策的具体实施及其效果却直接与地方政府的作用有关。地方政府一方面贯彻执行中央政府的环境政策，另一方面又会根据本地区的环境、资源和社会经济发展程度等，制定相关的地方性行政法规对环境问题进行管理。环境问题的解决不能仅仅依靠中央政府政策法规的制约，地方政府更应该切实担负起地方环境治理的重任。因此，解决环境问题既要各级地方政府加强本地区环境的有效管制，还需要各级地方政府之间进行密切的环境合作。

中部地区各个省份在执行国家环境法律法规时，根据自身环境状况制定了相关的地方环境法规（表6-2）。

表6-2　中部地区各省的地方环境法规

省份	地 方 法 规
湖北	《湖北省神农架自然资源保护条例》(1987)、《湖北省环境保护条例》(1997)、《湖北省大气污染防治条例》(1997)、《湖北省汉江流域水污染防治条例》(2000)、《湖北省实施<中华人民共和国节约能源法>办法》(2001)、《武汉市湖泊保护条例》(2002)、《湖北省农业生态环境保护条例》(2006)、《湖北省植物保护条例》(2009)、《武汉城市圈资源节约型和环境友好型社会建设综合配套改革试验促进条例》(2009)、《湖北省实施<中华人民共和国节约能源法>办法》(2011)
湖南	《湖南省环境保护条例》(1994)、《湖南省实施<排污费征收使用管理条例>办法》(2003)、《洞庭湖区废纸造纸污染整治企业生产条例》(2006)、《洞庭湖区造纸行业技术改造项目环保审批暂行规定》(2006)、《湖南省建设项目环境保护管理办法》(2007)
河南	《淮河流域水污染防治暂行条例》(1995)、《河南省排污费征收使用管理办法》(2003)、《河南省污染源限期治理管理办法》(2006)、《河南省建设项目环境保护条例》(2007)
安徽	《安徽省农业生态环境保护条例》(1999)、《巢湖流域水污染防治条例》(2000)、《安徽省淮河流域水污染防治条例》(2006)、《安徽省森林公园管理条例》(2007)、《安徽省矿山地质环境保护条例》(2007)、《安徽省节能监察办法》(2009)、《合肥市服务业环境保护管理办法》(2009)、《安徽省污染源治理专项基金有偿使用实施办法》(2009)、《安徽省环境保护条例》(2010)
山西	《山西省焦炭生产排污费征收使用管理办法》(2005)、《山西省减少污染物排放条例》(2010)
江西	《赣江流域水污染防治暂行条例》(1995)、《江西省环境污染防治条例》(2009)

资料来源：根据中部地区六省有关资料整理

2. 环境政策实施的制度障碍

作为环境政策实施的主要负责人，地方政府同样有着自己的利益诉求，是地方利益的代表者。地方利益的存在使其具有了对政治、经济、社会、环境、文化等发展的需要，这些需要是地方政府所持续关注和努力争取的。从环境保护和管理的实际来看，地方利益具有两面性，一方面，它与全国的整体利益具有一致性。地方政府在中央政府的领导下，分解和承担国家资源环境利用和保护的发展目标和具体任务，以体现地方利益的需求；另一方面，它与国家的整体利益又存在着差异和矛盾。地方政府往往从眼前利益出发，针对中央的环境方针政策及其目标，只愿意选择那些有利于地方经济发展的方面，如果保护环境的成本太大，对地方近期经济发展没有短期效应，地方政府就不愿意积极执行甚至阳奉阴违，玩猫鼠游戏。

中部地区六省的经济发展水平明显落后，为了赶上东部地区发展水平，中部地区积极实施赶超战略，但是由于缺乏技术、信息和人力资源，加之管理落后，只能以大量消耗本地区的自然资源和牺牲优质的生态环境为代价来推动地区经济发展。地方政府为了本地区的经济利益，在对地方环境进行管制的过程中不可避免地发生了与中央政府所预期效果的职能偏差。地方政府的不当作为成为环境政策实施的主要障碍,是形成管理型资源浪费和环境污染的根源。

第一,环境市场准入把关不严。表现为地方政府对《环境保护法》中有关建设项目实行的环境影响报告制度、环境建设与经济建设和城乡建设同步的"三同时"制度、排污许可制度等贯彻执行的力度不够,导致大量违规不达标的企业仍然能设立;对外招商引资、投资结构不合理,承接转移的产业多以劳动密集型、能源消耗型、环境污染型产业为主;地方保护主义严重,在一些贫困地区,污染严重的小企业因一直作为当地的财政收入支柱而受到庇护。

第二,环境监察力度不够。地方政府工作重点侧重于经济职能,对在地方经济中起支柱性作用的工业污染行为态度宽松、甚至放任。有时候,即使发生严重的污染事件,地方政府也会"睁一只眼,闭一只眼",或者以瞒报的方式极力"捂盖"。

第三,环境保护措施不到位。表现为对资源综合循环利用率低;对环境教育和科研投入少,环保从业人员素质低,专业水平、业务能力均不能满足环境市场发展的需求;处理环境问题的技术手段相对落后,总体水平处于初中级阶段,处理技术多是针对污染末端进行治理,缺乏针对污染源防治的高技术。

6.1.3　中部地区资源开发利用、环境保护与经济发展战略实施的制度基础

1. 经济发展、资源开发利用和环境保护三者协调发展的制度依据

1)经济发展、能源开发利用、环境保护三者之间的关系

经济发展、能源开发利用、环境保护三者之间是一个相互关联、互为矛盾的三元体系,其中的任何一个方面都不可忽视、任何一个方面都不是一个独立的封闭系统。

第一,能源与环境之间的关系。能源与环境是自然系统中的两大基本要素。能源为人类的生存发展提供物质基础,环境为人类的生存发展提供环境空间。人类认识、开发自然资源的能力是无限的,但是地球上的能源供给及环境容量是有限的,因此,必须坚持有限与无限辩证统一的能源观,树立尊重自然、珍惜能源、保护环境的崇高风尚。能源是一把"双刃剑",能源的开发利用,为工业化进程提供了原材料,促进了经济社会发展,另一方面也造成了一系列的环境问题,给生产和居民生活带来了很大的危害。能源矿产的勘查、开采、加工生产与使用会造成环境退化,这种退化不仅是局部性、地区性的,还表现为全国性、全球性。化石燃料燃烧会产生大量硫氧化物、氮氧化物、二氧化碳以及无数的颗粒物,造成空气污染,还会排放大量的温室气体等;随着碳排放浓度的增大,全

球气候发生快速变化，如出现"全球暖化"（globe warming），这些都已成为当今的世界性问题。

具体来说，能源对环境的影响主要体现在：一是能源开采和储运的环境影响；二是能源开发利用过程中对环境的影响；三是能源事故和战争对能源破坏的环境影响。能源及化学工业都是事故易发产业。同时，能源产地（如石油产地）已成为现代国际社会争夺的战略重点之一，事故和战争所造成的矿物能源的环境问题已引起了世界各国的关注。各种矿物能源在开发利用过程中都会对环境产生一定的影响，但是各自的影响程度存在很大差异。一般来说，天然气的影响程度最小，如天然气泄漏，石油的影响程度居中，如海底开采石油溢油事故、石油罐爆炸事故、运油船事故导致漏油，而煤炭的开采和使用是对自然环境系统影响最强烈的一种工业活动，如煤矿井瓦斯爆炸、矿井透水，煤矿开采的"三废"污染、矿区地质环境损害、储放煤炭的废气挥发与自燃、土地占用与破坏。

开采煤炭活动，将长期积蓄起来的这些矿物燃料在很短时间内取出并转换成另外的形态，甚至可能是与环境不亲和的形态，会造成严重的生态环境破坏。煤炭开采会破坏土地资源和水资源，开采过程中的矿井瓦斯和矸石自然释放的 SO_2、CO_2、CO 等有毒有害气体，不仅对矿区大气环境造成严重危害，而且大大加剧了全球气候的变暖；储、装、运过程中产生的煤尘对矿区及运输线路两侧的生态环境带来污染；煤炭利用如燃烧、加工等对环境的影响也非常大，甚至已危及人类的健康。例如，山西省多年超常规无序采煤使生态环境大大恶化，每年新增塌陷区 94 平方千米，道路、交通、供排水等设施损坏严重，甚至发生大范围的地裂缝、地面塌陷，使村庄搬迁、道路污染、地下水流失，矸石、煤灰渣占地成山，矸石、煤堆自燃又释放出大量有害气体，污染已达到了立体化程度，对当地居民生活、农牧业生产和生态环境造成严重影响；大量煤炭的直接燃烧使山西省大气呈现典型的煤烟型污染，煤烟既可以直接作用于呼吸系统，诱发和加重慢性阻塞性肺疾病、肺癌等疾病，也可以间接地作用于人体其他系统，导致死亡率的增加。

第二，能源与经济增长之间的关系。这种关系表现在：一是经济增长对能源有依赖性，即经济增长离不开能源；二是能源的发展要以经济增长为前提，因为经济增长可以促成能源的大规模开发和利用。但是，作为经济动力因素的能源同时也是一种经济阻碍因素，能源资源的逐渐耗竭及能源带来的生态、环境问题，都将阻碍经济的发展。

能源是经济发展必需的生产要素和投入因子，是国民经济尤其是所有工业部门的关键性生产要素。经济发展的出发点是满足人们日常生活中的基本需求，提高人们的生活水平，而人的需求是以物质为基础的，满足其需求就要消耗资源，经济的发展过程就是将自然资源转化为人类消费资料的过程，而能源又是经济发展过程中不可或缺的资源，所以，能源与经济发展的主要矛盾就在于：人的需求相对无止境，而自然资源相对有限。具体地说，能源在经济增长中的作用主要表现在：能源使投入具有活力，它推动了生产的发展和经济规模的扩大；能源促进新产业的诞生和发展，推动了技术进步；能源的利用促进劳动生产率的提高，是提高人民生活水平的主要物质基础之一。经济增长对能源需求的一般关系主要体现在：经济增长与能源需求总量是按相同方向变化的，并且在大多数时期基本上存在一定的比例关系；经济增长与其对能源品种增加或能源结构调整和更新的需求按相同方向变化，经济增长对能源质量的需求也在不断提高；但是能源污染成为经济发展的障碍，能源的开发利用会造成严重的生态环境损失。

经济增长在为能源所推动的同时，反过来又成为能源发展的条件或基础。经济增长在产生能源需求的同时，又为满足这种需求提供了手段，这种关系并没有因当今世界能源短缺而消失，或者说，解决能源短缺这个难题最终还要依赖经济增长。这主要表现在：经济增长为能源发展提供了市场，同时也为能源的开发提供了财力、物力保证；能源科学教育的发展为开发利用能源提供了认识手段；能源技术进步以及能源生产的发展为开发利用能源提供了物质手段。可见，能源与经济增长是相互依存的，两者的关系可以概括为：经济增长必然具有对能源的内在需求，能源是经济增长的动力源泉，经济增长为能源发展创造条件。

第三，环境与经济发展之间的关系。环境是经济发展的物质条件，既可以直接促进经济的发展，也可以阻碍经济的发展。目前，环境污染和生态破坏已成为危害人们健康、制约经济和社会发展的重要因素。从理论和实践意义上讲，经济发展与环境的关系包括两方面：一方面是人类社会的经济活动对环境的作用，另一方面是环境对人类的反馈作用。

生态环境对经济活动具有支持作用，并且对不同经济开发活动的支持能力是不同的。生态环境对经济开发活动的支持能力分为三个层次：一是对生存条件的支持。这是生态环境对人类活动最低层次的支持，尚未考虑经济与环境发展的可持续性，如粮食的基本自给是脆弱生态区继续发展的基础，自然生态的破坏、水土流失的加重，使得许多地区的粮食自给不能够解决。二是对经济发展能力的支持。所考虑的重点是经济的可持续发展能力，但是没有考虑生态环境状况的改善以及人们生活水平的提高对生态环境的相应要求。这是由经济发展到一定阶段后人们对经济持续发展能力的期望所决定的。事实已经证明，超过生态承载力的经济开发方式是不可持续的。三是对高质量生活及其相关经济活动的较高层次的支持。生产要素日益积聚，而环境容量相对缩小，构成了一对不可调和的矛盾，环境既是发展的资源，又因容量的有限而成为发展的制约条件，从而降低环境对经济的支持能力。

经济活动对环境具有副作用。因为经济的发展依赖于环境、经济发展不可能脱离能源，而能源的消耗一定会影响到环境，也就是说，经济发展必然影响到环境。经济活动改变着生物本身，同时调节和改变着赖以生存的自然环境，其中涵盖对自然环境的破坏，而首当其冲的是对植被的破坏，尤其是对森林和草地的破坏，进而带来了生态环境的变化。但是受损环境的再生成本是很高的，而且有些脆弱的生态环境的破坏是无法恢复的，因此，环境具有相当程度的不可再生性。第二次世界大战以来，美国国民经济总产值增长 100%，污染却增加了 20 倍，1970～1975 年，美国每年污染损失平均达 500 亿美元；日本 1970 年环境污染造成的经济损失达 220 亿美元。据世界银行推算，中国目前每年因大气和水污染，尤其是细微大气颗粒对人体健康的危害造成的经济损失达到 540 亿美元，是中国国内生产总值的 8%。

经济发展对环境的依赖性体现在，环境保护与经济发展之间的权衡是动态性的，其判断标准是变化着的。随着经济发展水平的提高和技术的不断进步以及社会的发展，不仅环境质量标准会逐步提高，使环境和经济发展的权衡因时因地而有差别，而且居民生活质量提高，其对环境重要性的评价一定会越来越高。反过来说，经济越发展，其与环境质量相比较的重要性反而会下降。经济发展的这种"价值递减"或者"自我贬值倾向"性质，使得经济发展与环境质量的权衡越来越重要，并将产生一系列的"后悔值"，如"后悔"当年煤炉取暖、烧煤发电、生产了大量排放污染环境尾气的汽车、山上砍树、地下挖煤等。

以上只是分析了能源、环境和经济系统中子系统的两两相互作用关系。这些关系对系统的影响仍然是局部的或单向的，但是它们为该系统中各种错综复杂的作用关系的基础。如果把它们综合起来考虑，就会发现，在区域能源、环境和经济系统中，存在大量多重特性、连锁复杂的作用关系，这些关系往往涉及多个子系统。

2）资源、环境和能源的协调发展

第一，协调发展。协调既是一种状态，也是一个过程。作为一种状态，协调是指被协调者各要素之间的融洽关系，从而表现出最佳整体效应；作为一个过程，协调表现为一种控制与管理职能，是围绕被协调者发展目标对其整体中各种活动的相互关系加以调节，使这些活动减少矛盾，共同发展，促进被协调者目标的实现。而发展不同于协调，发展是系统或系统组成要素本身的从小到大、从简单到复杂、从低级到高级、从无序到有序的演化过程；某一系统或要素的发展，可能是以其他系统或要素的破坏甚至毁灭作为其发展条件的。随着社会的不断进步，单一的经济发展已经落伍，因此，必须树立一种兼顾各方、共同提高的多元发展观，即树立协调发展观念。

如上所述，协调是系统之间或系统要素之间在发展演化过程中彼此的和谐一致，是协同之间的一种良好的关联，而发展是指系统或系统组成要素本身变化的过程。"协调发展"应该是"协调"与"发展"概念的交集，是系统或系统内要素之间在和谐一致、配合得当、良性循环的基础上由低级到高级、由简单到复杂、由无序到有序的总体演化过程。协调发展不是单一的发展，而是一种多元的发展。在协调发展的运动过程中，发展是系统运动的指向，而协调则是对这种指向行为的有益约束和规定。所以，协调发展是一种强调整体性、综合性和内在性的发展聚合，它不是单个系统或要素的"增长"，而是多系统或要素在协调这一有益的约束和规定之间的综合发展，是可持续发展、科学发展、和谐发展的有机集成。

第二，资源、环境和经济协调发展系统的功能。经济、资源、环境协调发展系统是通过物质、能量、信息的流动与转化将系统内各子系统连接成一个有机整体，其运动与发展过程就是该系统内物质、能量、信息不断交换的过程。因此，物质循环、能量流动及信息传递是经济、资源、环境协调发展系统的主要功能。

首先是物质循环。循环使物质可以被重复利用，它在一个系统中以某种具体形态消失，又在另一系统中以某种形态出现，从而使之在不同系统之间反复利用。协调发展系统中各子系统之间的相互作用，从而形成十分复杂的物质循环。经济、资源、环境协调发展系统的物质循环分为三大类：第一类是自然物质循环，它通过生产者、消费者、分解者而进行；第二类是由经济活动干预自然物质循环而引起的经济物质循环，它在生产、分配、交换、消费等各个经济环节之间循环；第三类是由各生产性废物和生活性废物而形成的废物物质循环，它是通过自然物质循环而实现的。第三类物质循环加上第二类物质循环共同构成循环经济。

其次是能量流动。协调发展系统中的一切物质循环都要伴随能量的流动，物质循环与能量流动之间相互影响。协调发展系统中的能量流动也包括自然能量流动，它是通过自然资源之间相互转化而产生的，如由水和风的能量流动而产生电能等。此外，协调发展系统的能量流动还包括经济能量流动和废物能量流动。

再次是信息传递。协调发展系统由于物质的循环和能量的流动，往往伴随着信息在系统之间的交换。它主要分为自然信息传递和人工信息传递两大部分。自然信息传递是指由于协调发展系统各组成要素之间及系统内部因相互作用、相互影响而产生的信息传递，如要实现某地区经济的发展，需要对资源进行如何配置及由此对环境会产生如何影响等。人工信息是指人们因自然信息传递不明确而对协调发展系统所作的信息加工、处理和使用或者消费的过程，如在使用矿物资源之前，应通过一定的技术查明矿物的分布及储藏量等信息。

要实现经济、资源、环境三大系统之间的协调发展，就需要在实现经济数量增长及质量提高的同时，对资源的利用和环境的保护不产生大的影响或者没有负面影响甚至有增益，使之能相互协调（图6-1）。由图6-1可知，协调发展系统中的三个子系统相互联系、相互影响，具体可形成三个层次：第一层是各子系统内部因素之间的关系。这些关系能揭示各子系统发展变化的规律，它属于最基础的层次。第二层次是两系统之间的关系。主要包括经济与资源、经济与环境、资源与环境之间的关系。第三层次是经济、资源、环境三个子系统之间的关系。这是系统协调发展的最高层次关系。

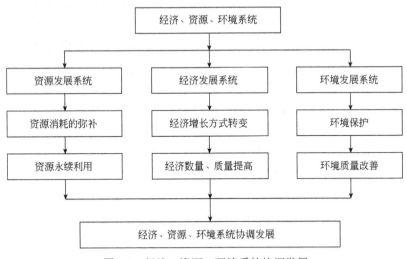

图6-1　经济、资源、环境系统协调发展

2. 中部地区经济、资源和环境协调发展的制度缺失

中部地区在促进工业化、城镇化进程中，实现经济增长的同时也带来了严重的资源环境问题。它表明经济子系统、环境子系统和资源子系统三者之间并没有实现协调发展。造成这些问题的原因就在于经济增长过程中制度建设的落后，三个系统的制度建设（制度设计、制度变迁与制度创新）不同步，使得一些制度特别是资源节约制度和环境保护制度缺失，出现制度失衡与制度不协调。

1）资源节约制度缺失

第一，约束资源浪费的法规不健全。资源节约型社会的法律法规体系建设是遏止过度消费、过度包装、减少资源浪费、提高资源利用率和提高资源再生化水平的重要手段。中国已经具有一定的促进经济发展和资源节约的立法基础，相继制定了《节约能源法》《可再生能源法》《清洁生产促进法》《矿产资源法》《水法》等法律，中部地区也在这些方面做了不少有益的探索。但是总体来说，中部地区六省在资源节约和综合利用，特别是再生资源回收利用方面的法律法规建设仍然是薄弱环节，还没有形成促进资源节约型社会建设的法律体系；法规不完善，措施不配套，可操作性不强，对于资源浪费的约束机制还不健全，甚至在某些方面还无法可依。中部地区的一些大城市逐步实施阶梯式水价、阶梯式电价等细节性的节水节电措施，但是还缺乏整体性的、系统性的约束资源浪费和鼓励资源节约的法规制度，往往为了限制或节约一种资源而造成另外一种资源浪费，从而造成了更大的资源浪费。应该对节约资源进行系统性的制度设计，形成系统性的节地、节能（电、煤、油、气）、节水、节材以及再生资源化的法律法规体系。

第二，鼓励资源节约的财税政策不到位。中国现行的促进资源节约的税收政策存在不少问题。在资源税方面，因资源节约政策导向不明确，其征收范围偏窄，课税对象局限于矿产资源开采环节，且调节力度不够，导致对资源的过度甚至是破坏性开采。在增值税方面，虽然中国已由生产型增值税转向消费型增值税，允许企业购进机器设备等固定资产的进项税金可以在销项税金中抵扣，有利于企业生产设备的更新与产品结构的优化升级，但是总体而言，增值税优惠范围较窄，税率较高，主要覆盖商品生产和流通领域，建筑安装、邮电通信及其他劳动服务等产业仍实行营业税。在消费税方面，征税范围过窄，一些资源浪费和容易给环境造成污染的消费品没有列入征税范围，如一次性用品只将木制一次性筷子纳入其征税范围，还有很多其他一次性产品，如餐具、购物包装袋、卫生产品等均不在消费税的调节范围之内。

第三，资源产权关系不明确。改革开放之前，资源归国家所有。20 世纪 90 年代以来，各地政府纷纷出让资源经营权，鼓励企业、个人参与自然资源开发，推进资源产权制度的变革，但是现行的资源产权制度还存在诸多问题，阻碍着资源节约型社会的建设。煤矿、石油、天然气、稀土等矿产资源，在很多情况下其产权是不可能明确界定的[①]。在资源开发过程中，政府实行了资源有偿使用的制度，企业或其他单位代替政府进行资源开发利用。在企业或其他单位获得资源开发权后，政府缺乏对其资源使用效率和过程的监督，使得资源利用率很低。有的地方政府甚至用行政命令干预资源的开发和增值，使资源成为地方政府寻租的重要工具。同时，资源有偿使用费是由政府自由裁量的，征收标准弹性很大，现实中政府裁量的有偿使用费用普遍低于资源本身的价值，矿产开发商付出的低成本在很短时间内就可以全部回收，"圈矿"和采矿成为一夜暴富的新途径，其对资源的巨大浪费就在所难免。可见，资源产权长期以公共产权的形态出现，致使资源成为"免费的午餐"；资源消费的竞争性、排他性以及有偿性降低甚至荡然无存，取而代之的是资源浪费与破坏以及外部性问题的加剧。

第四，资源产品价格体系不合理。改革开放以来，中国的价格体制改革取得了很大的成就，基本上建立起了国家宏观调控下主要由市场形成价格的机制，但是一些资源性产品的定价机制和比价体系还很不合理。一方面，部分地区基于发展经济的需要，担心资源定价过高不利于企业生产、吸引外资而人为压低资源价格。其结果是造成资源价格普遍偏低，使得资源价格无法有效、真实地反映社会需求，致使经济发展中片面追求增长速度而不计资源成本和资源消耗的现象普遍

---

① 许抄军，罗能生. 我国矿产资源产权研究综述及发展方向. 中国矿业，2007，（1）.

存在。另一方面，资源类产品之间比价关系不合理。中国长期以商品价格体系为中心进行价格管理，不仅导致各种资源之间如可再生资源与不可再生资源（矿产和能源）、土地资源、水资源、森林资源之间的比价关系不合理，而且各种资源内部如自然资源与资源产品之间的价格关系也不合理。目前，原油、天然气和发电用煤之间的比价关系，国内市场为 1：0.24：0.27，而国际市场均为 1：0.6：0.20，国内天然气价格明显偏低。再如矿产资源的初级品与回收加工品比价也不合理，矿业生产规模大、环境影响滞后，使得矿产的初次资源价格相对较低；而矿产回收加工在技术、环保方面要求较高，使得再生资源的价格反而相对较高，因此很多企业更愿意直接购买初次资源品，这造成资源再次利用率较低。

第五，监督资源浪费的管理体系不完善。由于受到各种利益和行政权力因素的牵制，在淘汰高能耗、高电耗、高水耗、高排放、高污染以及技术工艺落后的企业、设备和产品过程中，监管不明确、执行不得力、处罚不到位，会使各种资源制度和政策大打折扣甚至形同虚设。目前中部地区资源利用存在的最主要问题是，在人均占有量相对贫乏导致资源紧缺的前提下，资源利用效率低、浪费大。土地资源集约利用程度偏低，经济效益呈现出低效性特征，且占用和浪费耕地现象较为严重。造成这种现象的根本原因就在于监督资源浪费的管理体系不完善，可见，强化对资源浪费的监管是资源节约型社会建设的关键环节。

第六，节约资源的技术起步较晚、进步较慢。资源节约的关键在于科技创新，科技水平在很大程度上决定了资源节约达到的程度。中国节约资源的技术起步较晚、进步较慢，现有技术的落后和设备的陈旧在一定程度上阻碍了资源节约型社会的建设。在节水技术方面，有关数据显示，由于管材、管网设计和维护技术的缺陷，中国城镇供水管网漏水率在 20% 以上，每年因此损失的自来水近 100 亿立方米，甚至高于南水北调中线的输水量。实际上，中部地区很多城市由于供水工程不配套及工程年久老化失修等原因，现有的供水量与设计供水能力存在一定的差距，在供水过程中也面临着严重的流失问题。在节能技术方面，地区节能技术的研发多数只是企业为了节省成本的自发行为，节能技术研发和成果应用的激励机制尚未建立或者不健全，这使节能科技创新缺乏足够的动力支持。

第七，消费观念上的障碍。随着市场经济的不断发展，人们的生活方式逐渐被物化，奢侈浪费的消费理念随之滋生，导致人们在消费模式和生活方式上竞相攀比和模仿，形成极大的浪费。如消费品的过度包装、一次性消费品数量的剧增等。在全国每年的固体废物中，包装物占 30%。在市场化的进程中，消费的便利化和快速化，不仅使一次性消费品的数量与种类急剧增加，甚至使许多原本的耐用消费品如彩电、冰箱、电脑、手机等也因产品更新换代加快而大大缩短了使用时间。同时，政府持续实施刺激消费的扩大内需政策，促进了快速消费和浪费性消费，促使社会逐步放弃节约节俭的传统消费观念，这在客观上起到了加速资源消耗和增大生态环境压力甚至恶化生态环境的不利作用。

作为非正式制度的消费观念，没有形成与资源节约和环境友好要求相一致的制度约束，这不仅导致了资源的大量消耗，而且也造成了环境的严重污染。适应低碳经济发展趋势，需要转变经济可持续发展的消费模式[①]，建立资源节约型和环境友好型低碳生活方式，创新消费观念，形成与资源节约和环境友好要求相一致的非正式制度约束。

2）环境保护制度缺失

第一，政策体系的结构不够合理。近年来，中部各省在经济发展过程中越来越重视生态环境问题，相继制定了一系列保护生态环境的政策和举措，初步形成了法律、行政、经济等手段相结合的政策体系。但是，目前各个省保护环境的政策体系的结构不够合理，表现在三个方面：一是行政手段用得多，经济和社会性政策等用得少。现行的环境政策多是以行政命令的方式出现的，使各个省保护环境的政策体系呈现行政手段独大的结构性特征。二是环境规划多而环境法规少。各个省对本省范围内的生态环境保护制定了大量的规划，如环境保护的"十二五"规划等，这些规划贯彻了可持续发展的理念，能够在一定的程度上规范人们的行为，但是缺乏必要的法律依据，强制力不够。三是单一法规多，综合政策少。各个省大部分的环境政策措施都是针对具体问题，这些政策措施在具体执行过程中往往很难协调一致。

第二，环境政策决策机制不够健全。政策的制定涉及高素质的、立场中立的政策研究人员、科学合理的政策制定程序以及政策监督纠正程序。它要求对政策目标、政策条件、政策对象进行深入的分析，充分征集各方面意见，形成初步的备选方案，并在此基础上通过试行、评估、反馈和完善的过程，以实现决策的科学化和合理化。目前，中部各省许多环境决策的制定与实施都是临时组织人员仓促研制，政策体系的系统性和持续性不强，一些政策法规甚至自相矛盾，背离决策初衷。对于如何在保证经济发展的同时实现资源节约和环境保护，必须具备科学化的政策决策机制和精细化的政策执行机制。这就需要各省组建专门的政策研究机构和高水平的专家咨询队伍，完善政策程序，以便形成科学、系统的环境政策体系。

第三，监督机制不够健全。环境是一种公共产品，具有很强的外部性，包括环境损害行为的外部不经济性以及环境保护的外部经济性，在没有外部约束的情况下，生产者倾向于过度使用环境，但又不愿治理环境，因此环境保护和监督工作尤其需要政府发挥作用。中部地区六省已制定了相当多的环境政策，但是总体

---

① 杨艳琳，陈银娥. 经济可持续发展的消费模式转变. 消费经济，2007，（2）.

环境状况并未得到根本性的好转。究其原因，除了政策本身不够完善外，更重要的是政策的落实问题。在省级制定环境政策并不难，但是贯彻落实就涉及不同的市、县行政区划，牵涉众多的利益部门，容易遭到众多利益相关者的阻碍，执行稽查难度甚大。政府监管不严使得企业的环保成本大大降低，从而导致企业污染行为严重、排污强度增加。因此，必须健全政策执行及监督机制，保证制定的政策得到高效落实。

第四，鼓励环境保护的财税政策不到位。目前中部各省为了保护环境，已采取了不少有针对性的财政税收政策，如不断加大城市和区域环境治理投入、对污染型工业企业征收排污费、对淘汰落后产能企业予以财政补贴等，取得了积极效果。但是现行的财税政策仍然存在着不少问题：一是收费不全，收费标准偏低，致使企业宁愿缴纳排污费也不愿治理污染；二是排污费使用效果不佳，大部分资金用于环保部门自身的建设，只有少数用于治理污染；三是征收方式不规范，重挫了企业的积极性与主动性，弱化了对污染排放的控制力度。

第五，技术支撑动力不足。保护环境离不开节约资源，保护环境提倡资源的减量化、资源化和再利用，需要实用性强的清洁生产技术、资源回收技术、废物利用技术、能源综合利用技术、污染治理技术、环境监测技术等作为支撑。但是，中部地区的这些技术与国内外先进水平，尤其是发达国家高技术水平相比，尚存在着很大的差距。其主要原因为：一方面缺乏激励相关企业主动进行节能降耗的技术研究的激励机制，使得环境科技创新缺乏足够的动力支持；另一方面，科研经费不足，绿色科技成果难以转化为现实生产力。据国家科学技术委员会统计：中国科技成果转化率不到30%，环保科技成果转化率还不到20%。许多绿色科研成果只能停留在小范围试验阶段，无经费进行工业性试验，难以转化成现实的生产力，不能实现技术的产业化，也不能在经济发展和保护环境中发挥这些科研成果的作用。

第六，环境观念上的障碍。环境观念上的障碍主要表现在三个方面。其一，政府主体存在错误观念。在盲目追求政绩和 GDP 增长的错误的执政观念的诱使下，中部地区六省长期以来均采用传统的经济增长方式，重经济增长、轻环境保护，忽视资源节约和环境保护。其二，企业主体存在错误观念。在市场竞争无序和经济体制约束无力的条件下，企业倾向于追求眼前利润最大化，不愿在环境保护和污染治理上投入必要的资金，也不愿大力发展循环经济。其三，民众存在错误观念。目前公民节约资源和爱护环境的意识较为单薄，大多数公民在日常生活中并不注重资源的节约，更有甚者，将节约资源看成是吝啬的表现；再加上中国人好面子、讲排场等心理因素的影响，当代人逐渐滋生出一种盲目追求奢侈品的消费方式，造成了极大的资源浪费和环境污染。这些不正确的观念成为阻碍节约资源、保护环境的意识型障碍。

3. 其他相关制度障碍

第一，各自为政的体制障碍仍然存在。中国长期稳定的行政区划所形成的行政管理体系，造就了区域经济一体化与行政区经济的矛盾冲突。政府管理以行政区行政为主。"行政区行政"就是基于单位行政区域界限的刚性约束，民族国家或地方政府对社会公共事务的管理是在一种切割、闭合和有界的状态下形成的政府治理形态。中国成熟的行政区划具有很强的行政执行力和本位主义以及地方保护主义，政府"理性经济人"的特性使地方关注自身利益甚于区域整体利益，致使一些跨行政区划的体制改革措施往往得不到应有的效果。这种行政区治理形态导致了中部地区六省区域间的恶性竞争时有发生，区域协调问题层出不穷，各自为政，区域一体化程度不高，合作共赢意识不强。中部各个省份甚至同省境内不同市县之间由于户籍、金融、财政、土地、社会保障和市场监管制度的不同而限制甚至阻碍区域之间人员、资金、技术、资源等生产要素和商品、服务的自由流动和相互开放。造成这种现象的原因，除了认识因素外，更重要的是基于政策和制度而形成的利益因素。

第二，行政分割导致产业结构不合理且趋同。由于行政分割带来强烈的区位主义、本位主义以及诸侯割据的地方保护主义，中部各省在各自的产业规划中较多地考虑本省的发展前景，没有站在区域一体化发展的高度来规划产业，再加上条块分割的影响，各省产业出现了重复投资和重复建设的现象。中部地区的工业结构以重工业为主，优势产业主要集中于电力、热力的生产和供应及黑色金属冶炼及压延加工业等，除山西省主要以煤炭及相关产业带动为主外，其他五省的产业趋同情况严重。为了各自的快速发展，各省政府在促进本省产业发展的措施上也相互竞争。如为了吸引外资而相互竞价、相互排挤，制约了区域经济一体化的产业协调发展。各省只谋求自己地区的发展，导致整个中部地区的实力、资源整合被忽略，难以从整体、全局和系统协调角度考虑和安排经济发展而制定相应的区域产业协调发展政策。

第三，城乡体制差异导致城乡发展不平衡。中部地区如全国一样，长期执行城乡之间不同的政策，造成了城乡在土地、户籍、就业、社会保障等方面的巨大差别，这限制了城乡资源流通和经济协作。城乡之间行政区划与管理权限不同导致城乡建设各自为政、自成体系的现象较为普遍，难以形成统一管理。在观念上，相对重视城市发展、忽视农村发展，城乡统筹发展有所欠缺；在规划上，相对重视城市建设规划、忽视农村建设规划，城乡统筹规划更加欠缺，城乡缺乏系统配套的政策支持，现有政策缺乏一贯性、协调性。其结果是，城市与乡村不仅在基础设施、产业发展、经济状况方面存在较大的差距，而且在社会发展以及生态环境质量方面也存在着严重的不平衡。众多制度性因素阻碍城乡一体化发展，继而影响节约资源和保护环境的政策有效落实。

6.2　中部崛起战略的资源经济政策和环境经济政策选择

实施中部崛起战略，通过经济增长方式转变与机制体制的全面创新推进中部发展，不仅可以提高中部地区自我发展能力，而且有利于带动全国各区域经济增长方式的转变，实现经济、社会、文化、环境协调发展，从而有利于全面贯彻落实科学发展观，使经济走上全面、协调、可持续的发展的道路。但是，要实现中部地区经济崛起，就需要实现中部地区六省区域的经济、资源和环境之间的协调发展。

6.2.1　中部崛起的资源经济政策

1. 土地政策

要实现中部地区资源、环境与经济的协调发展，首先要实现区域内有限土地资源的可持续利用。中部地区人口众多，人均土地很少，土地资源十分稀缺，人地矛盾尤为突出；同时，在土地开发利用方面存在很多矛盾与问题，如土地退化、水土流失、土壤生态环境破坏等，不仅影响到土地资源本身的充分、合理与有效开发利用，而且影响到地区经济的健康发展与居民生活水平的提高。所以，合理开发利用土地资源，实施可持续的土地利用战略，在中部地区六省就显得极为重要，也是中部地区经济与社会持续发展的基本要求。

从现行的土地政策可以看出，土地政策导向十分明确，即保护耕地，严格控制新增建设用地，优化用地结构和节约集约利用土地。现行的土地政策在清理整顿闲置用地、遏制部分行业投资过热和低水平重复建设以及提高节约集约用地水平等方面取得了阶段性的成效。一方面投资过热得到有效遏制，土地违法现象明显减少；另一方面地方政府正在通过置换、挖潜等方式，最大限度地盘活现有土地资源，提高了土地利用效率。土地政策作为政府调控经济发展的重要手段，虽然取得了一定的效果，但是在资源节约和环境保护中的作用仍十分有限。而且土地政策体系并不完善。现行的土地政策主要以土地供应调控为主，注重短期效果，缺乏长效机制。相关政策法规的缺乏，使得中部地区滥占耕地、城市规模无序扩展以及土壤生态环境遭受破坏的现象仍然普遍存在。因此，长期有效的土地政策应该涵盖土地管理领域的土地规划、征用、出让、流转、税收等各个环节，形成长期有效的调控机制。

1）土地供给政策

中部地区要实现土地政策对资源节约和环境保护的调控作用，应收紧土地供应,针对不同产业的用地实行相应的土地供应政策。首先,从资源节约和环境保护的角度出发,对高效、低耗能、无污染或低污染的产业优先供地。这既有利于资源环境的可持续利用,又可以通过土地政策引导投资转型,促进地方经济走可持续发展的道路。其次,由于中部地区经济正处于高速发展阶段,不可能将所有的高污染、高耗能企业一律关闭,因此对高能耗和高污染的企业应进行供地限制,在此基础上,主要通过土地配置政策减少其对环境与资源的破坏。再次,对环境产生重大污染且难以恢复的高能耗、高污染企业应禁止供地,特别是对国家明令禁止的重型污染企业或高能耗企业,一律禁止供地。

2)土地规划政策

在土地利用规划中,通过土地环境性评价和规划环境影响评价,从资源节约和环境保护的角度出发,合理、有效地引导土地开发利用行为。土地环境性评价是土地利用规划的前期环境评价,以土地环境资源持续保全为目的,通过重点评价土地所具有的物理、环境性价值来判断需要保全土地的环境功能或附近的开发地块对特定土地环境性的影响。规划环境影响评价的实质是在发展规划阶段对建设项目的环境影响进行前瞻性预测,通过考虑多个建设项目的累积环境影响和各种影响因素之间的协同效应,将环境、社会和经济作为一个整体进行系统的综合评价,并在高层次决策之前提供可选方案和环境措施。

中部地区在土地利用规划中,应强化运用环境资源的目标与标准来评判土地规划对环境影响的重要性和可接受性。土地环境性评价与规划环境影响为发展规划的初步方案及其修订提供基础,它产生的信息在这个重复过程中以整体形式被用来修订提出的政策、规划以及计划。因此,规划环境影响评价是政策制定的重要组成部分。

3)土地用途管制政策

土地用途管制政策是有效保护耕地资源、合理配置土地资源的重要手段。目前的土地用途管制政策主要包括特殊用途分区管制、簇群分区管制、绩效分区管制、浮动分区管制以及条件式分区管制几种类型。在资源节约和环境保护中应采取绩效分区管制方式,其考虑的因素包括地形、排水、植被、景观以及可及性因素。

中部地区为了有效地实施土地用途管制制度,首先,要根据区域条件划分土地用途管制的等级。其次,构建土地用途分区管制规则,既对区域土地使用类型本身进行管制,又对区域土地用途转化进行管制,以实现土地利用效益最大化的地区目标,确保不同用途之间的协调性。再次,要建立区域土地用途转换的预评价制度,为土地用途转换提供决策依据。最后,要重塑区域土地产权制度,保障土地用途管制政策的顺利推行。

4)土地利用政策

土地为资源环境的载体,通过调整用地结构、优化布局,能有效地节约资源、保护环境；同时，土地集约利用水平在一定程度上能影响资源节约和环境保护的效果。中部地区要通过土地利用政策，促进土地利用方式从粗放型向集约型转变。首先，要以土地利用和城市规划为指导，提高城市土地利用效率。其次，要建立和完善城市土地利用的市场机制，深化土地制度改革，完善土地市场体系，加强对土地资源资产的管理，强化土地的资产功能。再次，需要建立集约利用评价指标体系，提高土地使用效率，对粗放利用行为采取严格的处理措施。

5）地价管理政策

中部地区运用地价管理实现资源节约和环境保护，需要完善两个方面的条件：

第一，要进一步明确资源环境的产权。资源环境存在明显的外部性，难以简单地将其价值内部化。在目前的制度条件下，土地价格难以体现土地的真实价值，但是随着人们对资源环境产权意识的增强，这种格局将被打破，在地价中应体现出资源环境的外部效应。因此，资源环境产权的确立是资源节约和环境保护中市场经济手段充分发挥作用的关键。首先，要确立资源环境的所有权、使用权和经营权，这是资源环境产权确立及其实现的重要方面。其次，通过管理机构职能改革进一步明确资源节约和环境保护监督部门、资源开发利用部门、环境建设保护部门职责，这是资源环境产权实现的重要保障，并明确监督管理部门为资源和环境的所有者，而资源开发利用、环境建设保护部门为资源和环境的使用者和经营者。在产权明确的基础上，通过土地价格来体现资源环境的价值。

第二，要进一步明确土地利用行为对环境资源产生的影响。通过相关的土地监察评估活动，能掌握各种用地类型和方式对资源环境的影响程度。在此基础上，对促进资源节约和环境保护的土地供给在价格上实行优惠，而对资源、环境有浪费和破坏作用的用地则提高土地价格。通过经济代价促使使用者节约资源和保护环境，同时能避免少数投机者对土地资源的圈占，有利于土地资源的合理配置。

2. 矿产资源生态补偿政策

1）矿产资源生态补偿的含义

由于侧重点不同及生态补偿本身的复杂性，到目前为止生态补偿还没有一个统一的定义。《环境科学大辞典》将自然生态补偿定义为"生物有机体、种群、群落或生态系统受到干扰时，所表现出来的缓和干扰、调节自身状态使生存得以维持的能力，或者可以看做生态负荷的还原能力"；或是自然生态系统对由于社会、经济活动造成的生态环境破坏所起的缓冲和补偿作用。该定义强调的是自然生态系统对外界压力的适应能力。有学者认为，生态补偿是指为了恢复、维持和增强生态系统的生态功能，国家对导致生态功能减损的自然资源开发或利用者收费税以及国家或生态受益者对为改善、维持或增强生态服务功能为目的而作出特别牺牲者给予经济和非经济形式的补偿。也有学者认为，生态补偿从狭义的角度理解就是指对由人类的社会经济活动给生态系统和自然资源造成的破坏及对环境造成的污染的补偿、恢复、综合治理等一系列活动的总称；广义的生态补偿则还应包括对环境保护丧失发展计划的区域内居民进行的资金、技术、实物上的补偿、政策上的优惠，以及为增进环境保护意识，提高环境保护水平而进行的科研、教育以及环保知识传播费用的支出。

经济学意义上的生态补偿是通过一定的政策、法律手段实行生态保护外部性的内部化，让生态产品的消费者支付相应费用，生态产品的生产者、提供者获得相应报酬；通过制度设计解决好生态产品消费中的"搭便车"问题，激励公共产品的足额提供；通过制度创新使生态投资者获得合理回报，激励人们从事生态环境保护投资并使生态资本增值。生态补偿也可以理解为生态效益的补偿，是通过制度设计来实现对生态产品（服务）提供者所付成本、丧失的机会予以补偿。由于生态产品（服务）的公共性，生态这种产品具有外部性，因而其补偿途径有国家补偿与受益者付费两种途径。

矿产资源开发生态补偿是指因开发矿产资源，对依附于矿产资源之上的生态系统进行破坏和造成的矿区局面生态损失进行补偿而支付的费用。具体是指在矿产资源开发过程中，对矿区山体、耕地、森林、草原、地下水、野生动植物等自然资源和自然景观进行一定规模的破坏，造成山体非矿部分剥离对耕地的占用、地面的塌陷、森林草地的破坏、地下水系破坏、野生动植物消亡以及开矿伴随产生的废弃物对土地占用等，从而使矿区原有的生态功能弱化甚至丧失，根据生态系统恢复成本，对负直接责任的矿产资源开发者、间接责任的矿产资源运输者及最终的消费者征收一定费用，而进行的治理、恢复、校正所给予的资金补偿，对矿区居民、矿业城市丧失可持续发展能力所给予的资金扶持、技术和实物帮助、税收减免、政策优惠等一系列活动的总称。主要包括三个方面的内容：其一，因矿产资源开采而给周围环境造成的污染、破坏的恢复治理，由矿产资源开发者和矿产资源利用受益者进行补偿；其二，因矿产资源开采而给周围环境造成的污染、破坏导致矿区居民丧失发展机会，由矿产资源开发者和矿产资源利用受益者给予补偿；其三，因矿产资源的不合理定价而给矿业城市造成生态环境成本投入的损失，由其他工业非矿业城市对矿业城市进行补偿。

根据生态补偿内涵的延伸，这里所指的矿产资源生态补偿是指对矿产资源开发造成的生态破坏进行恢复治理以及对部分直接受害人的赔偿。它主要包括生态的恢复成本和对受损人的赔偿成本，主要的指向对象是生态环境的恢复，也包括矿区居民由于生态环境遭到破坏丧失发展机会而给予的资金、技术、实物上的补偿、政策上的扶植。

2）矿产资源生态补偿的必要性

中部地区六省矿产资源丰富，是国家重要的能源、原材料基地。多年来的矿产资源开发所带来的环境污染和生态环境破坏问题十分严重，有些地区，如山西省的生态环境脆弱，水资源也匮乏，使得这些地区的社会经济发展较为落后。丰富的矿产资源，特别是煤炭资源和脆弱的生态环境、日益壮大的煤炭开发企业与落后的地方经济形成了巨大的反差，矿产资源开发与发展地方经济、改善地方环境质量和居民生活水平的矛盾日益突出，"资源诅咒"特征十分明显。迫切需要通过建立矿产资源开发的生态补偿机制来缓解矛盾，促进发展，实现矿产资源开发企业与地方经济社会发展的"共赢"。

构建中部地区矿产资源生态补偿机制的必要性，实际包含矿产资源开发过程中普遍存在的两个问题。一是历史与现实的问题。在资源开发的初期，包括山西在内的很多资源产地给予国家和资源开发者全力支持，为其他地区的经济发展输送了大量廉价的资源，为国家的发展作出巨大贡献和牺牲。但是这部分付出普遍没有得到回报，很多地区目前仍然比较贫困。不仅要承担资源枯竭后地区发展面临的困难，还要承担资源开发过程中带来的环境后果，因此国家应该通过建立相应的补偿机制对历史欠账问题加以解决。二是地方和企业责任问题。地方政府对当地的环境负责，维护地方环境质量，但是影响着地方资源的开发，地方政府得益程度不如矿业企业和国家。矿业企业的开发行为引发矿区生态问题，而矿业企业乃至整个国家是矿产资源开发的主要受益者。相对于资源开发获得的巨大利益，目前企业对自身环境责任认识不足，资源开发的企业成本过低，环境污染和生态破坏的损失并没有合理计入开发的成本，而是转嫁给了地方政府。从长远看，地方政府和当地居民不仅现在要承担资源开发带来的环境损失，而且将来也要承受资源枯竭后遗留的诸多生态环境方面的代价，还要承担进行生态恢复的艰巨任务。按照"谁污染谁治理、谁受益谁补偿"的原则，矿业企业必须承担污染治理的责任；要通过建立起对当地政府和居民的补偿机制，使其资源开发的外部成本内部化，在一定程度上约束和规范矿业企业行为，从而遏止生态破坏和资源过度开发的趋势。

虽然中国对矿产资源开采造成生态破坏和环境污染进行治理的相关法律、法规较多，但是对造成的生态破坏和环境污染如何补偿却没有明文规定和量化衡量的准则。这使得矿区生态恢复没有形成强制性和可操作的依据，造成了目前仍然有大片煤矿等矿山生态难以恢复、矿业企业与当地居民纠纷时常发生。而且关于生态补偿定价的各项规定还比较宏观，缺乏具体的量化指标和细则。《矿产资源法》只是规定开采矿产资源必须按照国家有关规定缴纳资源税和资源补偿费，而对矿产开采造成的生态补偿和环境补偿标准没有明文规定。同时，对生态补偿费用征收和使用缺乏有效的监督，资金的收取和使用存在很大的漏洞。国家用于生态恢复项目而投入的巨额资金，被广泛用于部分地方和政府部门的私自渔利行为上，"暗箱操作"现象层出不穷，这就导致了权利受损者无法得到充分的补偿。各级地方财政资金不足，支出压力大，也难以从其他方面筹集资金用于资源环境保护。一些部门收取的经费分散使用，也没有完全用于矿产资源开发的生态环境保护。资源税列入一般性财政收入，主要用于解决级差收入问题；矿产资源补偿费纳入预算，主要用于矿产资源勘查等方面的支出，投入矿山环境治理的资金严重不足。近年来，虽然在两权使用费和价款中安排了一定的资金，但远远不能满足矿山环境治理的需要。环保资金积累和筹措不足，没有充分的资金来源，矿产资源开发的生态补偿机制的建设也就无从谈起。而且，没有根据自然环境资源的价值以及开发活动的损失为基础制定收费费率，标准偏低，从而难以刺激开发者珍惜自然资源，保护生态环境。中部地区要使矿业企业负担矿业权获取成本、矿山环境治理和生态恢复成本以及安全生产成本，将过去矿产品的不完全成本变为完全成本，实现资源开采"外部成本内部化""生态成本企业化"，使矿产资源的开采和利用行为能够在利益机制和价格杠杆的作用下，变得重视环保投入，担负起环境恢复治理的责任，自主走向资源节约型、环境友好型发展道路。

3）矿产资源生态补偿的内容

第一，适当提高资源价格，计入环境成本。通过提高资源价格、调整资源价格结构等，征收矿产资源开发生态补偿费；建立生态补偿专项基金，从而对资源产业、能源产业、矿业进行生态补偿；在建立矿产资源开发的生态补偿机制中，应根据生态补偿价值评估或者生态破坏损失评估建立生态补偿标准。在生态补偿价值体现上，不仅要让价格对资源开发和使用产生充分的调节作用，使资源的价格能够反应要素的稀缺程度，形成可持续的矿产资源价格体系，使资源的开发利用走上集约化的道路。同时，要让资源价格反映生态的价值，应把生态环境作为一种特殊的要素，进行相关的价值界定，按照有偿使用的思路进行具体的价值衡量。现行的矿业企业成本核算体系中，矿业企业的生态环境补偿与修复费没有纳入矿山企业成本。完整的企业成本，应包括企业的生产成本、资源使用成本和生态环境成本等三部分。把环境成本真正纳入生产经营成本，实现环境成本由外部化到内部化的转变。随着中部地区矿产资源的开发和矿口火电厂、水电站等的建设，生态环境被改变，这些能源基地建设所付出的生态环境代价，应该在输出的资源和能源价格中有所体现。

第二，完善相关财税制度，确保资金专款专用。建立"环境财政"制度，将环境财政纳入公共财政体系框架中，强化政府的环境财政职能，加大财政转移支付中生态补偿的力度。中部地区省级政府设立环境转移支付专项资金并列入财政预算，市县地方政府也要加大对生态补偿和生态环保的财政支持力度。完善现行保护环境的税收政策，征收生态补偿税。通过税收杠杆把资源开采与促进生态环境保护结合起来，提高资源的开发利用率。同时进一步制定并完善生态补偿税的征收办法，规范生态补偿税的征收使用及管理工作，确保将其用于生态补偿领域，避免生态补偿税的滥用。建立环保基金，引导和推动矿区环保投资，环保基金可以将分散的环保投资基金投入优先发展的绿色领域，有效引导企业的环保投资基金投入重点环保项目。这样通过运用金融手段来替代传统的政府投资行为，有利于加强环保投资的宏观调控，减轻地方财政负担，并提高资金使用的经济效益和环境效益。

第三，健全矿区环境影响评价制度，完善指标评价体系。促进生态补偿与环境影响评价结合，在环境影响评价基础上，依据环境评价对新建项目征收生态补偿费；把资源和环境损失因素引入国民经济核算体系，扣除生态资源破坏造成的经济损失，以及为恢复生态平衡、挽回资源损失而必须支付的经济投资，从而正确衡量矿产资源开发的投入成本。

建立科学、完善、可行的评价指标体系及选择恰当的评价标准是成功进行环境评价的关键。矿产资源开发利用环境影响评价体系应包括矿产资源开发利用环境影响的各个方面，它是由若干相互联系、相互补充、具有层次性和结构性的指标组成的有机系统。有效的环境评价制度要求公众参与、部门间协调及严格的行政审查程序。在资源开发之前，将环境影响尽可能控制到最小，并确保资源开发之后的环境治理及环境恢复的有效实施；公众参与是环境影响评价制度的重要组成部分，公众参与到环境影响评价程序中，是公众享有环境权的体现。

有关政府部门和机构之间进行磋商和确立积极的伙伴关系，可对环境影响评价过程作出贡献。健全的矿区环境影响评价制度，可以保障这些机构都有机会对矿产资源开发活动提出意见，有利于部门之间的合作。应以科学发展观为指导，着眼整体和长远生态利益，推行和完善地质报告制度，建立资源储量申报审核制度、矿山年检制度、矿山资源效益水平考核制度、矿山环境破坏监测报告和监管制度等。加快建立可以定量化的自然资源和生态环境评价体系，为生态补偿提供实际可操作的价值估算依据，以增强生态补偿的针对性和实用性。

第四，规范矿产资源生态环境补偿费征收管理。矿产资源开发的生态补偿费用分散于多个部门，如税务部门征收的资源税、资源产业管理部门的收费、地区环境保护主管部门征收的生态环境补偿费等，资金收取混乱，未能统一管理、统一支配。应考虑建立健全相应的征收管理体系，使矿产资源生态补偿的征收和使用形成合力，满足生态补偿及环境治理的需要。

同时加强对闭坑矿山的环境恢复监督管理。矿山开矿时对矿区地下水的抽干必然造成地层塌陷等。因没有专门的法规对闭坑矿山的环境问题作出具体规定，也未规定明确的处罚方法，所以多数矿山开采完毕后，矿山企业不进行环境恢复。必须针对开采结束后的治理工作制定专门的规定，加大对其的责任追究力度。为保障矿产资源生态补偿机制的有效运用，应对征收机构、征收标准和管理使用等方面内容进行规定。首先，在征收机构上，矿产资源生态补偿费征收的具体工作应该由环境保护主管部门设立的环境监理机构负责，避免管理职责交叉。其次，在征收标准上，矿产资源生态补偿费正常标准应该按环境污染的损失值来确定。将环境资源污染损失值量化，工作比较复杂，理论推算数额较大，目前经济实力也达不到，因此，收费只根据开发利用中破坏生态环境的轻重程度确定，属欠量的补偿性政策收费。为适应市场价格的变化，征收标准基本按产品销售价的百分比计征。从价计征后，可将税收与资源市场价格直接挂钩，既有助于通过税收调节资源利用，也有利于价格的调控和政府税收的增加。而目前资源价格较低，未计入环境成本，因此建议适当提高补偿费征收标准。最后，在管理使用原则上，为征缴简便有效，征收的环境补偿费按季节或月度上缴财政，作为生态环境保护基金，主要用于矿区区域生态环境的恢复和整治，体现统筹安排、集中使用的原则。

第五，严格矿区资源开采审批，规范矿产资源开发秩序。强化矿产资源开发利用监督管理，进一步加强矿产资源勘查、开发秩序的治理整顿。进一步明确各部门对矿产资源勘查、开采秩序管理职责，加大执法监督检查力度，严格执法，杜绝各类违法勘查采矿行为；运用法律的、经济的、行政的手段调控矿业开发秩序，实现矿产资源勘查、开采秩序的根本好转。严格审查矿业权人申请条件和审批程序，搞好资质管理，严把矿产资源勘查、开采准入条件。对不具备相应资质条件，对采、选、冶经济技术指标达不到要求的不予颁发勘查许可证或采矿许可证。坚决淘汰技术工艺落后、污染环境、高耗能、破坏和浪费矿产资源的小矿山，促进矿产资源的科学开发，合理利用，提高资源利用水平。

第六，健全资源开发成本分摊机制。促进资源价格充分反映开发的完全成本，使资源企业切实承担起应该承担的社会责任。不仅生产开采的费用要纳入成本，而且前期勘查、后期治理和生产安全等方面的投入，都要合理纳入资源开发的成本之中。企业上缴的矿业权价款，要用于适当补充矿产资源生态补偿基金，以加强对矿区环境治理恢复的支持。要按照矿产资源销售收入的一定比例，分年或者季度提取矿山环境治理恢复保证金，列入成本，专款专用。对于历史遗留的矿山环境问题，由企业和政府共同负担，加大治理力度，逐渐加以消化，并确保后续环境治理恢复的资金来源。

第七，探索市场化的矿产资源生态补偿模式。积极探索市场化的矿产资源生态补偿模式，培育资源市场，使资源资本化、生态资本化，使环境要素的价格真正反映它们的稀缺程度，达到节约资源和减少污染的双重效应。积极探索资源使用权、排污权交易等市场化的补偿模式，引导鼓励生态环境保护者和受益者之间通过自愿协商实现合理的生态补偿。同时，建立政府调控市场、市场引导企业的矿业权流转机制，促进矿产资源生态补偿。探索建立矿业权产权登记制度，推进矿产资源的资产化。进一步健全和规范矿业权市场，充分发挥市场配置资源的作用，在矿业权出让中逐步减少行政审批；积极引入市场竞争机制，推行"招拍挂"方式出让或转让矿业权，逐步建立起矿业权人积极找矿、自觉保护和节约矿产资源的自我约束机制。积极培育和规范矿业权二级市场，发展矿业权一级市场，形成对矿权一级市场的垄断，促进矿业权的合理流转，推进国有矿业企业的体制改革，优化矿业结构，通过合理布局和规模生产，促进矿产资源生态补偿。

第八，将生态环境保护责任列入政绩考核内容。当前，较多领导干部的"政绩观"主要着眼于经济增长率，普遍忽视这些"政绩"背后的资源是否高消耗、污染物是否高排放。有的地方官员患上"发展狂热症"，甚至为污染企业大开绿灯，实行所谓的"重点保护"，环境保护的意识相当薄弱。对此，应建立健全各级领导内部绿色考核审计制度，逐步建立绿色 GDP 核算体系和能修正地方政府决策的全面考核标准，通过明确的地方长官环境目标责任制，促使地方政府官员对矿区的环保污染作出迅速有效的反应。该考核应该包括环保责任的考核、公众对环境质量评价、单位 GDP 耗能量、单位 GDP 耗水量、空气环境质量变化、饮用水质量变化、土壤环境质量变化、声环境质量变化、群众环境投诉事件发生数量以及当地政府对各项环保法律法规的落实情况等指标，促使领导的经济行为由不可持续性向可持续性转变。尽快制定矿产资源生态补偿机制的行动纲领或者规范，以指导建立一种包括生态环境保护在内的可持续发展的政绩考核制度；在制定纲领性规范时既要考虑经济增长、又要考虑生态环境的保护和治理，以形成开发利用资源和环境恢复之间的环境补偿、资源输出与资源受惠地区之间的环境补偿等。同时，建立和完善环境信息披露机制，政绩考核中的资源保护、生态恢复等指标，由地方居民来考核领导干部政绩，培育非政府环境监管机制。

6.2.2　中部崛起的环境经济政策

为了实现经济和环境的协调发展，需要运用多种管理手段保护生态环境。从国际范围看，环境经济政策是最主要和最重要的管理手段，包括依靠国家和地区制定的有关法律、法规和行政条例，对环境污染进行直接的控制；还有按照经济规律，运用价格、成本和税收等经济杠杆，调整和影响企业从事经济活动和污染防治活动的利益，从而间接地促进环境保护，如排污收费、税收和财政补贴等。相较于发达国家完善的环境经济政策，中国的环境政策存在着很多问题。首先，在政策的实施方面，环境经济政策虽然种类较多，但实际效果并不显著，因为相应的配套措施并不完善。资源税、差别税收、环境资源核算、生态环境补偿费、排污许可证交易、废物回收押金制度、污染责任保险等方面或处于理论研究阶段或处于试点起步阶段。由于政策条文和法律条款的模糊性，使执法无据。其次，在政策的实施对象方面，随着国有企业改革的深入和私营企业的迅猛发展，私营企业在国民经济中的比例大大提升，但是环境政策的作用对象仍集中于国有大中型企业，无法有效地监督控制私营企业尤其是中小型私营企业的排污治理行为。最后，现行的环境经济政策缺乏系统性。环境经济政策的制定机构通常涉及多个部门、多个层次，这些机构不仅为整体经济和社会服务，它们还有着自身部门的利益要求。于是，难免会出现各自为政、政出多门的现象。

可行的经济环境政策选择主要有：首先，完善环境法律保障体系。要发挥环境经济政策的引导和制约作用，就必须从完善环境法律保障体系入手，这也是充分发挥环境经济政策效力的最基本条件。其次，环境经济政策必须与市场经济体制改革的要求相适应。环境经济政策符合市场经济体制的要求，是解决环境问题的有效方法，因此，应尽快建立一套环境市场规则，包括市场准入规则、市场竞争规则和市场交易规则；同时经济结构的调整要求环境经济政策也必须作出适当地调整，使其更适合调整后的新目标群体或作用对象。最后，加强对经济环境政策的研究，为尽快建立和完善环境经济政策体系提供政策决策依据。

目前对中部地区乃至全国较为可行的环境经济政策主要有绿色税收、环境收费、绿色金融、生态补偿、排污权交易、绿色贸易、绿色保险等。

1. 绿色税收

绿色税收是为了实现环境保护和可持续发展目标，筹集环保资金，对破坏环境的行为进行调节而征收的税[①]。扩大资源税的征收范围，目前资源税种只包括矿产品和盐，应该将森林资源、土地资源、草地、水、海洋资源纳入征收范围，以解决日益严重的缺水、水土流失、土壤沙化等问题，避免和防止生态破坏行为；适当改变资源税的征收标准并提高税率，使得资源的价格尽可能真实地反映资源本身的价值和稀缺程度，促进资源合理开采和利用；改变当前以销售量、自用量征收的计税依据为以资源产品生产量计税；调整消费税种，将一些容易给环境带来污染的消费品，如电池和餐饮容器、塑料袋等一次性产品纳入征收范围，鉴于燃烧煤炭是主要的大气污染源，可考虑增设煤炭为税目；为了控制资源的合理开发，应将现行的土地使用税、耕地占用税、土地增值税、矿场资源补偿费、矿区使用费并入资源税，同时扩大对土地征税的范围，并适当提高税费，严格减免措施，以加强土地资源的合理开发利用。

2. 环境收费

环境收费主要以防治污染、保护生态和资源的收费作为主要收费项目，是重要的环境管理手段。排污收费水平过低，对污染者无法产生震慑作用，一次收费的方式反而会起到"鼓励"排污的副作用。为了改变现状，需要联合有关部门，

---

① 王水林. 构建中国绿色税收体系. 税务与经济，2003，（7）.

在推进包括水、石油、天然气、煤炭、电力、供热、土地等资源价格改革的同时，要落实污染者收费的政策，包括夜晚排污收费政策、提高污水处理费征收标准、促进电厂脱硫、推进垃圾处理收费。同时通过鼓励资源再利用、发展可再生能源、生产使用再生水、抑制过度包装等方面实现资源的回收利用。在完善环境收费政策的基础上，尽可能地将排污收费政策转化为排污税。

3. 发展绿色金融

发展绿色金融，主要建立绿色资本市场、"碳金融交易"的目的是从源头上断绝污染者的资金来源，保护环境友好项目的投入，对环境友好型企业提供贷款扶持并且实施优惠性低利率，而对污染型企业的新建项目投资和流动资金进行贷款额度限制并实施惩罚性高利率。这需要环保部门积极为银行部门提供相关项目的环境信息，而人民银行和银监会配合环保部门，引导各级金融机构按照环境经济政策的要求，对不同类型的企业区别对待。在间接融资方面，对那些未经过环评审批的项目不提供新增信贷；在直接融资方面，设置一套包括资本市场初始准入限制、后续资金限制和惩罚性退市等内容的审核监管制度，对那些高污染高耗能的企业在上市融资等环节进行严格限制，甚至可以通过"一票否决制"截断其资金链条。

4. 完善生态补偿

生态补偿以改善或恢复生态功能为目的，以调整保护或破坏环境的相关利益者的利益分配关系为对象，具有经济激励和协调的作用。建立和完善发达地区对不发达地区、城市对乡村、富裕人群对贫困人群、上游对下游、受益方对受损方、"两高"产业对环保产业的财政转移支付的相对稳定关系，实现可持续的生态补偿。

5. 促进排污权交易

排污权交易（包括碳排放权交易）主要是建立合法的污染物排放权利即排污权，并允许该权利像商品那样在特定的市场被买入和卖出，以此来进行污染物的排放控制。根据外国经验，其做法是，先由环境主管部门根据某区域的环境质量标准、污染排放情况、经济技术水平等因素来确定一个排污总量，再由政府以招标、拍卖、定价出售等形式将排污权发放到污染者手中，污染者然后根据自身的治理污染成本、排污的需求和排污权价格等因素，在市场上自由买卖排污权。该方式不仅能够降低污染控制的总成本，还能调动污染者治污的积极性。

6. 发展绿色贸易

绿色贸易是为了把保护人类健康、保障生态安全和促进自然资源的合理开发利用而采取的，实现自由贸易与环境保护协调发展的国际贸易与环境管理的制度安排①，主要是做好进口和出口的工作。对于出口，严格限制能源产品、低附加值和野生生物的出口，并对此开征环境补偿费，逐步取消"两高一资"产品的出口退税政策，必要时开征出口关税；对于进口，加强废物进口监管，在保证环境安全的前提下，鼓励低环境污染的废旧钢铁和废旧有色金属进口，征收大排量汽车进口的环境税费，以协调好进出口贸易与国内外环保的利益关系。

7. 发展绿色保险

绿色保险是在市场经济条件下，运用保险制度进行环境风险管理的一种经济政策，最具代表性的是"环境污染责任保险"，企业参加环境保险，如果有环境污染事故发生，由保险公司给被害者提供赔偿②。在法律强制企业参与的前提下，逐步扩大承保的范围，从只对非故意的、突发性的环境污染事故所造成的人身、财产损害逐步扩大到对企业正常、积累的排污行为所致的污染损害也可予以特别承保。同时，尽可能地增加承保方式，以提高环境污染责任保险制度实施的可行性，如国内保险公司与外国保险公司实行联合承保。

6.3　中部崛起的资源、环境与经济协调发展的政策创新和政策协调路径

6.3.1　中部崛起与"两型"社会建设

促进中部地区崛起是促进区域协调发展总体战略的重大任务，体现了经济、社会和人的全面发展的科学发展观。它既是构筑全国区域经济东中西互动、优势互补、相互促进、共同发展新格局的重大举措，也是逐步缩小地区差距、最终实现共同富裕的必然要求。

如果中部地区仍然沿着高消耗、高污染以及以一系列资源环境问题为代价的发展老路走下去，那么中部地区乃至全国的发展都将难以为继。《中共中央关于构建社会主义和谐社会若干重大问题的决定》把"资源利用效率显著提高，生态环境明显好转"作为构建社会主义和谐社会的九大目标任务之一，专门提出"建设资源节约型、环境友好型社会"即"两型社会"。资源节约型社会是指整个社会经济建立在节约资源的基础上，建设节约型社会的核心是节约资源。环境友好型社会是一种人与自然和谐共生的社会形态，其核心内涵是人类的生产和消费活动与自然生态系统协调可持续发展。这是对"两型社会"的核心理解。从经济学意义

---

① 姜国庆，王义龙. 绿色贸易制度的形成及演变. 商业经济，2009，(11).

② 凤庆水，张学威. 加强我国绿色保险制度建设的对策思考. 华东经济管理，2011，(5).

上来说，"两型社会"建设的实质是资源配置方式问题，即通过什么样的体制、机制和政策更有效地分配、利用资源和保护环境，使资源配置优化、环境配置优化。2007 年 12 月，国家批准武汉城市圈和长株潭城市群为资源节约型和环境友好型社会建设综合配套改革试验区，2008 年 9 月，武汉城市圈"两型社会"建设综合配套改革试验总体方案获国务院批准。这使"两型社会"建设成为促进中部地区崛起的核心内容。中部地区崛起以"两型社会"的新途径、新方式、新机制、新制度的建设而得以逐步实现，"两型社会"建成之日就是中部地区崛起之时，"两型社会"建设与中部地区崛起是相辅相成、相互推动的关系。

6.3.2　中部崛起与"两型"社会建设的机制设计与制度创新

1. 构建资源节约机制，促进资源制度创新

1）完善建设资源节约机制的法律法规和标准体系

完善建设节约型社会的法律法规体系，需要国家和地方统筹解决，国家必须加快制定一系列相关法律、法规，地方则需要在这些法律法规的指导下，制定配套的法规、规章、条例和实施细则。宏观层面上，中国先后颁布实施了《节约能源法》《矿产资源法》《水法》《清洁生产促进法》《可再生能源法》等法律。这些法律对资源节约均有督促和约束作用，但是总体而言，在资源节约和综合利用方面的法律法规建设仍然是薄弱环节，还没有形成系统的法律框架。因此，应抓紧制定和修订促进资源有效利用的法律法规。在条件成熟的情况下，制定综合性的循环经济法律，明确政府、企业和社会在循环经济中的责任和任务。就中部地区而言，要结合各个省份的实情、加强省内市县的沟通，抓紧制定与《矿产资源法》《水法》《清洁生产促进法》《可再生能源法》《固定废物污染防治法》等法律、法规相配套的具体实施办法，建立严格的职能管理制度、废物回收利用的生产者责任延伸制度，明确鼓励对象、规范执法主体，加大惩戒力度，保障资源节约机制的顺利运行。

完善资源节约标准体系是法律得以有效实施的重要途径。目前，国家已制定了节能技术标准与行业标准，但是地方缺少科学的、规范的衡量标准。因此，亟须国家在制定和完善有关节能、节水、节地、节材等主要资源节约的标准的同时，根据资源环境变化的需要，对过时的技术标准进行修订，通过新的标准推动技术的进步和节约型社会的建设。中部各省在认真执行国家制定工业用能产品、家用产品和办公设备的强制性能效标准的同时，结合当地实际，制定和完善涵盖资源利用效率标准、能源效率标准、废弃物排放标准、废弃物回收利用率标准、土地集约利用评价和考核标准等地方性标准，形成节约资源的地方性标准体系，并切实加强标准的宣传与执行力度，督促企业和农业生产者严格按照标准组织生产。

2）构建符合可持续发展理念的资源产权制度

可持续发展的资源产权制度是产权界定、产权配置、产权流转和产权保护等诸方面的一套完整的权利制度，是建设资源节约型社会中非常重要的基础性制度。

第一，完善自然资源产权制度。现代资源主要包括六大部分：土地资源、水资源、矿产资源、森林资源、草原资源、海洋资源。这六大类资源要在可持续发展的要求下建立一套规定其占有、使用、收益、处分的规则，即产权制度，使现在这些非常模糊、尚未清晰鉴定的产权关系合理化、使其科学定位、合理流转、有效和持续地使用，并且价格合理。

第二，完善资源价格形成机制。除了一些国家垄断性的、稀有性的、带有公益性质的资源由国家宏观定价外，其他资源经营权的确定必须进行市场化运作，采取拍卖等途径公开、透明、合理地依法出让。对于一些需要由政府进行定价的资源，政府在定价过程中必须做到以下几点。其一，合理界定资源成本。以前的定价主要考虑生产成本的因素，对资源本身的价值以及环境价值考虑不够，导致资源价格偏低。资源定价需要考虑四个主要因素：获取资源的成本、破坏环境和环境治理成本、资源的稀缺性、资源开采和资源利用的收益，价格可以随着收益的增加而增加。其二，理顺资源比价关系。按照资源可持续利用的要求，正确处理自然资源与资源产品，可再生资源与不可再生资源，土地资源、水资源、森林资源、矿产资源之间直接的比价关系，完善资源价格体系。其三，规范政府定价程序。制度规范是政府定价科学合理的重要保证。政府定价程序必须合法、公开、公平、公正，才能得到各方面的认同。例如，在制定或调整资源类产品价格之前，可以组织有关经济及资源方面的专家学者，对供应资源类产品企业的经营和管理进行全面、科学的论证，并把评审结论作为定价的重要依据；还可以召开听证会、网络投票等方式，听取公众的意见，将公众意见作为定价的参考。

第三，健全资源管理机构。现有的资源管理体制是部门分裂、条块分割，导致资源管理混乱，有些资源管理条块分割，有些资源管理机构重叠，有些资源无人管理。因此，必须改革资源管理体制，以适应市场经济条件下自然资源发展的内在要求。国家要成立统一权威的资源管理机构，赋予其资源管理的权力和责任，加强对资源开发利用的统一管理、统筹安排，发挥资源开发总体规划的权威和指导作用。

第四，建立资源技术和品牌产权制度。在建设节约型社会的过程中，与资源的合理开发和有效利用相比，用技术拓展资源的使用是一个更具有支撑力的措施。资源产权制度还应该包括资源技术和资源品牌制度，通过资源技术评估、作价、折股，鼓励企业用资本来做节约资源的创新。建立现代无形资源资产和商誉产权保护制度，保护资源技术和品牌的产权，成为资源产权制度的重要内容。

3）加大资源保护与节约的执法力度

一系列的资源法律、法规及其标准，归根结底需要严厉的执法力度来贯彻实施。加大执法力度是建设资源节约机制的一项重要保证措施。这要求中部地区各省政府以及司法机构、监察机构，必须做到执法必严、违法必究，充分发挥监督与纠错职能。一方面要敢于执法、严格执法。在执法过程中保持严格、中立的立场，秉承法律面前人人平等的原则，一视同仁；另一方面要善于执法。在资源执法中既要当好执法官又要做好服务员，在执法中服务、在服务中执法。此外，还要注重及时反馈，要善于在执法过程中发现资源法律不完善和无法可依的问题，将有关具体问题向上级机关进行反映以获得有效解决。

4）大力发展循环经济

针对中部地区各省实际的资源环境情况及发展循环经济存在的不利因素，应该主要从法规体系、产业结构、科技支撑、社会支撑等方面着手大力发展循环经济。

第一，加快制定各省循环经济发展战略和总体规划。在对中部各省经济、社会发展状况进行深入分析的基础上，结合各省的实际情况，研究制定各省发展循环经济的总体战略、分阶段目标以及各项政策措施，将循环经济理念贯彻到各类经济活动与发展计划之中，为各省发展循环经济提供总体框架，促进中部地区经济与资源、环境的协调发展。

第二，完善循环经济法律法规，为循环经济发展提供法制保障。发达国家发展循环经济取得重大成就的主要原因是建立了具有强有力的法律保障体系。日本的《循环型社会形成推进基本法》《资源有效利用促进法》，德国的《循环经济和废物处置法》，都有效地推动了循环经济的发展。中部各省应利用"两型社会"综合配套改革试验的机遇，大胆创新，勇于突破，结合自身实际，制定一系列旨在促进本地区循环经济发展的地方性法律法规和相关标准规范，并在此基础上，强化各项执法监督，用法律法规强制性保障循环经济的有序推进。

第三，调整优化产业结构，为循环经济发展创造物质条件。近年来，中部地区以改变经济发展方式、加快产业结构调整为主线，加快了新型工业化的步伐，三次产业结构渐趋合理，但结构调整十分艰难，资源消耗型的结构总体上没有得到改变，不利于中部地区的可持续发展。为此，要按照循环经济发展模式的要求，严格控制现有的高耗能、高耗水、高污染型"动脉产业"，严格限制新增高耗能、高耗水、高污染项目，加快用高新技术和先进适用技术改造传统产业，促进节能降耗减排；同时，鼓励发展高新技术产业和现代服务业等绿色产业，大力发展环保产业和生态产业，以生态产业发展推动循环经济发展[①]，优先发展治污的"静

---

① 杨艳琳. 以生态产业发展推动循环经济发展. 载张锦高，成金华. 资源环境经济学进展（第3辑），武汉：湖北人民出版社，2007：169-188.

脉产业"，不断优化产业结构，引导产业向有利于循环经济发展的方向调整。

第四，政府主导，全社会共同努力，为发展循环经济提供社会支撑体系。其一，发展循环经济需要全社会的共同参与。政府在这一过程中要发挥主导作用，加大对循环经济发展的资金支持和制度支持，特别要制定有利于促进循环经济发展的优惠政策。如对进行有关循环经济技术研究和开发的科研机构、企事业单位、个人给予财政补贴；对采用符合循环经济要求的新技术、新工艺的企业给予物价补贴、财政贴息等支持，调动其发展循环经济的积极性。其二，公众参与是推动循环经济发展的中坚力量。中部地区要着力构建发展循环经济的社会支撑体系。一方面要做好教育、宣传体系建设。形成以电视、电台、报纸、杂志、网络和社区宣传栏构成的宣传体系，对循环经济进行广泛、全面的宣传，引导公众积极参与绿色消费互动。推动政府机关、学校、社区、企业、家庭学习循环经济理念和原则，提高节约资源和保护环境的意识，自觉创建资源节约和环境友好的"两型"政府、"两型"学校、"两型"社区、"两型"企业、"两型"家庭。另一方面要做好培训体系建设。培训主要针对相关企业，企业可以利用现有机构对职工进行培训，也可以与高校、科研机构联合，请专家对相关管理人员和技术人员进行培训，使其树立循环经济理念，掌握关键性知识和技术。

5）利用财税政策构建节约资源的激励机制

在财政支出政策方面，充分发挥公共财政的作用，推动"两型"社会改革试验区实现资源高效利用、生态社会和谐的目标。一是财政要大力支持企业淘汰落后产能，进行技术改造和产品的升级，妥善安排关停企业职工的再就业和基本生活，确保社会稳定。二是财政要支持节能的基础性工作，主要支持建筑能耗统计、能效公示、节能技术标准和检测评价监管体系的建设等，推动节能的规范化和标准化。

在税收政策方面，首先要拓宽课税范围，应将必须加以保护的资源列入课征范围。目前，可将潜力较大的水资源和森林资源纳入课征范围，开征水资源税和森林资源税。其次，完善消费税、增值税、所得税。通过扩大消费税则征收范围、增值税的优惠范围和力度、所得税减免范围和力度等措施，鼓励企业和个人形成资源节约型生产方式和消费方式。最后，建立"绿色关税体系"。对国内原材料、初级产品及半成品等资源性产品出口征收出口附加税；对污染环境、影响生态环境的进口产品课以进口附加税，或限制、禁止其进口，甚至对其进行贸易制裁；对国内不能生产而直接用于清洁生产和促进资源综合开发利用的进口设备、仪器和技术资料，免征关税和进口环节增值税。

6）加大资源节约型社会建设的技术和文化支撑

科学技术是建设资源节约型社会的重要支撑，依靠科技创新，降低单位产品能耗水平，是资源节约型社会建设的关键。中部各省要组织开发和应用可再生资源利用技术、损害技术、资源综合利用及各类废弃物资源化技术、企业清洁生产技术、企业间产业链的集成技术、资源利用的循环技术，推进技术成果的产业化，加大新技术、新产品、新材料推广应用力度。中部地区要按照建设创新型社会的要求，充分发挥科教力量雄厚、科研院所密集的优势，改革社会科研体制，形成以大学、研究院所、国家重点实验室为核心的自主创新研发系统，积极开展科研攻关，提升中部地区资源科技的核心竞争力。

文化是一种非正式的制度形式，节约型文化是一种资源节约型制度，是资源节约的非正式约束表现。建设节约型文化是一项系统的、长期的基础性工程。中部地区在建设节约型文化的过程中，要注重发掘传统的优秀节约文化，将节约型文化建设与构建和谐社会结合起来，依托企业、政府机构、社区、校园、家庭，充分运用电视、网络、报纸等渠道，灵活采用文艺作品、新闻报道、经验交流、专题讲座等形式，注重与基层民众的交流，引导广大居民树立节约意识，在实践中推进节约文化建设，以促进资源节约型社会建设。

2. 构建环境友好机制，促进环境制度创新

1）加强环境法制建设，加强环境执法力度

目前中部地区已制定了一系列生态环境保护法规，颁布并实施了环境保护治理方案，具有一定的法律基础，但是仍存在着很多问题，严峻的环境形势迫切要求加强环境法制建设。建设环境友好型社会，必须全面加强环境法制建设。中部地区六省一方面要坚决贯彻执行国家关于环境友好的法律法规，另一方面要结合各省社会发展实际，加强环境友好型法律法规体系建设。抓紧修订地方性法规，加快完善节能环保法律法规体系，提高处罚标准，把生态环境保护纳入法制化轨道。加快完成环保设施运营监督管理，排污许可、城市排水和污水管理，碳、二氧化硫排污交易管理，畜禽养殖污染防治等方面环境行政规章的制定及修订工作。同时，中部地区要加强执法部门的行政能力建设，提高行政效率与效益，切实增强环境行政机关的执行能力；要注重提高政府工作人员的环境法制意识，使其在执法过程中清廉公正、一视同仁、严格执法，以坚决维护法律的权威与尊严。

2）完善环境决策机制，强化政策的执行与监督力度

完善的环境决策机制包括以下几点。其一，高水平的政策研究人员，这是对政策目标、政策条件、政策对象进行科学分析以实现决策的科学化、合理化的充分条件与前提保障。其二，民众的参与。一方面，对重大项目工程举行环境影响评价的公众听证，让广大的城乡居民都参与到环境友好型社会的构建中来，加强公众监督和社会舆论监督；另一方面，充分利用民间环保组织的力量，对政府和企业的环境行为进行监督，在政府和民众之间建立广泛的沟通渠道，努力消除政策与民意之间的隔阂。其三，相应的保障机制。应建立权威性的领导组织机构，

负责制定相应的规章制度，明确规定环境决策的程序、评价、监督责任等事宜。如建立环境巡视制度和专门委员会，对各个地区的环境政策执行情况进行检查评估，实行环境建设首长负责制，建立环境质量定期报告制度，实施环境质量公示制度。

3）利用财税政策建立环境友好的激励机制

中部地区为了保护环境，已经根据国家的有关政策措施，开征排污费、资源税、消费税、城建税、耕地占用税、车船使用税、燃油税和土地使用税等，并多途径筹措资金治理环境，但是这些财税政策已经不能适应中部地区六省建设环境友好型社会的需要。改革和完善的途径有：其一，保证政府的环保投资力度。政府应通过立法形式确定一定时期内各级财政环保支出占 GDP 的比例或占财政支出的比例，明确环保投资增长速度要略高于 GDP 增长率。其二，改革财政补贴机制。既要取消不合理的财政补贴，又要采取物价补贴、企业亏损补贴、财政贴息、税前还贷等措施鼓励那些有利于促进资源节约和环境友好的企业。其三，改革税收体系。进行费改税改革，将现行的有关排污费、水污染、大气污染，工业废弃物、城市生活废弃物、噪声等收费改为征收环境保护税种，既唤起全社会对环境保护的重视，又能充分发挥税收对建设环境友好型社会的促进作用。其四，建立与财税政策配套的"绿色"信用体系。将地方企业的环保信息记录存档，形成信用体系，与金融机构协作，对严重污染环境的企业实行贷款一票否决制，而对致力于推动环境友好的企业则实行一定幅度贷款优惠或者财政予以信贷贴息。通过这种奖惩机制，引导更多的企业主动参与到环境友好型社会的建设中。

4）大力发展绿色科技

绿色科技（GT）是指有利于人与自然共生共荣的科学技术，主要包括清洁生产技术、清洁能源和新能源技术以及环境污染监测与控制技术。中部地区六省应制定相应政策措施，推动各种环境友好型技术的研发与应用。其一，制定各省现阶段重点支持研发的环保技术目录。加大投入，加快研发和推广清洁能源技术、节能相关技术、清洁生产技术、绿色化学技术、资源可持续利用生物技术、废弃物综合利用技术、土地集约利用技术、节水技术、绿色农药化肥、农膜、高效清洁利用技术等，逐步建立起环境友好型技术体系并积极推广使用，为中部地区建设环境友好型社会提供技术支持。其二，建立环境友好型技术研发与推广基金。基金来源主要是政府财政拨款、企业捐赠、境内外环境组织捐助等，主要对参与研发的企业、科研院所等机构和个人提供资金支持；在技术开发成熟后对积极采用新技术、淘汰落后工业技术与设备的企业提供一定程度的补贴。通过对技术研发机构和推广使用企业的资助，推动新技术的开发并及时转为现实环境保护能力。其三，强化环境领域的"产学研用"结合，积极加强企业与科研单位的合作，加快高新环境技术成果的孵化。中部地区拥有大量的大学和科研机构，应充分鼓励有条件的企业与大学、科研机构开展全方位的环境技术合作，实现环境领域的"产学研用"结合，缩短环境技术研发与投产的周期，提高经济增长的环境效益。

5）加强主体功能区建设

主体功能区建设是促进环境保护和建设环境友好型社会的主要途径。中部地区各省应重点做好三个方面的工作：其一，制定地方性主体功能区规划法，健全主体功能区法律法规，明确功能区的法律地位、责任主体、管理机制、法律责任等，对违背功能区划的单位和个人，依法进行责任追究。其二，编制主体功能区区域规划，尽快完善、细化主体功能区建设分类管理政策，如财政政策、投资政策、产业政策、人口管理政策，尤其要明确对主体功能区进行财政转移支付的范围、方式和标准，并进一步明确其支持力度、操作程序、具体的作用对象等内容。其三，建立健全主体功能区协调机制。主体功能区建设应尊重行政区的地域管辖权，功能区内的所有的政府职能机构，如工商税务机关，都可以对功能区经济主体履行义务的情况进行检查。同时，由于不同的主体功能区具有不同的主体功能以及不同的产业政策、财政政策、环境政策和人才政策，因此，必须明确行政区与功能区之间的关系，建立协调机制。结合中国国情，借鉴美国等发达国家区域开发与协调发展的成功经验，中部地区可以考虑设立包括省级管理协调机构和各行政区相关组织以及功能区相结合的管理体制。

6）加强环境友好文化的建设

环境友好型社会的建设需要环境友好型文化来支撑。环境友好型文化的形成不仅需要绿色科技为其提供技术支持，更需要引导公众的环境文化认同和参与。中部地区要从多个层面、利用各种媒介向当地居民开展环境教育，使其树立尊重自然的价值观和道德观，逐步提高居民建设环境友好型社会的自觉性，培育环境友好的文化氛围。一方面可以把环境友好文化与产业有机结合起来，运用影视、演艺、出版、动漫、报刊、广告等形式，宣传贯彻环境友好理念；另一方面要积极开展环境友好社会活动。可以利用世界防治荒漠化和干旱日、世界无烟日、世界水日等环保纪念日开展义务植树造林、废旧资源回收、环保问题公众听证会等环境保护活动，通过公民的亲身实践来加深其对环境友好型社会的认识、逐步提高他们的生态环保意识，形成环境友好型社会建设的文化约束。

3. 构建其他相关机制，促进系统的政策创新与政策协调

1）构建跨区域生态补偿机制

为了补偿环境治理的历史欠账，东部沿海发达地区应该为中部地区的生态环境恶化进行一定的补偿。在市场经济条件下，利益调节必须具有强有力的法律支持。国家有关部门必须对区域生态效益的经济补偿进行立法，依法界定如下内容：一是界定有关区域的地方政府作为生态补偿主体。主要包括跨流域、跨区域的省

级政府和小流域及小区域的省级以下政府。二是界定生态补偿资金的来源。包括规定区际生态补偿基金的财政预拨款方式、支付周期、核算方式、区域生态补偿基金的保值、增值方式和捐赠资金的管理机制。三是规定生态补偿金的支付方式和用途。包括建设性补偿（生态效益的保值增值）和损失值（生态效益的机会成本）补偿。四是规定生态补偿资金的管理机制。包括区域生态补偿基金的征收、分配和管理运作、资金管理机构的规章制度、补偿金的发放、使用和监督等。

区域生态效益的经济补偿必须通过区域有关组织进行。实施生态补偿的组织将原来对立的相互损害的利益转化为一致性的相互促进的利益。尽管中央政府在促进区域生态环境补偿中发挥着重要的协调作用，但是地方政府毕竟是区域生态补偿的主体。结合中国实际情况，要有效实施跨区域的生态补偿机制，必须设立中央政府、地方政府多层面的制度性组织机构，实行多层面的协调互动。要促进区域的协调发展，必须建立跨行政区的区域管理机构和建立长效机制。在机构建设方面，设立负责日常联络和组织工作的秘书处以及根据专业、精简、高效的原则设立各种专业委员会和工作小组。在机制方面，建立权利、职能、责任相统一的长效机制，并赋予该组织立法权、行政权和财政权，其主要职能是协调跨行政区生态补偿项目，制定有关区域生态环境规划及市场规则并监督执行。

跨区域之间生态补偿方式有多种，而且随着生态建设的广泛深入开展、市场体系的逐步健全，新的补偿形式将层出不穷。但是就目前而言，跨区域之间要加强以下几种补偿方式的作用：一是要落实好政策性补偿。生态效益受益地（东部沿海地区）要制定有关政策来作为对生态效益产出地（中西部地区）实施补偿的制度保障。二是资金补偿。生态效益受益地对生态效益产出地实施财政转移支付。三是智力和技术补偿。补偿者开展智力和技术服务，提供无偿技术咨询和指导，培养受补偿地区或群体的技术人才和管理人才，输送各类专业人员，提高受补偿者生产技能、技术含量和管理组织水平。同时还要加强各种补偿方式之间的相互匹配与结合，使区域之间生态补偿方式多样化。

2）加强中部各省协调发展

中部各省必须确立全局概念与整体环境意识，以整体利益为重，携手共建生态环境。要在现有区域经济协作与联系的基础上，进一步强化大中城市为中心的市场配置和政府调控相结合的要素优化组合新机制；打破市场壁垒、条块分割和地方保护主义的体制性障碍，采取重点突破、有序发展的方针，完善区域市场的基本架构，培育以要素市场为重点的区域大开放、大流通和大市场格局。以区域主导产业的发展为基础，依据各省自然资源、产业基础、交通条件和城市经济实力的比较优势，对区域内的农牧资源、矿产资源、水资源、旅游资源以及人力资源等，实行统一整合，优化配置，共同开发，推动区域内各产业的合理协调发展。

中部地区崛起的核心是工业化，工业化重中之重是要抢先发展那些高附加值、低污染低耗能产业，如农副产品精深加工业、矿产品精深加工业、高新技术产业等。中部地区有共同的经济特征，但是各地区之间也存在许多差异，按照统一的模式发展是不合适的。中部各省应该采取的发展模式是分工与合作，把地域相同、经济发展基础相同、又具有类似地缘特征的产业归集为同一发展群。群体之间既保持产业的独立性和科学发展的方向，又打破彼此的壁垒，实现产业的融合和共享，把中部地区的产业所拥有的资源按不同的类别或种群进行整合，形成各具特色的产业板块，实现中部地区经济与资源环境的协调发展和高效发展。

3）加快城乡统筹发展

统筹城乡发展是建设"两型社会"应有之义。中部地区一方面要提升各省核心城市的综合实力，增强其集聚、辐射能力，通过其辐射、引导作用的发挥，带动周边城市的发展；另一方面要加强社会主义新农村建设，通过发展绿色农业以及产业多样化等措施提高农村经济水平。同时，通过加强农村建设规划工作、环境污染治理工作、户籍制度改革、社会保障制度改革等措施，完善农村居住环境，实现城乡统筹发展。

各省以资源配置一体化、空间布局一体化、基础设施一体化、产业一体化、环境保护一体化为主要内容规划城乡统筹发展，明确相应的资源开发、财税金融、社会保障以及产业、教育、医疗、旅游等方面的政策，推进城乡一体化发展。在提供资金支持的同时，应该从技术、教育、文化等方面加大支援力度。例如，不仅要开展科技、教育、文化、医疗下乡，而且要派专业技术人员对农村开展环境治理和生态建设所需要的有关技术给予帮助和指导、定期举行中小学校教师环境保护培训等活动，做到有序推进城乡环境一体化发展。

中部地区要将农村生态环境建设作为加强社会主义新农村建设的重要内容，将"两型"社会建设与社会主义新农村建设统一起来，重点加强现代生态农业建设：努力推动农业清洁生产，走循环型生态农业之路；推行立体种植模式，提高资源利用率；综合利用农业废弃物，大力发展可再生能源；着力解决农村日益严重的生产和生活污染问题，加强农村生产生活垃圾的集中处理，防止乱堆乱放，随意丢弃，防止各种垃圾污染农村生态环境。

4）发挥政府"两型"行为的示范作用

在建设资源节约型、环境友好型社会的过程中，除了法律的规范与政策的驱动之外，政府"两型"行为的引导和示范也是至关重要的。

第一，要建设崇尚节约、厉行节约、合理消费的机关文化。政府本身的节约潜力比民间大得多，且其行为理念对社会具有表率和榜样作用。要强化政府工作人员对纳税人负责的服务理念，树立资源节约、环境友好型观念，形成"两型"文化氛围，用好纳税人的每一分钱，带领社会走可持续消费之路。

第二，加强体制建设，促进办公节能。由于体制的漏洞，官员公车私用、公费旅游（出国）、公款消费（"三公消费"）的现象屡禁不止，造成巨大的资源浪费，因此，要加强公款消费和公务节能工作的法制化管理。建立科学的政府机构节能目标责任和评价考核制度，制定并实施政府机构能耗定额标准，积极推进能源计量和监测，实施能耗公布制度，节奖超罚，从各个方面做好政府机构办公节能工作。

第三，完善政府绿色采购制度。认真落实《政府采购法》、《节能产品政府采购实施意见》和《环境标志产品政府采购实施意见》，建立采购人、采购机构、采购监督管理机构相互制衡的采购体制，完善政府采购节能和环境标志产品清单制度，扩大节能和环保标志产品政府采购范围。建立节能和环境标志产品政府采购评审体系和监督制度，加强政府绿色采购监督，加大违法行为处罚力度，让所有违法违规奢侈浪费的部门和责任人都承担法律责任。

第四，转变政府职能，构建绿色 GDP 核算体系。"两型"社会建设过程中既要发挥政府的宏观调控作用，也要发挥市场的资源配置作用，两者缺一不可。但是在实践中，由于种种原因，政府往往既扮演掌舵又扮演划桨的角色。要有效改变这种状况，就一定要明确政府在"两型"社会建设中的主要作用，即提供公共服务，维持公共秩序；制定发展规划，引导产业结构调整等。在转变政府职能的过程中，行政人员的观念至关重要，而官员政绩考核体系则会对其观念产生重大影响。传统干部考核机制以 GDP 作为主要指标，致使地方政府片面的追求经济规模和经济增长，漠视生态环境问题。因此，必须真正摒弃 GDP 至上的观念，将绿色 GDP、污染排放量、单位 GDP 的资源利用率、能耗等指标纳入科学考核体系，完善官员政绩考核体系，使促进资源节约、环境友好成为官员的自觉追求。

参 考 文 献

陈建. 2006. 谈中部区域经济发展的路径选择. 经济问题, (2).

陈曦. 2009. 论经济发展与环境保护的动态均衡. 江西社会科学, (10).

陈银娥, 杨艳琳. 1998. 可持续发展需要宏观调控. 华中师范大学学报 (人文社会科学版), (4).

陈元. 2007. 促进中部地区崛起的思路与对策研究. 北京: 中国财政经济出版社.

邓伟根, 陈林. 2007. 生态工业园构建的思路与对策. 工业技术经济, (1).

董继斌. 2005. 论我国中部地区的 "沉陷" 与崛起. 经济问题, (6).

段红霞. 2010. 低碳经济发展的驱动机制探析. 当代经济研究, (2).

符森, 黄灼明. 2008. 我国经济发展阶段和环境污染的库兹涅茨关系. 中国工业经济, (6).

傅春, 姜哲. 2007. 中部地区水环境污染及其防治建议. 长江流域资源与环境, (6).

高峰. 2010. 金融危机冲击下中部资源型经济的转型发展. 理论探索, (2).

葛守昆, 李慧. 2010. 制度变迁、有效需求、环境保护与转型期中国经济增长. 江海学刊, (1).

龚超, 兰天. 2008. 中国区域贸易增长与环境污染的因子聚类分析. 经济与管理, (1).

何欢浪, 岳咬兴. 2009. 策略性环境政策: 环境税和减排补贴的比较分析. 财经研究, (2).

贺满萍. 2010. 中国经济增长的资源环境代价与经济发展可持续性的制度安排. 经济研究参考, (65).

黄丹, 王立京. 2008. 创新两型社会试验区的机制和路径. 江汉论坛, (10).

黄建中. 2008. 中部崛起的可持续发展动力. 北京: 对外经济贸易大学出版社.

简新华, 叶林. 2009. 论中国的 "两型社会" 建设. 学术月刊, (3).

蒋和平, 辛岭. 2009. 建设中国现代农业的思路与实践. 北京: 中国农业出版社.

金碚. 2008. 中国工业化的资源路线与资源供求. 中国工业经济, (2).

金书秦, 宋国君. 2010. 环境政策的费用效益分析初探. 环境与可持续发展, (6).

孔凡斌. 2010. 建立我国矿产资源生态补偿机制研究. 当代财经, (2).

李秋元, 贺冰清. 2008. 论实现区域协调发展的资源产业政策. 中国国土资源经济, (1).

李小建, 高更和, 李二玲. 2005. 公共政策供给不均与中部地区发展. 中州学刊, (5).

李新安. 2009. 区域发展路径的经济系统分析——中部崛起的实现机理研究. 北京: 经济日报出版社.

李雪松, 伍新木. 2008. 改革开发以来中部地区的发展战略: 理论演进与政策思路. 学习与实践, (12).

林毅夫, 等. 2009. 欠发达地区资源开发补偿机制若干问题的思考. 北京: 科学出版社.

刘江宜, 余瑞祥. 2009. 建设资源节约型和环境友好型社会的挑战及途径. 中国国土资源经济, (2).

刘俊. 2008. 中部地区自然资源有序开发的环境约束及化解. 经济问题, (10).

刘蕲冈, 卢才瑜. 2008. 中部地区承接沿海产业转移的思考. 宏观经济管理, (9).

刘永庆, 王刚. 2010. 中部崛起过程中政策矛盾现象分析与对策研究. 经济研究导刊, (15).

路洪卫. 2009. 区域共生态: 中部地区六省崛起的突破点. 湖北社会科学, (9).

罗建华, 张琦. 2007. 区域性产业市场结构决定因素的对比研究. 产业经济研究, (2).

麻朝晖. 2008. 贫困地区经济与生态环境协调发展研究. 杭州: 浙江大学出版社.

彭连清. 2008. 关于中部地区经济增长溢出效应的实证分析. 经济经纬, (1).

齐绍洲，罗威.2007.中国地区经济增长与能源消费强度差异分析.经济研究，（2）.

邱寿丰.2008.中国能源强度变化的区域影响分析.数量经济技术经济研究，（12）.

任静.2010.中部地区承接产业转移的现状问题和对策.武汉理工大学学报（社会科学版），（3）.

史丹.2006.中国能源效率的地区差异与节能潜力分析.中国工业经济，（10）.

舒建玲，杨艳琳.2012.低碳经济下的中国可再生能源产业发展对策探析.生态经济，（4）.

孙根年.2008.基于节能-减排的我国工业行业分类研究.商丘师范学院学报，（3）.

覃成林.2006.国家区域发展战略转型与中部地区经济崛起研究.中州学刊，（1）.

王方红.2006.区域制度创新与中部崛起.经济问题探索，（7）.

王虎，李长健.2009.中部地区农村人力资源开发法律制度研究.科技进步与对策，（10）.

王全春.2006.产业转移与中部地区产业结构研究.北京：人民出版社.

王彦彭.2008.中部地区六省环境污染与经济增长关系实证研究.企业经济，（8）.

王义高，罗劲松，等.2008."两型社会"的理论与实践.长沙：湖南人民出版社.

魏后凯.2006.促进中部崛起的科学基础与国家援助政策.经济经纬，（1）.

吴宗杰，桑金琰，周涛.2007.从传统经济到循环经济的产业转型研究.北京：人民出版社.

杨天宇，刘瑞.2009.论资源环境约束下的中国产业政策转型.学习与探索，（2）.

杨艳琳.2002.我国自然资源开发利用制度创新.华中师范大学学报（人文社会科学版），（1）.

杨艳琳.2004.资源经济发展.北京：科学出版社.

杨艳琳.2007.以生态产业的发展推动循环经济的发展//张锦高，成金华.资源环境经济学进展
（第3辑）.武汉：湖北人民出版社.

杨艳琳.2008a.我国建立节能型社会的战略选择.中国地质大学学报（社会科学版），（1）.

杨艳琳.2008b.武汉城市圈"两型"社会建设中产业发展的战略思考.学习与实践，（5）.

杨艳琳，陈银娥.2007.经济可持续发展的消费模式转变.消费经济，（2）.

杨艳琳，娄飞鹏.2009.全球金融经济危机与保持中国经济可持续发展的对策分析.求是学刊，（3）.

杨艳琳，许淑嫦.2010.中国中部地区资源环境约束与产业转型研究.学习与探索，（3）.

杨艳琳，占明珍.2009.中部地区的资源与环境管理制度创新研究.学习与实践，（7）.

杨艳琳，娄飞鹏，等.2009.中国经济发展中的就业问题.济南：山东人民出版社.

于国丽，谭桂梅.2008.农业循环经济的可持续发展模式探讨.河北农业科学，（4）.

余江，叶林.2008.资源约束、结构变动与经济增长.经济评论，（2）.

袁易明.2007.资源约束与产业结构演进.北京：中国经济出版社.

张兵红，尹继东.2008.中部地区六省地方经济差异性及协调发展对策.学习与实践，（7）.

张浩然，衣保中.2011.产业结构调整的就业效应：来自中国城市面板数据的证据.产业经济研
究，（3）.

张可.2009.金融危机下中部崛起面临的挑战与机遇.经济理论研究，（12）.

张平军.2003.加快构建中部五省有特色的农业区域经济.农业经济问题，（3）.

张强，李远航.2009."两型"社会建设的国际借鉴.财经理论与实践，（1）.

张锐，林宪斋.2010.中国中部地区发展报告（2010）.北京：社会科学文献出版社.

张陶新.2010.我国中部地区可持续发展综合测度与分析.技术经济，（2）.

张伟丽，华守亮，叶民强.2006.中部区域内经济与资源环境冲突实证研究.经济问题探索，（3）.

钟新桥.2004.我国中部地区产业结构布局现状与调整战略研究.上海经济研究，（11）.

朱冬元，邹伟进.2006.论中部崛起与循环经济.中国地质大学学报（社会科学版），（2）.

朱丽萌.2009.地区现代化差异分析与比较——以中部地区六省为例.学习与实践，（4）.

朱青，罗志红.2007.江西尾矿资源综合利用及循环经济研究.资源与产业，（12）.

后　记

　　资源与环境问题是制约中国工业化、城镇化、市场化、国际化进程的重要因素，是中国经济发展过程中的一个具有长期性、战略性的重大理论与现实问题。中国中部地区崛起战略的实施，对中部地区资源、环境与经济协调发展和科学发展产生了巨大而深远的影响，需要从理论与实践相结合的角度，特别是从发展经济学、产业经济学、人口资源环境经济学、新制度经济学、区域经济学等理论出发，综合研究中部地区的资源、环境与经济协调发展和科学发展问题。

　　基于对该问题的多年关注和研究，2006 年 8 月湖北省普通高校人文社会科学重点研究基地"武汉大学人口·资源·环境经济研究中心"申请了教育部普通高校人文社会科学重点研究基地"武汉大学经济发展研究中心"的重大招标项目"中国中部地区资源、环境与经济协调发展研究"（编号：2006JDXM188）。2006 年 12 月获得教育部的批准（编号：06JJD790023）。该项目的前期研究比较顺利，在对中部地区各省有关问题调研的基础上按期于 2008 年 6 月完成了"中期研究报告"，通过了教育部对该项目的中期检查。但是 2008 年 9 月美国爆发了金融危机并形成全球金融经济危机，对中国经济直接产生了较大的冲击，中部地区的资源、环境与经济协调发展和科学发展也受到直接影响，并由此产生了需要补充调查研究的新问题。对此，笔者在 2009 年 6 月正式提交该项目重要事项变更申请表，要求将原计划完成时间由 2009 年 12 月延期至 2010 年 12 月，以对新问题进行补充调研，该申请报告得到教育部的同意。经过项目组成员的集体努力，按期在 2010 年 12 月完成了全部研究报告的初稿写作任务。在经过多次讨论修改的基础上，2011 年 11 月形成了该项目研究的最终成果并完成了结项任务。

　　研究成果的学术价值主要表现在三个方面：其一，主要从发展经济学角度出发，综合运用产业经济学、人口资源环境经济学、新制度经济学、区域经济学等多学科理论和方法，深入系统研究中国中部地区的资源、环境与经济协调发展问题，补充和拓宽了对发展经济学的理论研究思路和研究内容；其二，深入、系统地研究中部区域资源开发利用和环境保护与经济协调发展关系的基本理论，从理论上深入、系统地探讨了区域资源开发利用和环境保护对经济发展特别是区域经济振兴的不同作用；其三，提出促进中国中部地区的资源、环境与经济协调发展的有效途径和政策建议，为政府制定中部地区经济发展战略提供理论和政策依据，具有十分重要的现实价值。

　　本书是团队集体研究成果。杨艳琳负责研究大纲的设计、研究人员分工、组织调研以及对全部文稿的修改和定稿工作，并具体撰写第二、第三、第五、第六章。陈银娥撰写第一、第四章。魏君英撰写第一章。占明珍撰写第二章。许淑嫱撰写第三、第六章。陈学军撰写第四章。娄飞鹏撰写第五章第一、第二部分，揭明华撰写第五章第三部分。

十分感谢武汉大学经济发展研究中心主任郭熙保教授、副主任简新华教授对该项目申请和研究的关心、支持与帮助；感谢在该项目开题时郭熙保教授、简新华教授和华中科技大学经济学院张建华教授对项目研究提出的建设性意见（包括研究思路、研究内容与方法，项目管理与子项目负责人调整，研究人员配置与分工，研究进展与目标要求）。感谢中南财经政法大学工商管理学院严立冬教授、经济学院余群芝教授，中国地质大学（武汉）经济管理学院杨树旺教授、吴巧生教授，武汉大学资源与环境学院彭善枝教授，武汉大学人口·资源·环境经济研究中心刘传江教授、成德宁教授、余江副教授、侯伟丽副教授、杨玲副教授、魏珊副教授对该项目申请和研究所给予的大力支持与帮助。感谢中部地区各省及其市县有关部门对该项目调研所给予的大力协助。感谢武汉大学人文社会科学研究院各位领导、武汉大学经济发展研究中心的李静、武汉大学人口·资源·环境经济研究中心的温辉对该项目研究的管理所付出的大量劳动。

本书的研究和出版还得到笔者主持的武汉大学国家"985 工程""'两型'社会建设"创新研究平台之子项目"两型生产"和"两型企业"研究、武汉大学国家"211 工程"重点学科建设项目"开放经济条件下中国金融发展与产业升级和区域发展"之子项目"中国产业发展与就业增长研究"、教育部留学回国人员科研启动基金项目"中国资源产业发展研究"（批准号：教外司留［2007］1108 号）、"中央高校基本科研业务费专项资金"资助的武汉大学（人文社会科学）自主科研项目"基于 SCP 分析的能源产业管理机制研究"（武大科文字［2009］23 号：09ZZKY031）、国家社会科学基金重大招标项目"中国工业化的资源环境人口制约与新型工业化道路研究"（编号：09&ZD025）之子项目"中国工业化的人口约束及其克服途径"、教育部普通高校人文社会科学重点研究基地重大项目"中国人口增长与经济可持续发展问题研究"(编号：14JJD790042)的资助。本书同时是教育部人文社会科学青年基金项目"基于行业异质性的要素市场扭曲对中国能源生产率的影响"（编号：13YJC790179）、中国博士后科学基金一般项目"基于要素配置效率视角的我国经济发展方式转型研究"（编号：2014M550848）的研究成果。本书还是"现代服务业发展与湖南新型城镇化 2011 协同创新中心"系列学术丛书之一。本书的出版还得到武汉大学刘传江教授、刘洪辞副教授的大力支持和帮助，责任编辑徐倩为本书顺利出版付出了劳动，谨此致谢！

虽然按照该项目立项时批准的项目《申请评审书》约定的研究任务对中部地区的资源、环境与经济协调发展和科学发展问题进行了综合研究，作为最终成果形式的研究报告与原计划研究（包括批准变更的补充研究）的成果要求完全相符，提出了一些认为有一定创建的观点与政策建议，达到和部分超过了预期的研究目标，但是仍然有许多重大问题需要进一步深入研究、有一些新问题需要探讨。受出版篇幅所限，本书在出版时，直接删除了研究报告中三个部分的专题研究内容、大量统计数据性图表、中外文文献以及页下注（谨此向有关作者致歉），并对各章节内容进行大删减，总共删减了 1/2 的篇幅；受时间所限，未对有关数据进行更新和延伸。本书存在较多缺点、不足，敬请专家学者批评指正。

杨艳琳

武汉大学经济发展研究中心

武汉大学人口·资源·环境经济研究中心

现代服务业发展与湖南新型城镇化 2011 协同创新中心

2015 年 11 月 25 日于珞珈山麓·东湖之滨